기독교는 우리 민족의 현대사에서 해방과 희망의 종교였다. 그러나 기독교의 이러한 성취는 이 땅에서만 일어난 것이 아니다. 초기부터 기독교는 인류 역사에서 선한 문명의 인큐베이터 역할을 해왔다. 물론 부끄럽고 송구스러운 흑역사가 존재하는 것도 사실이다. 그럼에도 기독교가 문화, 사상, 건축, 삶의 양식, 윤리, 구제, 인권 등 여러 방면에서 빛나는 업적을 남긴 것은 부인할 수 없다. 저자는 이러한 기독교의 기여를 가능하게 한 신앙적 원천을 함께 조명한다. 이 책을 읽는 내내 역사적, 문화적 기독교 변증을 위한 풍부한 레시피를 확보하는 즐거움을 누렸다. 그러다 마지막 장에 이르러 저자가 던지는 진지한 질문 앞에서 긴장감을 느끼게 되었다. "전 세계 인구의 약 3분의 1이 기독교인으로 추정되는 상황에서, 기독교는 앞으로 세상을 위해 어떤 일을 할 수 있을까?" 나 또한 오늘날 전 세계적으로 마주하는 혼란과 갈등의 상황에서 기독교가 어떤 역할을 하고 있는지에 대해 회의와 고민을 품곤 했다. 이 책은 그 고민에 응답한다. 신성한 책무 의식과 함께, 역사가 증명하는 희망의 가능성을 제시하는 것이다.

김선일 | 웨스트민스터신학대학원대학교 실천신학·선교신학 교수

조너선 힐의 이 책은 기독교가 서구 세계의 문화·사상·예술·교육·사회 제도에 남긴 다양한 흔적을 대중적이면서도 명료한 서술로 정리한 작품이다. 저자는 우리의 일상과 주변 환경 속에 스며 있어 거의 의식하지 못한 채 사용해 온 여러 요소—음악 표기법, 대학의 기원, 읽고 쓰는 문화(문해 문화), 예술 전통, 사회 조직 등—가 어떻게 기독교와 연결되어 있는지를 구체적 사례를 통해 보여준다.

이 책의 장점은 복잡한 교리 논쟁을 앞세우기보다, 기독교가 실제 역사 속에서 어떤 방식으로 문화적 영향력을 행사했는지를 다양한 시각 자료와 풍부한 설명으로 알기 쉽게 제시한다는 점이다. 또한 서구 기독교의 긍정적 유산뿐 아니라 역사 속의 어두운 측면도 함께 언급하여 균형을 잃지 않는다. 서구 문화사와 교회사의 접점을 탐구하려는 독자, 기독교 문화 형성의 실제적 면모를 개괄적으로 이해하고자 하는 이들에게 이 책은 좋은 입문서가 될 것이다. 읽으면 읽을수록 재미있고, 지적 궁금증을 시원하게 풀어주며 교양을 든든히 채워주는 느낌을 준다.

류호준 | 백석대학교 신학대학원 은퇴 교수, 다니엘의 샘 원장

저자는 상아탑에 갇힌 학자가 아니라, 신학과 인문학의 정수를 『존더반 기독교 역사 핸드북』(Zondervan Handbook to the History of Christianity)과 같은 흥미롭고 읽기 쉬운 저작을 통하여 대중과 소통하는 뛰어난 이야기꾼(story-teller)이다. 이 책에서 저자는 지난 2천 년 동안 기독교가 서구 문명을 비롯하여 세계 곳곳에 끼친 사상적·문화적·사회적 영향력을 언어, 예술, 건축, 교육, 과학, 사회 정의 등 다양한 영역으로 세분하여, 풍부한 시각 자료와 함께 흥미로운 에피소드로 풀어준다. 특히 교회 건축이 지닌 이중성(신자의 모임을 위한 기능적 공간이자 하나님을 향한 초월성을 표현한 예술적 공간)을 기독교의 본질에서 유래하는 신학적 역설(하나님의 은폐성 대 계시성, 비가시성 대 가시성 등)로 소급하여 풀어내는 통찰이 돋보인다. 기독교 문화사에 관련된 우수 도서 한 편을 "서양 문화와 기독교"라는 제하의 수업에서 새롭게 만나게 될 신학도들에게 흔쾌히 추천할 수 있음에 기쁠 따름이다.

서종원 | 감리교신학대학교 교회사 교수

조너선 힐의 이 저작은 방대한 역사·문화·사회 자료를 치밀하게 결합해 기독교가 형성해온 문명적 유산을 입체적으로 조명하는 드문 역작이다. 언어, 교육, 예술, 제도, 일상의 습관 등 인류의 축적된 공동의 자료는 단순한 나열을 넘어, 기독교가 어떻게 인간의 공적 감정과 사회적 상상력을 길러왔는지를 설득력 있게 보여준다. 특히 이 책의 폭넓은 사료 활용과 균형 잡힌 해석은 공공신학이 요청하는 "전통의 공적 재해석" 작업에 귀중한 준거틀을 제공한다.

한국교회는 지금 정서적 양극화와 정치적 감정 동원이 심화된 사회 현실 속에서, 기독교의 공공성을 새롭게 성찰해야 하는 시대적 과제를 안고 있다. 이 책이 보여주는 기독교 문화유산의 긍정적 성취와 자기비판적 전통은 한국교회가 공론장의 책임 있는 주체로 다시 서기 위해 반드시 필요한 역사적 자원이다. 다시 말해 기독교가 한때 어떻게 사회의 도덕적 상상력을 확장했는지를 돌아보는 일은, 오늘의 교회가 배타적 정체성의 울타리를 넘어 공공선을 향한 감정의 재구성을 실천하도록 돕는 중요한 토대가 된다. 기독교의 문화적 기여를 학문적으로 탐구하려는 이들뿐 아니라, 한국교회의 미래 공공성에 관심 있는 모두에게 일독을 권한다.

성석환 | 장로회신학대학교 기독교와문화 교수

조너선 힐은 이 책에서 기독교가 유럽에 미친 영향을 명확하고 생생하게 묘사함으로써, 기독교가 없었다면 우리는 유럽이 어떤 모습인지 알아볼 수 없을 뿐만 아니라 구별할 수도 없었을 것임을 보여준다.

라민 사네 | 예일 대학교

저자는 "기독교가 인류에 기여한 것은 무엇일까?"라는 도발적인 질문에 재미있고 유익한 답을 제시한다. 그가 2천 년의 역사를 넘나들며 우리에게 들려주는 흥미로운 이야기는 확신에 가득 차 있지만 치우쳐 있지 않다.

프레데리카 매튜스-그린 | NPR 해설자 겸 작가

오늘날 기독교인이 문화에 너무 많이 관여해서는 안 된다는 말을 자주 듣는다. 하지만 근본적으로 기독교의 영향으로 이미 형성된 삶의 영역은 어떻게 받아들여야 하는가? 저자는 자신만의 스타일과 유머 감각으로 이 문제에 대한 통찰을 보여줌으로써 기독교의 지적·사회적 영향에 대해 설득력 있는 견해를 제시한다. 우리는 이 책을 통해 유용한 지식을 얻을 수 있다.

맥스 L. 스택하우스 | 프린스턴 신학교

그리스 정교회에서 가장 성스러운 장소 중 하나인 아토스산에 있는 수도원. 그리스 본토에서 튀어나온 모양의 반도 지형에 자리한 아토스산에서는 20개 수도원의 수도사들이 1,000년 이상 전해진 영성의 전통을 이어가고 있다.

What Has Christianity Ever Done for Us?

How it shaped the modern world

Jonathan Hill

Text by Jonathan Hill
Original edition published in English under the title
What Has Christianity Ever Done for Us? by LION HUDSON IP Ltd,
a wholly owned subsidiary of The Society for Promoting Christian Knowledge, London, England, UK.

This Korean edition is published by arrangement of The Society for Promoting Christian Knowledge through rMaeng2, Seoul, Republic of Korea.

인류 문명과 기독교의 공헌

기독교가 인류 역사에 남긴 선한 발자취들

What Has Christianity Ever Done for Us?

조너선 힐 지음 · **홍수연** 옮김

새물결플러스

1485년경 아헨 대성당의 옛 후진 제단화 측면에 그려진 프랑크의 전사 샤를마뉴의 모습. 8세기 서유럽에 새로운 제국을 건설한 그가 수도 아헨에 세운 성당의 모형을 들고 있다.

목차

What Has Christianity Ever Done for Us?

서론

우리는 왜 포도주병을 코르크 마개로 밀봉할까? 타지마할의 반구형 지붕은 어떻게 생겨난 것일까? 쇠창살을 구부리던 2미터가 넘는 거인이 모두를 위한 무상 교육과 무슨 관계가 있을까? 5행으로 된 희시(戱詩, limerick)를 만들어낸 사람은 누구일까? 악보 표기법은 어디서 유래했을까? 세계 최초로 완선히 문맹을 퇴치한 사회는 왜 유럽이나 아시아 또는 북아메리카가 아니었을까? 대중목욕탕을 이용할 때 적절한 행동은 무엇일까?

이것들은 이 책에서 대답할 몇 가지 질문이다. 모든 해답은 기독교와 그것이 우리에게 남긴 유산의 발자취와 연결되어 있다. 기독교는 우리가 마시는 것에서부터 말하는 방법, 글 쓰는 방법, 계절을 표시하는 방법에 이르기까지 서구 생활의 모든 측면에 엄청난 영향을 끼쳤다. 서구에서 기독교가 어려움을 겪는 동안에도 그 사실은 변함이 없다. 인식하고 있든 아니든 우리는 모두 기독교의 과거를 상속한 자들이다.

이 책에서 우리는 기독교가 세상에 기여한 점을 살펴볼 것이다. 오늘날 기독교는 세계에서 가장 큰 종교로서 전체 인구의 약 3분의 1이 이 종교를 추종하고 있다. 이 종교는 고대 심장부인 유럽과 중동을 넘어 아메리카 대륙, 아시아, 중앙아프리카와 태평양으로 퍼져나갔다. 또한 어떤 기준을 놓고 보아도 현대 문화의 중요한 요소일 뿐 아니라 역사에서도 중요한 역할을 해왔다. 기독교가 없었다면 오늘날 세계는 여러 가지 면에서 매우 달라졌을 것이며, 현재의 뚜렷한 "종교적" 세계와는 상당히 동떨어진 모습이 되었을 것이다.

대다수는 기독교가 과오를 저지르기도 했음을 인정할 것이다. 예를 들어 기독교인들은 중세 때 무슬림을 상대로 한 소위 십자군 전쟁에 참여했다. 첫 십자군 전쟁이 시작된 지 900년이 지난 1996년, 개신교인 수천 명이 화해 원정대(Reconciliation Walk)에 참여하여 그들이 공격했던 중동 국가들에게 사과하기 위해 십자군의 경로를 역추적했다. 4년 후 교황 요한 바오로 2세도 로마 가톨릭교회의 공식 사과문을 발표하면서 "우리가 기독교인으로서 오늘날의 악에 대한 책임을 고백하자"고 촉구했다.

이런 반성의 행동이 다소 늦었다고 생각될지 모르지만, 그들은 그 모든 것에 대해 그만큼 진실했다. 오늘날 기독교인들은 교회가 과거에 저지른 잘못을 가장 먼저 인식하고 있으며, 십자군뿐만 아니라 스페인 종교 재판의 무절제함 및 마녀사냥 등을 가장 먼저 규탄하는 사람들이 되었다. 그리고 우리가 이 책에서 확인하겠지만, 교회가 선을 넘을 때마다 그에 반대하는 기독교 내부의 목소리가 늘 존재했다.

하지만 여기서 우리는 기독교가 올바른 일을 한 시대에 초점을 맞춰 기독교의 긍정적인 유산을 살펴보려고 한다. 기독교인이든 아니든 우리는 과거의 기독교인들에게 어떤 빚을 지고 있는가? 이 책은 기독교를 옹호하기 위한 책이 아니다. 예를 들어 나는 기독교가 참 종교라고 주장하진 않을 것이다. 개인적으로 어떤 목적을 추구하는 것도 아니다. 대신에 기독교가 지난 2천 년 넘게 세계에 긍정적으로 공헌한 점의 일부를 객관적으로 보는 것을 목표로 한다.

1장에서는 서구 문화에서 기독교가 어떻게 뿌리내리게 되었고 다른 지역에 어떤 영향을 끼쳤는지를 살펴본다. 특히 종교는 우리가 말하는 방식, 읽고 쓰는 방식, 시간의 경과와 흐름을 표시하는 방식 등에 깊은 영향을 미쳤다.

2장에서는 기독교가 여러 시대를 거치면서 문화에 끼친 가장 분명한 영향 중 일부를 볼 수 있는데, 그것은 바로 기독교 예술과 문학이다. 기독교는 지난 2천 년 동안 만들어진 가장 위대하고 유명한 예술 중 일부에 영감을 주었고, 이것은 분명히 "종교적인" 작품을 넘어선다. 우리는 기독교가 사실상 모든 사람에 관한 이야기인 신화와 어떤 관계가 있으며, 이 관계성이 어떤 영향력을 미쳤는지를 살펴볼 것이다.

3장에서는 이 주제를 확대하여 우리 주변의 세계에 대한 기독교인들의 태도를 다룬다. 기독교는 단순히 신화적인 이야기가 아니라 신화적인 장소에 관한 것이며, 우리는 기독교가 장소나 공간과 어떤 관련이 있는지를 발견하게 된다. 기독교는 그 장소와 공간을 해석할 뿐만 아니라 그것을 변화시키기도 하는데, 바로 이 장에서 우리는 기독교의 가장 두드러진 업적 중 하나인 교회 건축의 발전에 관해 논할 것이다.

다음으로 기독교가 우리의 사고방식에 어떤 영향을 끼쳤는지를 살펴본다. 4장에서는 최초의 대학부터 역사상 처음으로 문맹에서 완전히 벗어난 사회에 이르기까지 모든 면에서 종교가 어떻게 교육과 학습을 활성화했는지를 살펴본다. 5장에서는 기독교의 영향을 받은 세상과 인간에 대한 이해, 즉 개인과 집단의 상호 작용과 과학의 발전에 초점을 맞춘다. 과학과 종교가 본질적으로 대립된다고 여기는 것은 비교적 최근에 발전된 생각이다.

종교는 본질적으로 인생을 잘 사는 법에 관한 것이라고 믿는 사람들이 많은데, 6-7장에서는 이 주제를 다룬다. 6장에서 우리는 수 세기에 걸쳐 철학자들과 사상가들이 다루었던 중요한 문제 중 하나인 "인생을 잘 사는 것이 실제로 무엇을 의미하는가?"라는 질문과 이에 대해 기독교인들이 제시한 몇 가지 답변에 대해 살펴본다. 아시시의 성 프란치스코, 토마스 아퀴나스, 예수와 같은 인물들은 계속해서 우리에게 영감을 주는 흥미롭고 매력적인 생활 방식을 보여주었다. 우리는 7장에서 그런 영감의 일부를 찾아볼 수 있으며, 기독교인들이 통치자와 반체제적인 사회 활동가로서 정치에 관여하면서 세상을 개선하기 위해 했던 일들을 검토해볼 것이다.

기독교는 앞으로 무엇을 할 것인가? 마지막 장에서는 이에 대한 답을 찾기 위해 현재 종교가 처한 상황을 간략히 고찰함으로써 앞으로 몇 년 안에 기여할 수 있는 몇 가지 일에 대해 생각해본다.

1장
문화와 사상

알렉세이 호먀코프(Alexis Khomiakov)에 따르면 모든 개신교 신자들은 "숨겨진 가톨릭 신자"(crypto-papists)다. 러시아의 저명한 시인, 정치 사상가, 발명가이자 (짧은 여가 시간에는) 전문적인 개 사육자이기도 했던 호먀코프는 1846년에 서구에 있는 친구에게 보낸 편지에서 서구의 기독교인들은 알든 모르든 간에 기본적으로 로마 가톨릭 신자들이라고 주장했다. 사실 호먀코프는 서구 문화 자체가 본질적으로 가톨릭적이라고 여겼다. 많은 독자들은 이에 동의하지 않을 것이다. 특히 가톨릭 신자나 다른 종류의 기독교인이 아닌 사람들은 더욱 그러하다. 물론 호먀코프의 이 말은 수 세기에 걸쳐 서구적 사고방식에 너무 깊숙이 스며든 가톨릭으로 인해 그것을 거부하는 사람의 사고방식조차 가톨릭에 의해 규정되어 있음을 뜻하는 것이다.

그것이 사실일까? 오늘날 대다수의 서구인은 더 이상 기독교인이 아니다. 특히 서유럽 인구의 대부분은 기독교 규범이 바이킹 종교나 로마의 낡은 규범보다 더 구속력이 없고 시대에 뒤떨어진 상태가 된 후기 기독교 사회에 살고 있다. 호먀코프가 서구 가톨릭의 대안으로 열렬히 옹호하던 정교의 중심지인 동유럽에 남은 공산주의의 유산은 기독교를 애매한 처지에 놓이게 만들었다. 그리고 자신의 원래 고향이기도 한 중동에서 기독교는 오랫동안 이슬람교에 의해 소수자의 위치로 밀려났다.

그러나 모든 것이 여전히 기독교 유산으로부터 깊은 영향을 받고 있다. 우리는 말하고 쓰는 방식과 계절을 표기하는 방식을 통해 기독교의 흔적을 찾아볼 수 있다.

사탄에게 잉크 던지기: 기독교인과 언어의 뿌리

종교개혁이 진행되는 동안 기독교는 언어에 가장 뚜렷한 자취를 남겼다. 종교개혁은 16세기에 유럽의 유일한 교회였던 가톨릭교회에 대항하여 일어난 저항 운동이었다. 종교개혁은 독일의 수도사 마르틴 루터(Martin Luther)에 의해 시작되었으며, 그는 1517년에 가톨릭에서 관습적으로 행해진 특정 요소들을 비판한 "95개조 반박문"을 발표했다. 놀랍게도 그는 자신이 수 세기 동안 쌓여온 고조된 분노의 대변자임을 알게 되었다. 루터를 비롯하여 그와 비슷한 생각을 지녔던 사람들의 핵심적인 신념 중 하나는 기독교 신자 개인이 성경을 직접 읽을 수 있어야 한다는 것이었다. 그들은 성경이 하나님과 인간 사이의 소통을 위한 주된 수단이며, 일부 성직자가 성경 안에 무슨 내용이 들어 있는지 말하는 것에 의존해서는 안 된다고 생각했다. 번역가들은 항의하는 사람들(Protestants, 당시 종교개혁 지지자들은 이렇게 불렸다)의 대열에 동참해서 사람들이 성경을 자국어로 읽을 수 있게 하는 작업을 준비했다. 이 사건은 현대 언어의 발전에 있어서 중요한 시기에 발생했다. 작가들은 교육을 받은 계층을 위한 라틴어가 아닌 평범한 사람들이 사용하는 일상적인 언어로 글을 쓰기 시작했고, 이것은 이 언어들이 놀라운 속도로 변화하는 동시에 새로운 형태로 개발되고 있음을 의미했다. 이것이 오늘날 사용되는 많은 영어 표현과 관용구들이 윌리엄 셰익스피어의 작품에 나오는 이유다. 루터나 그와 비슷한 사람들은 현대 영어가 성립되던 바로 그 시기에 글을 쓰고 있었다. 이처럼 심히 유동적인 상황에서 종교개혁과 대중이 읽을 수 있는 성경이 미친 영향력은 엄청났다.

개혁가, 신학자, 번역가, 맥주 전문가였던 마르틴 루터. 루카스 크라나흐(아버지)가 1532년에 그린 그림이다.

영국 종교개혁의 대표적인 인물인 윌리엄 틴데일(William Tyndale)의 예를 들어보자. 그는 1520-30년대에 처음으로 성경을 현대 영어로 번역했다. 그는 이 성경 번역과 더불어 그가 가진 개신교적 관심이 문제가 되는 바람에 1536년에 화형을 당했다. 그러나 그는 자기 언어를 통해 영향력을 남겼다. "빛이 있으라" 또는 "믿음이 작은 자여"와 같이 널리 알려진 성경 구절들은 그의 번역이었다. 사람들은 "먹고 마시고 즐거워하자", "주어진 모든 권세는", "세상의 소금", "그의 마음에 맞는 사람", "시대의 표적" 같은 표현을 평소에도 즐겨 사용하게 되었다. 이를 비롯해 여러 많은 표현들이 킹 제임스 성경(King James Bible)으로 알려진 유명한 흠정역 성경에 들어가게 되었는데, 이는 틴데일 이후 수십 년 동안 생겨난 수많은 영어 성경을 대체하기 위해 잉글랜드의 제임스 1세가 의뢰한 결과물이었다. 물론 이 시기에 영국은 공식적으로 개신교 국가였으며, 과거에는 사형에 해당하는 범죄였던 성경 번역이 이제는 왕이 후원하는 일로 바뀌게 된다. 의심의 여지 없이 틴데일은 억울했겠지만 이를 통해 그의 정신이 바람직했음이 입증된 셈이다. 킹 제임스 성경은 1611년에 등장한 이래 큰 성공을 거뒀으며 오늘날에도 널리 읽히고 있다. 특히 미국에서는 더욱 그러하다. 그 성경에 사용된 언어는 오늘날 기준으로 볼 때 구식이지만, 고유의 명료함으로 인해 여전히 그 내용을 대체적으로 이해할 수 있다. 현대 영어가 이 번역에 매우 큰 영향을 받았기 때문에, 이 책은 심지어 나온 지 4세기가 지났는데도 독해 가능한 상태로 남아 있다.

그러나 틴데일과 킹 제임스 성경을 위해 일했던 팀들의 노력은 먼저 종교개혁을 시작한 마르틴 루터의 노고 앞에서 그 빛을 잃었다. 그는 성경을 자신의 언어인 독일어로 번역했을 뿐만 아니라, 그렇게 하기 위해 본질적으로 그 언어를 현대적인 형태로 창조해내야 했다.

이 모든 일은 루터의 사상이 신성 로마 제국의 황제 카를 5세의 비난을 받은 후인 1520년대에 일어났다. 다행히 그 수도사는 후견인인 작센의 프리드리히 현공(Frederick the Wise of Saxony)의 보호를 받았으며, 그는 루터를 비밀리에 바르트부르크(Wartburg)라고 불리는 성으로 데리고 갔다. 외부 세계와 완전히 격리된 이곳에서 루터는 턱수염을 덥수룩하게 길러 자기 모습을 숨기고 성경을 독일어로 번역하기 시작했다. 그것은 매우 어려운 일이었다. 루터는 훌륭한 학자였지만 다른 사람들 사이에 둘러싸여 있을 때만 자신의 진가를 발휘할 수 있었다. 큰 체구에 쩌렁쩌렁한 목소리를 지닌 카리스마 넘치는 이 사나이는 날마다 탑의 꼭대기에 있는 방의 책상 앞에서 등을 구부리고 앉아 지내면서 자신이 감정적으로 결핍되어 있다는 사실을 알게 되었다. 그는 건강이 좋지 못하여 고통을 겪었는데, 특히 만성 변비에 시달렸다. 심지어 자신이 하는 일을 저지하기 위해 초자연적인 세력들이 공모하고 있다고 믿었다. 어느 유명한 일화에 따르면, 그는 사탄이 나타나 자신의 주의를 딴 데로 돌려 집중하지 못하게 하는 것 같다고 호소

"하나님이 내 목숨을 살려주신다면 나는 몇 년 안에 쟁기를 모는 소년이 당신보다 성경을 더 많이 알게 만들 것이다."

_ 윌리엄 틴데일이 자신의 사역을 비웃는 사제에게 한 말

한 적도 있었다. 사실 루터는 사탄에게 다소 집착하고 있었고, 아무리 사소한 것이라도 뭐든 잘못되는 일의 원인이 사탄이라고 생각했다. 그러나 그는 사탄을 두려워하기보다는 경멸했다. 밤에 사탄이 쿵쿵거리는 소리를 듣고는 "오, 뭔가 했더니 너구나"라고 중얼거리며 다시 잠을 청하곤 했다. 어떨 때는 자랑스럽게 "방귀로 그를 쫓아내곤 했다"고 말했다. 또한 루터가 잉크병을 던지자 사탄이 사라졌다고 한다. 하지만 "사탄을 잉크로 퇴치했다"는 루터의 말은 자기가 쓴 글들을 의미한 것이었다. 이는 사탄에 대항하는 가장 좋은 무기는 물리적 폭력이 아닌 학문이라는 루터의 기독교적 믿음에서 나온 말이다.

이 모든 상황에도 불구하고 루터는 11주 만에 완전한 독일어 신약성경의 초안을 작성했다. 틴데일과 마찬가지로 루터는 전문적인 성직자가 아닌 거리의 평범한 사람들이 이 성경을 읽기 원했다. 이것이 그의 목표였기 때문에 가능한 한 많은 사람이 읽을 수 있는 성경을 만들고자 했다. 독일 내에서조차 통용되는 하나의 언어가 없었다는 점을 감안하면 그것은 쉬운 일이 아니었다. 오늘날 중세 독일어(Middle German)로 알려진 언어가 당시 독일에서 사용되고 있었지만, 실제로 그것은 아주 다양한 언어의 모음이었다. 독일어는 크게 남부에서 사용된 고지 독일어(High German)와 북부에서 사용된 저지 독일어로 구분되며, 각 언어 사용자가 어디 출신이며 어느 계층에 속하느냐에 따라 다수의 방언으로 또 나뉜다. 게다가 책에 나

요하네스 구텐베르크가 발명한 혁신적인 인쇄기를 복원한 모형이다. 이를 통해 루터를 포함한 많은 이들이 과거보다 훨씬 더 많은 독자들에게 신속하게 다가갈 수 있는 수단을 갖게 되었다.

오는 독일어는, 라틴어가 아니라 독일어였음에도 거리의 사람들이 말하는 것과 거의 닮지 않은, 특별한 "문어체" 독일어의 성향을 띠고 있었다.

루터는 일상에서 쓰이는 독일어 관용구를 서로 다른 방언을 사용하는 사람들이 이해할 수 있는 글로 번역하고자 했다. 누가 봐도 어려운 과업이었지만 그는 도전에 순응했다. 그는 작센주의 궁정에서 사용된 언어의 스타일을 바꾸어 평범하고 일상적인 말처럼 들리게 함으로써 그 도전에 응했다. 루터는 특히 그 시대의 사람들이 성경 본문의 세부 사항을 쉽게 이해하도록 만드는 데 관심이 많았다. 예를 들면 보석을 언급하는 성경 본문을 번역하기 위해 그는 독일 궁정에서 실제로 사용된 보석의 종류를 연구했다. 또한 자신이 구약성경에 나오는 희생제사의 세부 사항을 제대로 이해했는지 확인하기 위해 도살장에 갔다. 평범한 일반 노동자들에게 정말 일어난 사실로 받아들여지는 성경 본문을 만드는 것이 그의 최우선 관심사였다.

루터는 생각보다 더 큰 성공을 거두었다. 이른바 "9월 신약성경"(*September Testament*)은 1522년 출간된 지 두 달 만에 5,000부가 팔렸다. 이는 겨우 몇십 년 전에야 인쇄가 가능해지고 대다수 사람들이 읽는 능력을 갖추지 못했던 시대에 이뤄진 놀라운 성공이었다. 루터가 활동하던 당시에는 가장 지적 수준이 높은 마을이라도 세 명 중 한 명만 읽을 수 있는 능력을 갖고 있었는데, 상대적으로 인구의 대부분이 거주하는 시골에서는 이 수치가 스무 명 중 한 명 정도에 불과했다. 이렇게 상황이 극적으로 변화되기까지 루터를 비롯한 여러 사람의 노력이 필요했다.

인쇄술의 힘: 기독교인들과 글을 읽고 쓰는 능력

루터는 그의 기념비적인 번역을 통해 오늘날까지 독일의 표준어인 현대 독일어로 알려지게 될 새로운 표준 독일어 문어체를 만들었다. 무엇보다도 그는 틴데일 같은 사람들과 더불어, 사람들이 글이 지닌 힘을 마음껏 누릴 수 있게 만들었다. 인쇄기는 요하네스 구텐베르크(Johannes Gutenberg)에 의해 1436년에 발명되었는데, 깊은 신앙심을 지녔던 그는 처음 출판할 책으로 라틴어 성경을 선택했다. 인쇄기의 발명 덕분에 비교적 값싸고 손쉽게 책을 대량으로 찍어낼 수 있었다. 결과적으로 이 인쇄기가 발명되고 거의 1세기가 지나 루터가 저술하고 있을 무렵에는 그의 사상을 유포하기가 훨씬 쉬워졌다. 하지만 일련의 변화는 이보다 더 놀라운 결과를 낳았다. 사람들은 읽을 수 있는 자료를 쉽게 얻게 되었으며, 무언가를 실제로 **읽고 싶어** 하게 되었다. 루터는 종교에서 궁극적이고 유일한 권위는 교회나 성직자가 아닌 성경이라고 믿었기 때문에 모든 사람이 성경을 직접 읽을 수 있어야 한다고 생각했다. 그리고 많은 사람들이 그의 말에 동의했다. 루터의 운동이 독일어권 국가 전체를 비롯해 그 너머까지 급속히 확산되면서 성경과 다른 책에 대한 즉각적인 수요가 생겨났다. 그 수요가 넘치면서 읽고 쓰는 능력도 동시에 향상되었는데, 그 이유는 사람들이 단순히 다른 사람의 해석을 듣는 것에서 벗어나 스스로 성경을 읽을 수 있어야 했기 때문이다.

3-40년 전만 해도 글은 점점 사라질 위기를 맞고 있는 듯했다. 전화, 라디오, 텔레비전, 컴퓨터의 출현은 이제 문자가 아닌 말이나 이미지가 의사소통의 주요 수단이 되는 시대가 왔음을 의미했다. 그러나 믿을 수 없을 정도로 빠른 인터넷의 확산은 이메일이 지닌 전례 없는 편리함과 함께, 여전히 글이 현대 세계의 중심임을 보여주었다. 이런 일이 일어날 수 있게 한 대중의 읽고 쓰는 능력은 그것의 기초가 되는 언어의 통일과 더불어 상당 부분 종교개혁과 기독교의 이상이 남긴 소중한 보물이라고 할 수 있다.

사실 루터가 활동하기 훨씬 이전부터도 기독교인들의 노력에 의해 인류의 읽고 쓰는 능력이 함양되었다. 예를 들어 암흑시대에 기독교 로마 제국이 붕괴되고 유럽과 중동 전역에 신진 세력이 일어나자 선교사들은 그리스도의 메시지를 전하기 위해 새로운 영토로 향했다. 그들은 무엇보다도 그 메시지를 받아들이도록 사람들을 설득할 필요가 있음을 재빨리 깨달았다. 만약 새로운 기독교 신자들 가운데서 자국민 출신의 성직자가 나오지 않는다면 세대마다 성직자를 외부에서 수입해야 하고, 결국 기독교는 그들의 문화에 뿌리내리지 못할 것이다. 또한 그들 자신의 교회와 성직자를 갖기 위해 모국어로 예배를 드릴 수 있어야 했다. 그러기 위해서는 모국어로 된 성경과 기독교의 다른 저서들이 필요했다. 그러나 암흑시대의 비 로마 제국 사람들의 읽고 쓰는 수준은 루터 시대의 서유럽에 비해 상당히 낮았다. 글이 없는 나라도 있었다. 따라서 선교사들은 사람들이 이해할 수 있는 성경을 공급하기에 앞서 언어와 문자 체계를 다듬어야 했고, 극단적인 경우에는 알파벳부터 발명해야 했다. 6-9세기의 유럽 역사를 보면 진취적인 선교사들이 거의 혼자서 나라 전체를 교육한다는 인상을 받곤 한다. 과장된 표현일 수도 있지만, 그때는 확실히 그런 영웅들이 발전을 견인하던 시대였다.

키릴로스와 메토디오스(1863년 목판화, 작자 미상). 그들은 실제적인 선교 사역을 위해 좀 더 실용적인 옷차림을 하고 있었을 것이다.

이런 선교사 중 가장 유명한 사람은 동방 정교회에 속한 그리스 출신의 키릴로스(Cyril)와 메토디오스(Methodius) 형제였다. 그들은 9세기에는 흑해와 카스피해 사이에 자리한 슬라브 민족 국가인 카자르에, 나중에는 동유럽의 모라비아에 기독교를 전했는데, 이 과정에서 슬라브어를 배우고 전도에 적합한 문자 체계를 찾아야 했다. 키릴로스는 슬라브어에 맞게 그리스 알파벳을 변형했는데, 이로 인해 현대 러시아어가 여전히 그리스어와 약간 비슷한 알파벳으로 쓰이고 있으며 우리는 이것을 "키릴 문자"라고 부른다.

이보다 몇 세기 전에 살았던 훨씬 진취적인 한 선교사는 메스로프 마슈토츠(Mesrop Mashtotes)라는 멋진 이름을 가졌다. 그는 로마와 페르시아 제국 중간에 위치한 산악 국가인 아르메니아에 기독교를 전했다. 수 세기에 걸쳐 페르시아와 싸우기 위해 동쪽으로 향하는 많은 로마인과 그 로마인들을 죽이기 위해 서쪽으로 가는 많은 페르시아인이 있었지만, 아무도 그들이 행진하며 통과하고 있는 그 장소에는 별 관심을 기울이지 않았다. 이것이 아르메니아의 지정학적 위치가 지닌 장점이었다. 키릴로스와 메토디오스 형제가 기독교를 다른 나라에 전파한 그리스인이었던 반면, 메스로프는 아르메니아인이었고 당시 아르메니아의 기독교인은 소수에 불과했다. 그러나 키릴로스, 메토디오스 형제와 마찬가지로 그는 종교가 그 지역 사람들의 언어와 문화 속에서 쉽게 이해되지 않는 한 결코 그 집단에 뿌리내릴 수 없다는 점을 인식했다. 그래서 아르메니아인들을 위해 알파벳을 발명한 다음 그 알파벳을 사용해 성경을 번역하기 시작했다. 그는 북쪽에 살았던 조지아인들을 위한 알파벳도 발명했지만, 애석하게도 그 알파벳은 계속 존재하지 못했다. 메스로프의 노력은 매우 성공적이었다. 아르메니아인들은 기독교를 가슴속에 새겼고, 오늘날 아르메니아 교회는 현존하는 가장 오래된 국가 교회(national church)중 하나로 남아 있다. 종교는 아르메니아 문화의 필수적인 요소이자, 아르메니아인으로서 자신이 누구이며 어디서 왔는지에 대한 강한 인식을 갖고 그것을 유지할 수 있게 해주는 하나의 수단이다. 오늘날 아르메니아인은 세계에 가장 널리 퍼져 있는 민족 중 하나로서, 전 세계 모든 나라에 공동체를 가지고 있다. 무엇보다도 메스로프는 자기 민족에게 교육과 학문을 소개했고, 아르메니아 문화를 전파하는 데 필요한 수단을 제공했다. 그가 죽고 몇 세대가 채 지나기도 전에 아르메니아는 문학의 황금기를 누렸는데, 이는 기독교 전파 과정에서 그들이 습득한 읽고 쓰는 능력이 없었다면 불가능한 일이다.

심지어 고대에도 기독교인들은 정상적인 방법으로 읽고 쓰는 것이 불가능한 사람들에게 읽고 쓰는 능력을 갖추게 만들 방법을 실험하고 있었다. 마치 블루스 가수의 이름 같은 디디모스(Didymus)는 맹인이었고, 4세

튀르키예 악다마르 섬의 반 호수 근처에 있는 아르메니아 교회. 이 교회는 10세기 마누엘 주교가 지은 악다마르 궁전의 유적으로서, 성경에 나오는 장면을 묘사한 아름다운 양각 석상과 벽 윗부분을 수평으로 둘러싸고 있는 띠 모양의 포도나무 잎새 모양 조각으로 장식되어 있다.

기 알렉산드리아의 유명한 기독교 교사이자 작가였다. 그는 네 살 때 시력을 잃었지만 기하학을 포함한 주요 학문을 마스터했다. 디디모스는 놀라운 기억력을 가지고 있었기 때문에 이런 성취를 이룰 수 있었지만, 당연히 장애로 인해 좌절하기도 했다. 한 일화에 따르면 그가 유명한 은둔자인 이집트의 안토니우스에게 찾아가 자신의 장애에 대해 불평한 적이 있는데, 안토니우스는 심지어 쥐들도 볼 수는 있다면서 별로 도움이 되지 않는 대답을 했다고 한다. 하지만 디디모스는 다행히도 천사의 능력에 비견될 만한 영적 감각을 지녔다. 그는 사람들이 나무에 새겨진 글자의 모양을 느낄 수 있고 촉각으로 그 글자를 "읽을 수 있다"는 생각을 기반으로, 조각된 나무 글자로 실험을 함으로써 시각장애인들이 글을 읽을 수 있는 방법을 찾기 위해 노력했다. 이것은 오늘날 시각장애인들이 사용하는 점자 시스템의 기초가 되었으며, 기독교가 항상 글을 읽는 것과 놀랍도록 밀접한 관계가 있었음을 보여주는 생생한 실례가 되었다. 디디모스 외에도 보이지 않는 사람들에게 특별한 관심을 둔 기독교인이 있었다. 한 세대 후에 살았던 카이사레아의 바실레이오스(Basil of Caesarea)는 특별한 호스피스를 설립해서 시각장애인들을 위한 가이드를 제공했다. 5세기에는 시리아의 기독교인이었던 은둔자 림네우스(Limnaeus)가 시각장애인들에게 설교를 하고 그들을 위해 집을 지었다.

물론 기독교가 글을 읽고 쓰는 능력을 배양한 유일한 종교는 아니다. 이슬람교 또한 주변 지역에 큰 영향을 미쳤다. 그러나 이 두 종교 사이에는 언어 문제라는 중요한 차이점이 있다. 코란은 아랍어로 쓰여 있으며, 무슬림들은 그 사실 자체가 중요하다고 믿는다. 아랍어는 신의 언어로서, 비록 코란이 다른 언어로 번역될 수 있어도 사람들은 반드시 아랍어로 코란을 배워야 한다. 이것은 아랍어가 지금까지 주요 언어로서 살아남고 번창했음을 의미한다. 대조적으로 기독교는 성경의 언어에 대해 신경을 덜 써왔다. 성경은 히브리어와 그리스어로 기록되어 있지만, 그 사실이 두 언어에 대해 특별한 의미를 부여하지는 않는다. 그건 원저자들이 사용했던 언어일 뿐이다. 따라서 이슬람교보다 기독교가 성경을 다른 언어로 번역하는 일에 더 적극적이었고, 이로 인해 기독교의 역사와 문화가 더 널리 전파되었을 뿐 아니라 기독교가 변화되고 기독교를 받아들인 문화가 강화되는 효과가 발생했다. 이처럼 기독교는 이슬람교에 비해 문화를 변화시키는

데 더 역동적이고 다양한 역할을 해왔다.

그리고 기독교는 우리의 말하고 쓰는 방식 외에도 시간과 절기에 대한 개념에 심오한 영향을 미쳤다.

산타클로스에서 부활절 토끼에 이르기까지: 기독교 축제들

매년 열리는 기념일과 축제는 그 사이에 간격이 없어질 정도까지 계속 늘어난 것 같다. 크리스마스가 끝나고 부활절이 시작되는 막간에 밸런타인데이가 있다. 그 뒤로 핼러윈을 맞이하기 전까지 숨돌릴 시간이 거의 없다. 시내 중심가를 거닐다 보면 그런 인상을 받는다. 오늘날 서구 사회에서는 축제가 점점 더 상업화되고 있으며, 사업가들은 이윤을 극대화하기 위해 가능한 한 오랫동안 필사적으로 축제 분위기를 조성하려고 한다.

그럼에도 불구하고 매년 열리는 축제는 언제나 인간의 삶의 일부였다. 이는 아마도 사람들이 봄의 귀환과 가을의 수확을 고대해왔기 때문일 것이다. 오늘날 크리스마스나 밸런타인데이 같은 기념일의 상업화를 경계하는 것 자체가 하나의 유행일 수도 있지만, 기념일 전문 카드 제조업체를

"이것은 우리의 축제다. 이것이 오늘날 우리가 기념하는 것이다.…하나님이 인간에게 오심으로 말미암아…우리가 다시 하나님께로 돌아갈 수 있게 되었다.…그러므로 이교도들의 축제처럼 기념할 것이 아니라 경건하게, 즉 세상의 방식이 아닌 세상 위의 방식으로 기념하자. 우리의 축제인 것처럼 기념하기보다는 우리의 소유 되신 우리 주님의 축제로 기념하자. 약함이 아닌 치유의 방식으로, 창조의 방식이 아닌 재창조의 방식으로."

_ 나지안조스의 그레고리오스, *Oration* 38, 380년 그리스도가 나신 날에

비롯한 많은 사람들은 절기를 기념하려는 인간의 기본적인 필요를 이용하는 것뿐이다.

농업 중심적이었던 과거에는 계절의 변화가 사람들의 삶에 전반적인 영향을 끼쳤다. 과거인들은 현대인 대부분이 전혀 모르고 지나치는 동지, 하지, 춘분, 추분을 기념했다. 우리는 한 해의 절기와 하늘의 주기에 대한 고대인들의 친밀함을 증명하는 거대한 기념물들을 잘 알고 있다. 스톤헨지가 바로 그 예다. 잉글랜드에는 원형으로 된 돌 구조물이 거의 1,000개에 달하는데, 스톤헨지는 그중 하나다. 그것보다 규모가 크고 웅장한 구조물도 있지만 스톤헨지가 가장 유명하다. 기자의 피라미드와 캄보디아의 앙코르 와트의 디자인이 천문학적 절기에 영향을 받았다는 사실은 널리 알려져 있다. 어떤 사람들이 주장하는 것처럼 그 유적들이 외계인이나 아틀란티스의 과학자들에 의해 지어졌다고 볼 수는 없다! 뉴그레인지라는 아일랜드의 유적은 피라미드보다 더 오래되었으며, 동짓날 새벽에 중앙에 위치한 방으로 태양이 직접 비칠 수 있도록 설계되었다.

오늘날에도 어떤 문화권에서는 여전히 해가 바뀌는 것을 기념한다. 일본에서는 텔레비전 일기 예보를 통해 나뭇잎이 무슨 색깔인지, 현재 어떤 꽃이 피었는지에 대한 정보를 제공한다. 일본의 벚꽃 사랑은 계절의 주기적인 변화에 대한 사람들의 관심과 흥미를 반영한다. 벚꽃이 아름다운 이유는 그 외양뿐만 아니라 아주 잠깐 유지되는 찰나의 아름다움이 비애를 불러일으키기 때문이다. 그러나 벚꽃은 다른 무언가로 대체되고 다음 해에 다시 꽃을 피울 것이다.

한편 서구에서는 한 해의 절기가 기독교적 형태를 띠고 있다. 이 단락 서두에서 언급한 모든 축제는 사실 기독교에 그 기원이 있다. 크리스마스는 그리스도의 탄생을 기념하는 날로서, 그 이름은 축하를 의미하는 "마스"(Mass)라는 옛날 단어에서 유래한 것이다. (일반적인 생각과 달리 로마 가톨릭 미사[Mass] 의식인 성체 성사를 지칭하는 것이 아니다.) 부활절은 그리스도가 십자가에 못 박힌 지 사흘째 되는 날에 부활한 것을 기념하는 날이다. 밸런타인데이는 성 발렌티누스의 축제일에서 유래한 날이고, 핼로윈은 만성절(모든 기독교 성인을 기억하는 날)이라고도 불리는 올 할로우스(All Hallows)의 전날이다. 올 할로우스 당일에는 분위기가 너무 거룩해서 악령들이 나오기 어려우니 그 전날을 최대한 활용할 것이라고 생각하는 사람들이 많았다. 이런 이유로 할로우스 이브닝 혹은 핼러윈이 유령, 마녀 같은 것들과 연관성을 갖게 되었다.

크메르 제국의 고대 수도 앙코르에 위치한 앙코르 와트(앙코르의 사원이라는 뜻). 12세기에 수리야바르만 2세가 건축하여 힌두교의 신 비슈누를 위해 봉헌했지만, 나중에 불교 사원이 되었다.

하지만 이것이 정말 기독교 축제일까? 스톤헨지를 세운 이교도들은 어쨌든 12월 말에 동지를 축하하고 있었다. 기독교인들이 이와 정확히 같은 때에 크리스마스를 기념하게 된 것은 우연의 일치가 아닐까? 이와 비슷하게 색슨족은 기독교인들이 그리스도의 부활을 기념하는 시기와 비슷한 때에 봄의 여신 "에오스트레"를 기념하는 축제를 열지 않았던가? 이런 이유를 들어 오랜 명절들을 상업화시킨 현대 사회를 비판하는 것이 잘못된 일이라고 주장하는 사람들도 있다. 그들에 따르면 원래 그 명절에 한 해가 지나가는 것이나 다산, 수확 등을 기념하는 행사를 열어왔는데, 기독교인들이 예수에 대한 신앙심에서 비롯된 터무니없는 말을 지어내어 그 축제를 빼앗아간 것이다!

어떤 측면에서 보면 이것은 꽤 정확한 말이다. 몇몇 기독교 축제는 실제로 이교도적인 기원을 갖고 있다. 예를 들어 크리스마스는 종종 율(Yule)과 농경의 신 사투르누스를 기리는 사투르날리아(Saturnalia) 같은 축제와 연관되어 있다. 사투르날리아는 동지에 큰 파티를 열고 많은 양의 술을 마시는 로마의 축제였다. 한편 율은 북구의 암울한 기후가 반영되어 상대적으로 음산한 스칸디나비아의 축제였다. 호랑가시나무, 담쟁이덩굴, 겨우살이 같은 상록수들은 이 시기에 귀한 식물로서, 봄에 모든 나무들이 푸른 잎을 되찾을 것이라는 희망을 나타냈다. 사람들은 나무 한 그루를 "율 장작"(Yule log)으로 정한 다음, 축제 기간 내내 난로 위에서 이 나무를 불사르면서 노르웨이의 천둥의 신 토르에게 제물로 바쳤다. 때때로 집에 나무 한 그루 전체를 들여와 한쪽 끝을 벽난로에 넣고 나무의 몸통 부분이 서서히 불에 타들어 가도록 했다. 또한 율은 유령 무리(Wild Host)들이 오딘 신의 인도를 받아 겨울 하늘을 날아다니면서 다산을 약속하는 축제였다.

사실 기독교인들은 그리스도의 탄생을 새터나리아와 같은 시기가 아니라 그 축제와 1월 초하루에 열리는 다른 축제의 중간쯤에 기념했던 것 같다. 애초에 사람들이 사투르날리아에서 회복되는 동안 (이런 이교도 행사들 가운데 아무것도 기념하지 않았던) 기독교인들만의 축제를 갖겠다는 생각이었다. 그렇기 때문에 크리스마스는 동지인 12월 21일이 아니라 12월 25일인 것이다. 이는 (크리스마스 날짜가 영원히 확정되었던) 4세기 말에 살았던 요한네스 크리소스토모스가 제시한 설명이었다. 물론 이것이 실제로 예수가 태어난 날짜라고 생각할 이유는 없었다. 그 점은 결코 알 수 없는 것이다. 그러나 만일 예수가 12월 25일에 태어났다면, 여덟째 날에 할례를 해야 한다고 명시된 구약성경의 내용에 따라 예수는 1월 1일에 할례를 받았을 것이다. 그리스도의 탄생으로부터 현대적 연대 체계를 확립한 6세기 디오니시우스 엑시구스(Dionysius Exiguus)는 실제로 예수의 출생일이 아닌 할례일을 기반으로 날짜를 정했는데, 이는 한 해가 시작되는 시점과 실질적으로 일치했기 때문이었다.

8세기의 바이킹 돌기둥 또는 석조 기념비. 이 자료 사진의 오른쪽에 보이는 오딘 신은 모든 말의 아버지인 8각(脚)마 슬레이프니르를 타고 있다(슬레이프니르와는 달리 다른 말들은 다리가 8개가 아니다). 왼쪽에는 죽은 자들의 방인 발할라의 문이 있고, 전장에서 쓰러진 사람들의 영혼을 그곳으로 데려가는 여성 용사인 발키리 여러 명이 묘사되어 있다. 여기 묘사된 발키리는 뚱뚱한 체구에 땋아서 늘어뜨린 머리를 하고 노래를 부르는 일반적인 이미지와 다르며, 노래하는 것처럼 보이지도 않는다.

로마 제국이 멸망한 후 수 세기에 걸쳐 유럽 전역으로 기독교가 전파되면서 새로운 축제가 오래된 축제를 대신하기 시작했고, 많이 남아 있던 오랜 관습도 결국 기독교화될 수밖에 없었다. 예를 들어 호랑가시나무는 상록수로서의 의미를 잃었지만 그 붉은 열매는 그리스도의 피의 상징이 되었다. 중세 시대의 연극 같은 새로운 관습들도 변화를 거듭했다. 이 연극

아마도 세상에서 가장 무서운 장난감이 아닐까? 이 루프레히트 꼭두각시는 1850년경 오려내는 종이 인형의 모델로 사용되었다. 이것 때문에 얼마나 많은 아이들이 평생 트라우마에 시달렸는지 생각하면 몸서리가 쳐진다.

들은 인류의 타락과 구원에 대한 이야기를 재해석했으며, 그러다 보니 아담과 하와 이야기에 나오는 선악을 알게 하는 나무가 중심 소재로 쓰이면서 과거 율 장작에 해당하는 새로운 역할을 갖게 되었다. 현대적인 형태의 크리스마스 트리는 마르틴 루터가 발명한 것이라는 이야기도 있다. 그 일화에 따르면 루터는 어느 겨울날 밤 집으로 걸어가다가 전나무 가지 사이로 빛나는 별들을 보았다. 가족들과 함께 그 아름다운 광경을 즐기고 싶었던 그는 그 나무를 베어 집으로 가져가 촛불로 장식했다고 한다. 확실히 루터는 환경운동가로서는 부족했으나 가정적인 남자로서는 충분한 자격을 갖췄던 것 같다.

그렇다면 기독교인들은 기존의 축제를 도용한 것인가? 답은 그렇게 간단하지 않다. 크리스마스의 일부로 우리가 알고 있는 많은 관습은 율이나 다른 동지 축제에서 비롯되었지만, 크리스마스 자체는 그런 오랜 축제에 기반을 둔 것이 아니었다. 이와 비슷하게 부활절은 에오스트레(Eostre) 축제일과 일치하며, 심지어 그 여신의 이름을 따서 부활절(Easter)이라는 명칭이 만들어졌다(비록 많은 언어에서 그리스도의 수난을 가리키는 프랑스어 Pâche에서 유래한 명칭을 쓰고 있지만 말이다). 산토끼는 이교도의 축제에서 중요한 역할을 했다. 그런데 이 토끼가 집토끼를 거쳐 미국의 부활절 토끼로 바뀌었다는 것은 오해다. 현대의 부활절 축제 관습 중 에오스트레 축제에서 유래된 것은 거의 없다. 8세기의 기독교학자 비드(Bede)가 다른 이교도의 신이나 축제에 대해 기록을 남기면서 그 축제를 포함하지 않았다면 우리는 그것에 대해 전혀 알지 못했을 것이다. 기독교인들이 이교도의 과거 관습을 일부 물려받았을 수도 있지만, 어쨌든 우리는 그들이 전해준 내용대로 알고 있는 것이다.

산타클로스 또는 파더 크리스마스로 알려진 수수께끼 같은 인물이 크리스마스와 관련된 이 복잡한 상황을 가장 잘 보여줄 것이다. 사실 산타는 서로 다른 두 인물이 합성된 것이다. 게르만 민족의 파더 크리스마스는 이교도적인 기원을 갖고 있으며, 율의 유령 사냥(Wild Hunt)과 오딘 신 및 토르 신까지 거슬러 올라간다. 독일에서는 파더 크리스마스가 사악한 인물인 루프레히트(Ruprecht)를 동반하고 다니는데, 자신은 착한 아이들에게 상을 주는 반면, 루프레히트는 착한 일을 하지 않은 아이들을 지팡이로 때린다. 어느 시점부터 이교도적이고 다소 무서운 이 인물은 (크리스마스 날짜가 정해진!) 4세기에 신앙을 위해 목숨을 잃은 미라(Myra)의 성 니콜라오와 혼합되었다. 성 니콜라오를 기념하는 날은 12월 6일이다. 유럽 대부분의 지역에서는 성 니콜라오가 가난한 사람들을 돕기 위해 창문을 통해 돈을 던졌다는 설을 근거로 이날 선물을 주고받는다. 그런데 미국의 뉴 암스테르담에 정착한 네덜란드인들이 유럽에서 보낸 성 니콜라오의 선물을 받을 때까지 몇 주를 기다려야 했기 때문에, 그곳의 전통이 크리스마스와 뒤섞이게 되었다는 견해가 있다. 1664년에 영국이 그 지역을 뉴욕이라고 개

칭했을 때, 그들이 게르만 민족의 파더 크리스마스를 그곳으로 데려오면서 파더 크리스마스는 성 니콜라오(네덜란드어로 신터 클라스[Sinter Klass])와 섞인 존재가 되어버렸다. 미국의 산타클로스는 이렇게 탄생한 것이다. 현대 문화 대부분이 그렇듯이 그는 이교도와 기독교가 융합된, 기독교로부터 큰 영향을 받았으나 완전히 기독교에 의해 정립된 것도 아닌 복잡한 역사의 산물이다.

리듬과 사이클: 교회력

그렇다면 교회력은 무엇인가? 크리스마스와 부활절 같은 큰 축제는 빙산의 일각에 불과하다. 수 세기가 지나면서 기독교인들은 표기해야 할 더 많은 날짜를 찾아냈고, 오늘날까지도 거의 매일 기념해야 할 것들이 있다. 실제로 어떤 날에는 기념일이 몰려서 두 명 이상의 성인을 같은 날에 시간을 나누어 기념하기도 한다.

기독교 교회마다 조금씩 다른 일정의 달력을 가지고 있다. 누구를 성인으로 간주해야 하는지에 대해 서로 동의하지 않기 때문에 생기는 당연한 일이다. 그러나 로마 가톨릭교회의 달력은 전형적이다. 가톨릭의 교회력은 크리스마스 전 대림절의 첫 일요일에 시작한다. 가톨릭교회는 12월 8일에 성모 마리아를, 12월 25일에 크리스마스를 기념한다. 1월 1일에 성모 마리아를 하루 더 기념하고, 대다수의 교회는 1월 6일에 동방으로부터 온 현자들이 예수에게 선물을 바친 주현절(Epiphany)을 기념한다. 크리스마스 시즌은 예수의 세례를 기념하며 막을 내린다. 그 후에는 비절기 기간(ordinary time)으로 이어지고 이것은 사순절이 시작되는 재의 수요일(Ash Wednesday)에 끝난다. 사순절은 예수가 세례를 받은 후 공생애를 시작하기 전 사막에서 금식하면서 보낸 날들을 기념하며 금식하는 40일의 기간이다. 일반적으로 사람들은 사순절 시작 전날에 달걀과 설탕 같은 "사치스런" 음식을 다 써버리려고 했다. 이것이 바로 팬케이크의 기원이다. 영국에서는 이날이 팬케이크의 날로 알려져 있다. 금식하기 전에 모든 사치품을 다 써버려야 한다는 강박으로 인해 카니발(베니스, 리우데자네이루 외 여러 곳)과 마디 그라(Mardi Gras, 미국 특히 뉴올리언스에서는 문자적으로 기름진 화요일[Fat Tuesday]이라고 불린다) 같은 축제가 생겼다. 당연한 것이지만 영국의 팬케이크의 날에 비하면 이 두 기념일에 훨씬 더 활기가 넘친다.

사순절 마지막 주는 교회력 중 가장 중요한 성주간(聖週間) 또는 고난주간이다. 이 주간은 유월절을 지키기 위해 예수가 예루살렘에 들어간 것을 기념하는 종려주일로 시작된다. 이어서 예수가 십자가에서 죽은 사건을 기념하는 성금요일, 부활절을 기념하는 부활절 일요일이 이어진다. 부활절은 유대인의 유월절처럼 음력으로 계산되기 때문에 해마다 날짜가 다르다. 부활절 6주 후 기독교인들은 승천일을 기념하는데, 누가복음에 따르면 이날에 부활한 그리스도가 제자들을 떠나 다시 하늘로 돌아갔다. 승천일이 지나고 교회는 성 삼위일체 주일까지 다시 비절기 기간으로 되돌아가는데, 성 삼위일체 주일에는 하나님의 삼위를 깊이 생각해야 한다. 성직자들은 희귀한 이 주제에 대해 재미있는 설교를 하기 위한 묘책을 찾아야 하기 때문에 이날을 두려워한다. 다음은 성체축일(*Corpus Christi*, "그리스도의 몸"을 뜻하는 라틴어)로, 이때 가톨릭 신자들은 성체성사/성찬식의 기적을 깊이 생각한다. 비절기 기간의 몇 주가 지나면, 예수가 세 제자들에게 자신의 신성을 얼핏 볼 수 있도록 허락한 날을 기념하는 "주의 거룩한 변모 축일"을 맞이한다. 모든 성인 대축일은 (핼러윈 다음 날인) 11월 1일이며, 이것이 지나면 어느새 다시 대림절이 다가온다. 이런 날들은 일 년 내내 기념되

> **"그들은 날이 밝기 전 일정한 날에 만나는 습관이 있었는데, 습관적으로 마치 신에게 하듯이 그리스도를 향한 찬송을 부른 다음 어떤 악한 행위도 하지 않으며, 사기, 절도, 간통을 저지르지 않고, 자신들의 말을 왜곡하거나 속이지 않으며, 약속을 이행하라는 요구를 받을 때 신뢰를 저버리지 않겠다는 엄숙한 맹세를 한 후에 서로 헤어집니다. 그런 다음에 좋은 음식을 서로 나누기 위해 다시 모입니다."**
>
> - 로마 비두니아의 총독 소(小) 플리니우스가 110년에 트라야누스 황제에게 보낸 편지에서 기독교인에 대해 한 말

는 수많은 성인의 날이나 소소한 축제와는 전혀 다른 것이다. 매일 그날에 지정된 성경이나 다른 글 안의 특별한 본문을 읽기 때문에, 한 해가 지나는 동안 교회에서 전체 성경을 읽거나 듣게 된다.

이런 한 해의 절기는 일련의 다른 주기를 포함하고 있는 넓은 호(弧)일 뿐이다. 한 주는 한 해의 축소판이다. 금요일은 성금요일의 작은 버전이고 전통적으로 금식하는 날인데, 가톨릭 신자들은 이날 고기를 먹지 않았다. 그리고 일요일은 부활절의 작은 버전이다. 일반적인 믿음과 달리 일요일은 안식일이 아니다. 유대인들은 한 주의 일곱째 날인 안식일에 쉰다. 창세기에 따르면 하나님은 6일 만에 세상을 창조하고 일곱째 날에 쉬었기 때문이다. 그래서 안식일은 토요일이다. 그러나 기독교 역사 초기에 기독교인들은 유대교의 안식일이 아닌 "주의 날" 즉 그리스도가 죽은 자 가운데서 다시 살아난 일요일을 기념하기로 정했다. 그 결과 기독교인에게 일요일은 유대인의 토요일과 비슷한 의미를 갖게 되었고, 우리는 때때로 그것을 안식일이라고 부른다. 현대에는 토요일과 일요일이 모두 휴일이 되었기 때문에 이 말은 무리 없이 적용된다.

심지어 하루 안에도 그 주기가 있다. 비록 오늘날 대다수 기독교인의

눈에는 거의 보이지 않지만, 교회와 종교적인 삶이 만연해 있던 중세에는 그 흐름이 뚜렷하게 드러났다. 수도사들은 조과와 함께 하루를 시작하고 찬과, 제1시과, 제3시과, 제6시과, 제9시과, 만과, 종과 같은 예배를 드리면서 하루 안의 주기를 가장 많이 경험했을 것이다. 각 예배는 주로 하루의 특정한 시간을 위해 특별히 고안된 일련의 기도로 이루어졌다. 이런 방식을 통해 그 해와 주의 리듬에 맞게 그날의 자연스러운 리듬이 종교적인 형태로 표현되었으며, 이 모든 것이 동시에 진행되었다.

실제로 교회는 이렇게 절기/주기를 준수하는 과정에서 중세의 과학 발전에 공헌했다. 많은 수도사들이 천문학에 능숙했는데, 이는 정해진 기도 시간을 정확히 파악하는 데 필수적인 기술이었다. 이슬람교가 널리 퍼진 지역에서도 천문학이 발전했는데, 무슬림들 역시 (메카를 향해) 기도하기 위해 정확한 방향을 아는 것이 중요했기 때문이다. 그 결과 기독교인과 무슬림 모두 아스트롤라베 같은 천문학 기구 사용의 전문가가 되었다. 고대 말 동부 지중해 지역에서 사용된 것으로 추정되는 이 기구는 7세기에 무슬림이 기독교인을 정복하는 과정에서 기독교인에 의해 이슬람 세계에 알려졌다. 나중에 무슬림이 스페인 전역을 정복했을 때 이웃 지역의 기독교 수도사들이 그들로부터 아스트롤라베를 다시 접하게 되었는데, 따라서 이는 기독교인들이 수 세기 전에 알았던 기술을 다시 배우게 된 것이라 할 수 있다.

과거와 더불어 살기: 기독교인과 역사

한 해의 절기에 대한 기독교의 이해는 어디에서 유래했을까? 아마도 가장 중요한 이해는 역사의 중요성에 대한 인식, 즉 그 절기들이 유대교로부터 유래되었다는 인식일 것이다. 유대인의 한 해는 기독교의 해와 마찬가지로 과거 사건을 기념하는 많은 축제 중심으로 순환된다. 실제로 기독교의 몇몇 축제들은 부분적으로는 유대의 전통적인 축제에 기반을 두고 있다. 예를 들어 유대 축제인 부림절은 에스더 왕비와 그녀의 양아버지인 모르드개가 힘을 합쳐 왕의 사악한 고관이었던 하만이 유대인을 멸망시키려고 꾸민 음모를 좌절시킨 사건을 기념하는 날이다. 이 내용은 구약성경 에스더서에 묘사되어 있다. 오늘날 아이들은 옷을 차려입고 회당에 가서 이 이야기를 듣는데, 하만이 언급될 때마다 악당을 야유하는 것처럼 딱따기를 흔들어 소리를 낸다.

시간이 지남에 따라 기억은 희미해질지 모르지만, 사람들은 축제를 통해 공동체가 겪은 과거의 위대한 사건을 되새긴다. 그러나 이보다 중추적인 역할을 하는 유대교와 기독교의 또 다른 축제가 있는데, 그 기간에는 과거의 사건이 기억되는 동시에 현재에 살고 있는 사람들을 위해 묘사될 수 없는 방식으로 다시 한번 재연되거나 현실화된다. 유대교에서는 유월절에 이런 일이 벌어진다. 유월절에는 유대인의 역사에서 가장 중요한 단 하나의 결정적인 사건, 즉 모세가 이끌고 나간 히브리인들이 파라오의 추격을 피해 이집트에서 탈출한 일을 기념한다. 이것은 3천여 년 전에 일어

"하만이 모르드개가 무릎을 꿇지도 아니하고 절하지도 아니함을 보고 매우 노하더니 그들이 모르드개의 민족을 하만에게 알리므로 하만이 모르드개만 죽이는 것이 부족하다고 생각하고 아하수에로의 온 나라에 있는 유다인 곧 모르드개의 민족을 다 멸하고자 하더라."

_ 에스더 3:5-6

난, 구약성경 출애굽기의 중심 사건이다. 오늘날 행해지는 유월절 기념 행사는 그때의 일을 반영하고 있다. 예를 들어 출애굽 전날에는 준비 시간이 너무 오래 걸리기 때문에 빵을 발효시키지 않았다. 이와 비슷하게 오늘날 유대인들은 유월절에 발효되지 않은 빵을 먹는다. 이는 단순히 그때 일어난 일을 배우고 기억하는 것이 아니라 그 사건을 현실로 만드는 방식이다. 유월절에 출애굽기 이야기를 전할 때 화자는 "우리"라는 단어를 이집트에서 탈출한 히브리인들을 가리키는 데 사용한다. 이를 통해 먼 과거에 있는 조상들이 현재에 참여할 수 있게 만든다.

우리의 역사가 우리 자신의 일부라는 이 근본적인 믿음은 교회력에서도 핵심이 된다. 종파를 가리지 않고 대부분의 교회 예배에서 기독교인들은 사도신경을 암송하는데, 이것은 예수가 부활한 후 그의 추종자들이 직접 쓴 보편적인 믿음의 진술이다. 비록 그 후 몇 세기에 걸쳐 발전한 진술이지만 말이다. 사도신경에 나타난 믿음의 목록에 있는 마지막 사항 중 하나는 "성도의 교제"인데, 이것은 처음 들었을 때는 별로 중요한 의미가 담긴 것 같지 않다. 하지만 이 말은 모든 기독교인이 어떤 의미에서 하나로 연합되어 있다는 뜻이다. 즉 기독교인이자 같은 교회의 신도라는 사실은 시대의 구분이나 삶과 죽음의 구분까지 모두 다 무효화시킨다는 것이다. 전통적으로 기독교인들은 모든 살아 있는 기독교인을 가리키는 "전투하는 교회"(the church militant)와 이미 믿음 안에서 죽은 "승리한 교회"(the church triumphant)를 구별한다. 상황은 다르지만 그들은 모두 한 교회의 구성원이며 그들 사이에는 근본적인 교통이 있다.

따라서 과거의 인물들이 단순히 오래전에 죽어 사라진 것이 아니라 지금의 기독교인들에게 연합된 상태로 남아 있기 때문에, 교회의 역사는 현재 구성원들에게 매우 중요하다. 이것은 달력에 표기된 날에 기억해야

키이우 페체르스크 라브라 건물의 황금 돔. 원래 이 탑과 건물은 동굴 위에 세워진 것이다. 이 대규모 수도원 단지는 도시 안의 도시 같은 곳으로, 자체적으로 작물을 재배하고 건축가, 건축업자, 재단사, 정원사, 요리사, 제빵사를 고용하고 있다.

할 성인(들)이 지정되어 있는 이유다. 그들의 이야기를 듣고 기억함으로써 우리는 어느 정도 그들의 업적을 공유할 수 있다. 그리고 일부 기독교 전통은 과거의 인물들에게 갖는 친밀감에 관한 사상을 훨씬 더 폭넓게 받아들인다. 교회는 기독교가 생겨난 이후로 줄곧 하나님의 능력이 성인들의 유물을 통해 역사할 수 있다고 믿으며 성인들의 유물을 소중히 여겨왔다. 초기 기독교인들이 죽은 자들을 로마의 카타콤에 안치하고 그곳에서 순교자들을 기념하는 예배를 드렸던 관습으로 인해 기독교 예배와 장례 사이에 밀접한 관계가 생겨났다. 그 결과 많은 교회가 묘지에 세워졌고, 동방 정교회는 여전히 성인들의 시신을 보존하고 있다. 그리스에서는 교회들이 때때로 속한 지역의 성인의 유해를 모시고 나와 퍼레이드를 벌임으로써 성인의 이야기를 공유하고 그 성인이 계속해서 우리와 함께하고 있는 것을 기념한다.

아마도 성인들에 대한 이런 경외심이 가장 두드러지게 나타난 예는 키이우 페체르스크 라브라(동굴 수도원)일 것이다. 키이우 페체르스크 라브라는 동방 정교회의 가장 성스러운 유적지 중 하나다. 중동과 동유럽의 전통적인 기독교 거점인 비잔틴 제국이 중세에 쇠퇴하면서, 그 신앙은 훗날 러시아가 될 땅에 뿌리를 내렸다. 1453년에 비잔틴의 수도 콘스탄티노플이 함락된 후 러시아의 새로운 수도인 모스크바가 그 자리를 차지했다. 하지만 러시아인들은 오래된 수도인 키이우(현재 우크라이나의 수도)를 특별한 장소로 여겼나. 그곳은 어떤 의미에서는 러시아 정교회의 로마라고 할 수 있는 곳이다. 키이우 페체르스크 라브라는 1051년에 여러 동굴이 모인 극적인 장소에 세워지면서 동굴 수도원(Cave Monastery)이라는 이름을 얻게 되었다. 성스러운 동굴은 순례의 주요 중심지가 되었으며, 모스크바가 급부상하고 키이우의 정치력이 쇠퇴한 후에도 그 아우라를 유지했다. 몇 킬로미터에 걸쳐 여러 교회를 연결하는 미로 같은 터널, 탑, 박물관, 값을 매길 수 없는 교회사적·문화적 보물을 보유하고 있는 수도원이 아직도 거기에 있다. 터널 안에는 수많은 지하실이 있다. 서늘하고 메마른 지하실의 공기가 죽은 사람의 시신을 삽시간에 미라로 만들었고, 이것을 신의 계시로 여긴 수도사들은 이 시신들을 지하실에서 완전히 볼 수 있도록 공간을 조성했다. 오늘날에도 이 개방된 무덤들이 터널에 줄지어 있고, 비록 얼굴은 가려졌지만 예복을 차려입은 과거의 성인들도 여전히 모습을 드러내고 있다. 그들은 단순히 방문자들의 괴상한 호기심 때문에 그곳에 있는 것이 아니다. 수도원을 방문하는 신실한 신자들은 그들을 존중하고 존경하며, 아이들이 그들의 모습을 더 잘 볼 수 있도록 들어 올려주기도 한다.

현대의 많은 서구인들은 이런 관습을 건강하지 못한 병적인 행동으로 여긴다. 하지만 죽은 사람을 계속 살아 있는 존재로 유지하려는 것이 가치 있는 일이라고 보는 문화권도 적지 않다. 예를 들어 일본에서는 가족들이 죽은 친척을 위해 집 안에 작은 사당을 마련하고 유지한다. 무덤은 정기적으로 관리되고 깔끔하게 유지된다. 일본인들은 그림처럼 아름답고 지나치게 풀이 우거진 영국 시골 교회 경내의 묘지를 보면서 왜 아무도 무덤에 관심을 갖지 않는 것처럼 보이는지 의아해한다. 아시아인들이 보기에 서구인들은 죽음을 두려워하고 죽은 사람들을 빨리 잊고자 하는 것 같다. 그러나 키이우 페체르스크 라브라를 보면 기독교 전통에서도 세상을 먼저 떠난 사람들에 대해 강한 친밀감을 갖고 있었음을 알 수 있다. 교회력의 중요성에서 알 수 있듯이 유물을 보존하지 않는 교회에도 그런 인식이 남아 있다.

그러나 기독교 교회는 무엇보다도 그 창시자인 예수와 친밀하게 연합하는 것을 중요하게 여긴다. 교회력에서 가장 중요한 축제들은 예수의 인생의 중요한 순간을 기념한다. 유대인의 기념일과 마찬가지로 달력에 있는 이 날들은 단순히 수 세기 전에 일어났던 사건들을 기념하는 날이라기보다, 어떤 의미에서는 오늘날 기억을 되살려 그 사건에 참여하는 방법이라고 볼 수 있다. 그것은 가장 중요한 기독교 의식인 성찬식의 기본 사상과 같다. 성찬식을 인도하는 성직자는 빵과 포도주를 먹고 마시면서 예수가 처형되기 전날 밤 최후의 만찬에서 했던 말을 따라한다. 이 예식에 참가하여 빵과 포도주를 먹음으로써 신자와 성직자는 최후의 만찬을 재현할 뿐만 아니라 그것을 현실화한다. 그들은 그 예식을 통해 단순히 일어난 일을

"내가 이사야의 말을 다시 한번 너에게 전하지 않으면 안 된다.…'그의 양식은 공급되고 그의 물은 끊어지지 아니하리라.'…이 예언에서 우리 그리스도가 우리에게 먹으라고 주신 빵에 대한 암시가 명백하게 나타나 있는데, 이는 그리스도께서 그를 믿는 자들을 위해 육신이 되신 것과 또한 그들을 위해 고난당하신 것을 기념하기 위함이며, 우리에게 마시라고 주신 잔은 그의 피를 기념하고 그에게 감사를 드리기 위한 것이다."

_ 유스티누스, 트리폰과의 대화 70장, 150년경

기억하거나 반복하는 것이 아니라, 수 세기를 뛰어넘어 그 첫 번째 경험에 다가가는 기회로 삼는다.

따라서 교회력은 기독교를 다른 많은 종교와 구별하고 우리 문화에 귀중한 영향을 미친 기독교의 본질적인 요소인 **역사**의 중요성을 보여준다. 예를 들어 불교는 부처의 가르침을 중심으로 전개된다. 하지만 중요한 것은 부처가 그들을 해방시켰다는 사실보다는 그의 가르침이며, 그 권위는 부처 자신이 아니라 그 진리에 근거한다. 그러나 기독교는 예수라는 역사적 인물을 중심으로 전개되며, 예수의 삶 속에서 일어난 역사적 사건에 뿌리를 두고 있다. (아마도 기독교 신앙의 가장 중심이 되는) 하나님이 인간이 되었다는 교리는 특별함(particularity), 즉 하나님이 특별한 시점에 특별한 장소에서 특별한 사람이 되었음을 기념하는 것이다.

플라톤과 공자 그리고 좋은 논쟁: 소수 가운데의 기독교

이 모든 것이 순조롭게 진행되었다고 생각될 수도 있지만, 일반적으로 기독교가 소수의 관심사였던 세계 대부분의 지역에는 이 말이 적용되지 않는다. 일본이나 중국 같은 나라는 기독교인이 많지 않았는데도 제법 괜찮은 생활 수준을 유지해왔다. 여기에는 서구인들의 비합리적인 편견이 있지 않을까?

한편으로 이것은 사실이다. 만약 기독교가 문화와 학문을 비롯한 삶의 여러 측면에 영향을 미친 방식을 살펴본다면, 우리는 기독교가 가장 오랫동안 존재하면서 일반적인 문화에 가장 폭넓게 스며든 나라와 대륙에 가장 큰 영향력을 미친 것을 알 수 있다. 그러나 기독교가 새로운 문화와 접촉할 때 어떤 일이 일어나는지 보는 것도 흥미로운 일이다. 다음 장에서 이와 관련된 다양한 사례를 살펴보겠지만, 일반적으로 기독교(혹은 다른 종교)는 소수의 관심사로 존재할 때 다수의 관점에 결정적인 영향을 줄 수 있는 좋은 위치에 있게 된다. 실제로 기독교는 긍정적으로 전복적인 역할을 할 수 있다.

이런 경향은 종종 한 사회의 문화 내에서 놀랄 만한 새로운 담론을 제시하거나 신선한 아이디어를 내놓음으로써 오래된 생각에 대한 새로운 시각을 제공하는 형태로 나타날 수 있다. 예를 들어 기독교가 로마 제국 내에서 소수 종교였던 초기 몇 세기 동안에는 당국에 의해 용인되었다가 금지되는 일이 반복되었다. 그러나 결국 기독교는 점점 번성하고 확산되었으며, 지적 성향이 강한 일부 기독교인은 철학자와 다른 사상가들의 보편적인 아이디어들을 기독교적 관점으로 재해석하기 시작했다. 이것이 기독교 신학의 시작이었다. 그러나 일부 비기독교 철학자들이 이에 반발했고, 2세기에 플라톤의 영향을 받은 철학자 켈수스(Celsus)는 『참된 교리』(*The True Doctrine*)라는 (비아냥을 담은) 제목의 책에서, 자기가 고대의 고귀한 교리를 타락된 형태로 왜곡하여 지적으로 덜떨어지고 사회적으로 열등한 사람들에게나 적합한 것으로 바꿔버린 야만스러운 바보들이라고 생각한 사람들을 맹렬히 공격했다. (이 시기에 기독교는 하층 계급을 위한 종교로 여겨지곤 했다.) 예를 들어 기독교인들은 종말에 그리스도가 재림하고 모든 사람이 부활하여 심판을 받게 될 것이라고 믿었다. 켈수스는 이런 믿음이 육체가 죽어도 영혼은 살아남아 지금까지의 삶에 따른 영원한 행복이나 저주를 받는다는 플라톤주의자들의 영혼 불멸 교리를 조잡하게 오해한 결과라고 주장했다.

그러나 켈수스가 활동하던 때로부터 한 세기가 지난 후 적어도 철학자로서 그와 대등한 영향력을 지닌 한 사람이 그의 책에 대해 답변을 내놓았다. 그가 바로 3세기의 위대한 철인 오리게네스 아다만티우스(Origen Adamantius)다. 오리게네스는 무서울 정도로 엄격하고 독실한 기독교인이었는데, 검소한 생활 방식에 몰두했던 그는 어린 나이에 자신을 거세했다고 전해진다. 그는 또한 대단한 용기를 가진 사람이었다. 박해 시기에도 꿋꿋하게 알렉산드리아 교회를 인도한 결과 늘 정부 당국을 피해 도망 다니는 삶을 살아야 했다. 오리게네스는 당대 최고의 지식인들로부터 교육을 받았고, 말년에는 이교도들 사이에서도 현자로 유명해졌다. 기독교가 공식적으로 금지되어 있던 시기에도 심지어 황제의 어머니가 그와 교제를 나누고자 했다. 그는 대표 저서인 『켈수스를 논박함』(*Against Celsus*)이라는 책에서 기독교인들에 대한 켈수스의 공격을 하나하나 검토하고 반박을 제시했다.

켈수스에 대한 오리게네스의 반응에서 놀라운 점은 그가 단순히 기독교의 교리를 제시하고 그것을 옹호하려 하지 않았다는 것이다. 그는 켈수스가 기독교인들이 본질적으로 플라톤으로부터 모든 사상을 훔쳐왔으나 그 사상들을 오해한 것이라는 주장에서 논거의 핵심을 취하고 있음을 파악했다. 그래서 오리게네스는 기독교인들이 실제로 플라톤을 매우 잘 이해하고 있었고 플라톤은 심지어 그리스도보다 400년 전에 살았던 일종의

중국 복식을 갖춘 마테오 리치(현대 중국 동판화)

숨어 있는 기독교인(crypto-Christian)이었으며, 오히려 켈수스 같은 이교도 플라톤주의자들이 오해해왔던 것이라는 대담한 주장을 내세우면서 켈수스의 주장을 받아쳤다. 예를 들어 오리게네스는 플라톤의 작품에서 발견된 하나님에 대한 묘사를 검토하고 그것들을 성경과 비교했다. 그는 켈수스나 그와 같은 생각을 지닌 사람들이 플라톤을 이해하고 진리를 찾는 일에 정말로 관심이 있었다면, 교회에 오는 편이 더 나았을 것이라고 결론지었다.

물론 켈수스와 오리게네스 사이의 논쟁은 과거에 대한 관심사에 불과하다. 기독교가 플라톤 철학과 얼마나 유사한지에 근거해서 기독교를 평가할 사람은 거의 없을 것이다. 그러나 우리는 이를 통해 기독교 사상가들이 소수에 속할 때는 단순히 방어적인 태세를 취하기보다 상대편과의 논쟁을 기꺼이 받아들일 의지가 있음을 보게 된다. 기독교는 이런 방식으로 문화적 주류의 사상을 포착하여 그것을 자신의 것으로 만들 수 있다. 그러나 동시에 문화적 주류의 사상과 그 주류 자체가 이 새로운 사고의 흐름에 영향을 받는 경우도 생겨난다. 이 사례의 경우 플라톤주의는 오리게네스 이후 수 세기 동안 기독교화된 형태로 존속되었는데, 이는 상당 부분 오리게네스의 노력 덕분이다.

현존하는 문화에 새로운 시각을 제공한 기독교의 또 다른 예는 동아시아에서 나왔다. 그것은 바로 근대 기독교의 가장 놀라운 저술 중 하나로서, 16세기의 이탈리아 선교사 마테오 리치(Matteo Ricci)가 쓴 것이다. 리치는 모든 시대를 통틀어 손꼽힐 정도로 탁월했고 역사적으로도 매우 중요한 인물이었다. 동양과 서양을 잇는 첫 번째 대표 인물로 리치에 버금가는 사람은 없을 것이다. 그는 르네상스 시대의 인물로 로마에서 예수회 수사에게 교육을 받았으며 신학뿐만 아니라 천문학과 수학에 정통했다. 그가 이렇게 방대한 지식을 쌓을 수 있었던 비결은 자신이 발명한 "기억의 궁전"이라는 암기법 덕분이었다. 그는 자신이 배운 모든 것을 "기억의 궁전" 안의 적절한 방에 정신적으로 분류, 배치하여 쉽게 찾을 수 있도록 했다.

이 시기에 예수회는 세계 곳곳에 선교사를 파견하고 있었고, 리치는 중국이 자신을 부르는 것을 느꼈다. 그는 이 소명에 대한 응답으로 1582년 중국 광둥성 근처 해안에 자리한 마카오의 새로운 포르투갈 정착지에 도착했다. 여기서 리치를 비롯한 예수회 선교사들은 그곳 인구의 대부분을 차지하는 중국인들을 만나 중국에 본격적으로 들어가기 전 그들의 언어와 문화를 배울 수 있었다.

기독교는 7세기 이전에 중국에 소개되었고 중국 전역에서 한동안 번성했던 것으로 보이지만 그 이후 사라졌다. 사실 17세기까지 유럽 선교사들뿐만 아니라 중국인들마저도 한때 중국에 기독교 교회가 있었다는 것을 전혀 알지 못했다. 포르투갈인과 함께 도착한 새로운 선교사들은 거의 성공하지 못했다. 포르투갈 정부의 공격성을 경험한 중국인들은 서양인을 극도로 의심하게 되었고, 이에 따라 국경에서 서양인을 발견하면 스파이로 체포하곤 했다. 하지만 알렉산드로 발리냐노(Alessandro Valignano)라는 카리스마 있는 이탈리아 선교사는 중국인들이 가진 기존 종교보다 더 나은 새로운 종교가 있다고 선언하는 것이 성공의 열쇠가 될 수 없음을 인식했다. 이런 방법은 절대로 통할 수 없었다. 그것은 남아메리카 정복자들이 이미 시도한 방법이었고, 7장에서 곧 살펴보겠지만 그 결과는 참담했다.

발리냐노는 중국인들이 학문과 관용을 존중하고 종교적 논쟁을 좋아한다는 사실에 초점을 맞춰야 한다고 판단했다. 그러기 위해 선교사들은 중국어를 배우고 중국 문화를 연구해야 했다. 이는 그 누구도 도전한 적이 없는 대담한 시도였다. 만약 선교사들이 중국인들을 존중하는 태도를 갖추고 종교적인 생각을 강요하는 대신 그들의 토론에 기여할 수 있다면 어느 정도 효과를 볼 수 있을지도 모른다.

그리하여 리치와 발리냐노를 포함한 선교사들은 중국어와 그곳의 관습을 받아들여 머리를 삭발하고 불교 승려처럼 옷을 입었으며 심지어 중국 이름까지 사용했다. 그런 다음 서양의 지도나 시계 같은 주목할 만한 물건을 전시하면서 중국인들이 마음껏 호기심을 갖고 자연스럽게 그들을 돕도록 했다. 마테오 리치(중국식으로 개명한 이름은 리 마토우[Li Matou])와 같은 예수회 수사들의 수준 높은 과학적 지식은 중국 과학자들의 경탄을 불러일으켰다. 중국인들은 그 지식의 격차를 이 외국인들이 채워줄 수 있다는 사실에 깊이 매료되었다. 리치는 중국의 천문학자들보다 일식 현상을 더 잘 예측했다. 또한 그들을 위해 그리스의 수학자 유클리드의 기하학 책을 번역했는데, 이것을 접하고 중국의 수학 방식과 너무 달라 당황하는 학자들이 많았다. 이와 더불어 당시 가장 상세한 지도 중 하나인 곤여만국전도라는 세계 지도를 제작함으로써 중국의 진정한 지리적 위치를 보여주었다. 세계의 다른 지역에 대해 전혀 알지 못했던 중국인들은 이 지도를 보고

> **"이제 내가 논의할 것은 전적으로 내면의 영적인 삶과 관련된 학문이며, 그것은 자기 자신을 위한 것이다. 한마디로 사람을 온전하게 만드는 교육이다."**
>
> _ 마테오 리치, 『천주실의』(*The True Doctrine of the Lord of Heaven*)

놀라움과 당혹감을 느꼈다. 또한 리치는 중국 풍경 화가로서 이름을 날렸다. 이 모든 활동과 성취를 통해 리치와 그의 동료들은 많은 중국인의 눈에 다른 나라에 거주하는 어리석은 야만인이 아닌 흥미로운 문화 대사로 여겨지는 데 성공했다.

동시에 선교사들은 기독교를 문화적으로 이해할 수 있는 관점에서 설명하기 위해 중국어로 된 소개지를 만들었다. 리치는 또한 기독교 사상을 전파하기 위해 음악을 이용했다. 중국 음악을 좋아하지는 않았지만 뛰어난 음악가였던 그가 유럽 스타일로 새롭게 작곡한 노래는 매우 큰 인기를 얻었다. 리치의 모든 성과는 『천주실의』(*The True Doctrine of the Lord of Heaven*)라는 저서에서 정점을 찍었다. 이 책에서 리치는 가톨릭 교리를 완전히 생경한 언어를 통해 매우 다른 사고 체계로 번역하는 까다로운 작업을 수행했다. 그는 기독교를 이해시키기 위해서는 호소력도 필요하지만 독자들과의 연관성을 이끌어낼 수 있어야 한다는 것을 알고 있었다. 그러려면 중국인에게 익숙한 지적·종교적인 문제를 다뤄야 했다. 리치는 고심 끝에 철학과 형이상학, 즉 신의 존재 및 창조와 인간 영혼의 본질을 다룸으로써 인류를 구원하기 위한 그리스도의 성육신에 대한 기독교의 기본 교리를 가르치고자 했다. 이 책은 기본적으로 예수회 창시자인 이냐시오 데 로욜라(Ignatius Loyola)의 저술에 영향을 받았으나, 리치는 그것을 중국어로 번역하면서 새로운 신학적 언어를 만들어냈다. 또한 중국인의 구미에 맞지 않을 것으로 여겨진 삼위일체나 계시의 본질과 같은 주제는 피했다. 이 책은 성공적인 결과를 낳았다. 중국 철학자들은 자신들의 전통에 대한 새로운 접근법에 흥미를 느꼈고, 심지어 기독교인을 박해한 건륭제조차도 이 책을 가치 있는 중국 서적과 자료를 수집, 보관하는 사고전서관에 넣었다.

그리고 이런 대화는 다른 방향으로도 전개되었다. 리치가 활동하던 시대에 유럽인들은 중국에 대해 거의 알지 못했다. 중국어 사전도 없었고, 아무도 그 나라가 정확히 어디에 있고 얼마나 큰지 몰랐다. 리치는 자신이 제작한 중국어 사전과 중국 지도를 통해 그 상황을 바꾸어놓았다. 그는 최초로 한자를 라틴어로 번역하는 시스템을 고안했으며, 이 프로젝트로 인해 공자의 책이 라틴어로 번역되었고 중국 문화 사상이 유럽에 도입되었다.

오늘날까지도 리치는 중국에서 가장 잘 알려진 유럽인으로서, 중국에 관한 지식을 발전시키고 그것을 서구에 전파한 역할을 널리 인정받고 있다. 하지만 그는 한 번도 방문한 적 없는 한국에서의 성공을 더 기뻐했을지도 모른다. 리치와 동료들이 중국에 개척한 교회는 살아남아 계속 성장했지만 중국에서 기독교인은 항상 소수였다. 이와 대조적으로 한국은 아시아에서 유일하게 기독교 인구가 많은 나라다. 특히 한국인들이 스스로 개종했다는 사실은 더욱 놀랍다. 중국과 마찬가지로 한국도 유교와 불교 전통이 오래 지속되었고 전 지역에 확고하게 자리잡고 있었다. 1770년경 명나라에 사신으로 갔던 정두원은 마테오 리치의 『천주실의』 사본을 가지고 귀국했다. 그와 학우들은 그 책을 자신들의 전통에 대한 흥미롭고 새로운 접근법으로 인식해서 그것을 발판으로 서양 종교와 문화에 관한 더 많은 정보를 얻고자 했다. 그 결과 기독교는 지식인들 사이에서 엄청난 인기를 얻게 되었다. 점점 더 많은 조선의 기독교인들이 외국인 선교사의 도움 없이 스스로 사제가 되어 성례를 거행하기 시작했다. 19세기 초에는 조선의 기독교인 수가 1만명에 달했다. 관의 단속에도 불구하고 그 수는 계속 늘어났다. 오늘날 대한민국 인구 4,500만 명 중 약 3분의 1이 기독교인이며, 서울 여의도순복음교회는 50만명이라는 세계 최대 규모의 신도를 보유하고 있다.

2장

예술

1805년 10월 21일은 영국 역사에서 가장 중요한 날 중 하나다. 그날 호레이쇼 넬슨(Horatio Nelson) 제독이 지휘하는 영국 해군 함대는 트라팔가르 해전에서 영국군보다 거의 두 배나 더 큰 규모의 프랑스와 스페인 연합 함대를 격파했다. 그의 용맹함과 대담함은 나폴레옹 보나파르트가 이끄는 강한 군대의 침략으로부터 영국을 구했지만, 넬슨 자신은 전투에서 치명상을 입고 빅토리호에서 사망했다.

영국의 가장 큰 도시의 중심에서 그 사건과 영웅을 기리는 것은 당연한 일이다. 1830년대에 런던 중심에 위치한 국회의사당 바로 아래쪽으로 트래펄가 광장이 조성되었다. 광장 가운데는 약 60미터 높이의 넬슨 기념비가, 광장 위쪽으로는 약 5미터 높이의 넬슨 동상이 세워졌다. 신고전주의 건물로 둘러싸인 채 영국 영웅의 기념비로 가득 채워진 광장은 역사상 가장 위대한 제국을 통치했던 국가의 수도에 어울리는 장소였다.

그런데 광장의 한 기단 위에는 기념비가 세워지지 않았다. 원래 말 위에 올라탄 윌리엄 4세의 동상이 배치될 예정이었는데, 동상을 조성할 충분

마크 월링거가 만든 "에케 호모"의 예수는 트래펄가 광장의 거대한 돌 기단 위에 덩그러니 서서 주변과 조화를 이루지 않는 모습을 보이고 있다.

한 자금이 마련되지 못했기 때문이다. 1999년에 임시 미술 작품이 그 위에 놓일 때까지 한 세기 반 동안 그 기단은 비어 있었다. 그러다가 영국 예술가 마크 월링거(Mark Wallinger)가 만든 "에케 호모"(*Ecce Homo*, 이 사람을 보라)라는 조각상이 첫 번째로 그 자리에 놓였다. "에케 호모"는 본디오 빌라도가 예수를 십자가에 못 박기 전 군중들에게 넘겨주면서 한 말로서, 요한복음 19:5에 기록되어 있다. 매일 광장으로 몰려드는 수많은 관광객 앞에 전시된 이 조각상은 허리 주변에 두른 천을 제외하고는 거의 벌거벗은 모습으로 가시관을 쓰고 힘없이 기단 위에 서 있는 예수를 묘사하고 있다.

트래펄가 광장에 전시된 다른 예술 작품들과 마찬가지로 이 "에케 호모" 역시 논쟁을 불러일으켰다. 이 예수는 기존에 묘사된 것처럼 수염이나 긴 머리도 없고 체모도 없는 매끈한 몸을 갖고 있었다. 그는 아주 평범해 보였다. 게다가 19세기 제국주의 영국의 과시적인 요소와 장식에 둘러싸여 있다 보니 더욱 하찮고 대수롭지 않게 보였다. 근처의 조각상은 네이피어 장군이나 헨리 해블록 소장 같은 제국주의의 상징을 재현하고 있는 데다가 거대하고 웅장하다. 반면 이 예수는 실물 크기였고 상이 놓인 기단 때문에 더 왜소하게 보였다. 그 작품을 점점 더 세속적으로 변해가는 서구 사회에서 하찮은 존재로 전락하고 있는 병든 영국 교회에 대한 상징으로 받아들인 사람도 있었다. 어떤 사람들은 그 작품을 기독교적 가치에 대한 중요한 진술로 해석했다. 주변에 전형적으로 드러난 권력의 과시적 요소와 장식을 거부하는 이 예수는 약하고 무력해 보였다. 그러나 권력의 중심부에 이런 약점이 존재한다는 것 자체가 일종의 강점이었다. 이 동상은 예수가 직접 설교했던 전도된 가치관을 강력하고 감동적으로 표현한 것 같았다. 단순히 "그 사람"으로 표현된 이 예수는 비단 기독교인뿐만 아니라 현대 사회를 향해 할 말이 많았다.

기독교인이 아닌 예술가가 만든 "에케 호모"와 그것을 둘러싼 논쟁은 오늘날에도 예술계에서 기독교가 가진 힘을 보여준다.

통통한 예수와 레오나르도 다빈치가 그린 추한 예수: 기독교와 시각 예술

"에케 호모"는 많은 사람이 갖고 있던 예수에 대한 이미지를 혼란스럽게 만들었다. 예수는 어떤 모습이었을까? 동방 정교회의 에이콘에서 멜 깁슨이 제작한 영화 "패션 오브 크라이스트"(*The Passion of the Christ*)에 이르기까지 오늘날 예수는 길고 검은 머리에 턱수염을 기른 마른 체격의 인물로 그려지고 있다. 사실 예수의 모습으로 가장 먼저 알려진 것은 로마의 카펠라 그레카에서 발견된 2세기 중반의 그림이었는데, 이 그림의 예수는 짧은 머리에 수염을 말끔히 깎고 토가를 입고 있는 젊은 남성이다. 예수의 초기 모습은 모두 이런 이미지였고 종종 더 살찐 모습으로 표현되기도 했다. 4세기에 들어서부터는 수염을 기르고 머리를 가운데 가르마로 나눈 모습으로 묘사되었다. 아름다운 금발의 예수라는 전통이 생긴 것도 바로 그때였다. 이것은 푸른 눈을 지닌 금발의 예수의 원형으로서, 빅토리아 시대의 감성을 대표하는 윌리엄 홀먼 헌트(William Holman Hunt)의 그림 "세상의 빛”(*The Light of the World*)에 나타나는 전형적인 모습이다. 물론 1세기 유대인인 예수는 아마도 턱수염을 길렀을 것이다(비록 당시에는 긴 생머리가 유행하진 않았지만 말이다). 이 모든 시도는 예수를 각 시대에 어울리는 이미지로 새롭게 다시 만드는 경향이 있음을 보여준다.

그런데 예수의 모습이 추하다는 초기 전통이 있었다. 이는 역사적 기억보다는 기독교인들이 예수에 대한 예언으로 해석한 “고난받는 종”에 대한 구약성경의 이사야 53장에 기초한 것으로 보이며, 여기서 이 종은 외관상 소박한 모습을 하고 있는 것으로 묘사된다. 그러나 4세기에 이르면 하나님인 예수가 당연히 빼어난 외모의 소유자일 것이라는 생각이 만연해지고 이것이 수 세기 동안 지배적인 전통이 되었다.

“세상의 빛”(윌리엄 홀먼 헌트, 1853년)을 감상한 이들은 깊은 감동을 받거나 지나치게 감상적인 반응을 보인다.

시대마다 변화된 예수의 얼굴은 시각 예술이 기독교의 메시지를 표현하고 전파하는 동시에 그 메시지에 영향을 미치는 데 얼마나 중요한 역할을 담당했는지 보여준다. 기독교에 영감을 준 예술은 기독교가 일부 문화에 뿌리를 내릴 때뿐만 아니라 권력자들이 기독교를 배척했을 때도 살아남을 수 있도록 도움을 주었다. 대표적인 예가 동유럽과 소련에서 공산당이 통치하던 시기다. 이곳에서는 동방 정교회가 천 년 넘게 사회와 문화에 깊이 자리 잡고 있었다. 그러나 1917년에 러시아에서 정권을 잡은 볼셰비키는 그 나라에서 정교회를 근절시키기 위해 조직적으로 움직이기 시작했다. 공식적으로는 동방 정교회나 다른 어떤 종교도 금지하지 않았지만, 동방 정교회는 이념적으로 공산주의와 양립할 수 없었고 당국은 가능한 한 그것을 없애기를 원했다. 교회는 폐쇄되고 국가가 시설을 몰수했으며, 성직자들은 공격을 당하거나 투옥되어 처형당했으며, 종교 문학 보급이 금지되었다. 동방 정교회는 제2차 세계대전 동안 스탈린이 나치 독일에 대항하기 위해 국민들을 규합하려는 목적으로 종교 활동을 허용했을 때 잠시 숨을 돌렸지만, 이후 등장한 흐루쇼프는 어느 때보다도 가혹하게 정교회를 탄압했다. 동시에 다른 기독교 교단 역시 공격을 받아 1917년에 1,200개였던 로마 가톨릭교회가 30년도 채 안 되는 동안 2개로 줄어들었다. 19세기 이전의 기독교 순교자들을 모두 합친 것보다 20세기의 순교자 수가 더 많고, 이중 상당수는 소련에서 살해되었다고 한다. 1918년 초 모스크바의 티콘(Tikhon) 총대주교가 소련 정부를 비난하고, 소련이 유지되는 기간 내내 비밀리에 운영되던 지하 카타콤 교회의 설립을 감독한 것도 전혀 놀랄 일이 아니다.

그러나 이 모든 과정을 겪으면서도 러시아 정교회의 가치는 살아남았다. 교회 건물과 수도원은 대부분 텅 비어 있었지만 교회 건물들을 지었던 믿음에 대한 침묵의 증인으로 그 자리를 지켰다. 사람들은 도스토옙스키나 톨스토이가 쓴 위대한 소설을 읽었고, 그들이 고심하던 종교적인 질문들은 계속해서 사람들을 훈련시켰다. 그리고 에이콘들도 살아남았다. 에이콘은 동방 정교회가 남긴 독특한 유산 중 하나로서, 신앙의 아름다운 표현을 넘어선 신앙의 핵심이다. 에이콘이 6-7세기 비잔틴 제국 시기에 처음 등장했을 때 일부 신학자들과 황제들은 그것을 보고 감상하는 행위가 우상숭배라고 믿었기 때문에 논란을 벌였다. 그러나 8세기 이후에 에이콘은 더 이상 논란의 대상이 되지 않았다.

에이콘은 보통 그리스도나 성인의 모습을 그린 것이지만 그림이나 사

> **"생명을 주는 거룩한 십자가와 같이, 이런 목적을 위해 색상을 입혀 만든 아주 작은 돌이나 다른 재료로 만든 거룩하고 귀중한 에이콘을 하나님의 거룩한 교회에 비치된 꽃병, 사제들의 제의(祭衣)와 벽 위, 집 안과 길에 장식해 놓아야 한다.…우리는 그 이미지 안에 묘사된 것을 볼 때마다 최초의 것을 기억하게 된다. 우리는 그것들을 더 사랑하고 경배하게 된다."**
>
> _ 제2차 니케아 공의회 선언문(787년)

진처럼 사실적인 묘사를 목적으로 한 작품이 아니다. 대신 예배를 돕는 역할을 하기 때문에 화가는 묘사 대상의 영적 본질을 전달하기 위해 노력한다. 그렇기 때문에 에이콘은 매우 양식화된 모습을 하고 있지만 즉시 알아볼 수 있다. 예를 들어 현대 러시아 에이콘은 중세 중동 지역의 에이콘과 매우 흡사하다. 동방 정교회 신자들은 종교에서 아름다움이 핵심적인 역할을 한다고 믿는다. 10세기에 자신의 조국에 종교가 필요하다고 판단한 키이우의 블라디미르 대공은 어떤 종교가 가장 좋은지를 결정하기 위해 비잔틴 제국과 무슬림, 가톨릭 신자들에게 사절을 보냈다고 한다. 콘스탄티노플의 아야 소피아 대성당을 직접 본 사람들은 지상에 그런 아름다움이 존재한다는 사실을 믿을 수 없었던 나머지 자신들이 천국에 있는 건지 이 땅에 있는 건지 모르겠다고 전했다. 하나님은 분명히 동방 정교회와 함께 그곳에 계셨다. 그 결과 블라디미르는 개종했으며 러시아는 동방 정교회를 국교로 선택했다.

에이콘이 위대한 아름다움을 드러내는 예술품이 되고자 하는 것은 놀라운 일이 아니다. 에이콘은 주로 나무 위에 그려지며, 예술가들은 전통적으로 (최대 서른 겹의) 페인트를 층층이 쌓아 올려 몇 세기가 지나도 변함없는 놀라운 내구성을 구축한 다음 그 위에 강렬한 색채를 창조한다. 동방 정교회 신자들은 예배에 에이콘을 사용하는 것이 하나님이 그리스도 안에서 물리적 세계의 일부가 됨으로써 이 세계를 거룩하게 만들었다는 기독교의 중심 신앙을 반영하는 행위라고 믿는다. 평범한 인간의 몸 안에 하나님의 영광을 담을 수 있다면, 아름다운 이미지와 그림을 통해 하나님과 그 성인들의 거룩함에 접근할 수 있는 것이다. 물론 동방 정교회가 그 에이콘들을 숭배하지는 않지만, 그들은 에이콘이 우리와 영적 세계를 잇는 매개체가 된다고 믿는다. 예배에서 에이콘을 사용하는 것을 강력히 지지했던 8세기 동방 정교회 신학자인 다마스쿠스의 요한은 "초원이 눈을 즐겁게 하고 영혼에 하나님의 영광을 은은하게 불어넣는 것처럼 이미지의 아름다움은 나를 묵상으로 이끈다"라고 말했다.

그러나 그 자체로 주목할 만한 심미적인 전통인 것과는 별개로, 에이콘은 기독교 문화를 보존하고 전승하는 데 매우 중요한 역할을 해왔다. 에이콘은 신학적인 책을 읽을 수 없는 사람들에게 영적인 사상을 전달한다. 그것은 학자나 다른 전문가가 아닌 일반 사람을 위한 영성이다. 6세기에 많은 사랑을 받았던 교황 그레고리오 1세는 "문맹자에게 있어 그림은 교육받은 사람에게 있어 글자와 마찬가지다"라고 말한 적이 있다. 가톨릭의 이런 사상을 보여주는 좋은 예는 "십자가의 길"(*Stations of the Cross*)이다. 이것은 그리스도의 죽음에 대한 묵상을 그림으로 표현한 작품으로서, 일반적으로 연작 형태로 교회 안에 걸려 있고 각 그림은 그리스도가 수난을 받는 장면을 묘사하고 있다. 대부분 벽을 중심으로 일정 간격을 두고 걸려 있어서 사람들이 작품 사이를 직접 걸어 다니며 각 장면을 보고 깊이 묵상할 수 있다.

마찬가지로 에이콘은 동방 정교회에 담긴 기독교의 정신과 가르침을 수호하면서 소련이 유지되는 동안 신성한 러시아의 정신도 함께 보존했

"그리스도의 아케이로포이에토스(acheiropoietos)". 문자적으로는 "사람의 손으로 그리지 않은 그리스도"라는 뜻이다. 전설에 따르면 로마 제국과 페르시아 제국 사이에 있었던 독립 국가인 에데사의 왕 아브가르는 예수에게 방문해달라고 요청했지만, 예수는 그럴 수 없는 이유를 담아 답장과 함께 자신의 얼굴을 지긋이 눌러 얼굴이 새겨진 천 하나를 보냈다. 이 "만딜리온"(Mandylion)이라는 유물은 기적적인 능력을 지니고 있으며, 16세기 러시아에서 제작된 비슷한 종류의 에이콘에 영감을 불어넣었다.

다. 사람들은 에이콘이 묘사하는 성인들의 모습을 통해 그들의 과거 및 유산과 계속 접촉할 수 있었다. 아이러니하게도 공산주의자들의 박해는 전 세계적으로 동방 정교회에 대한 관심을 이끌어냈다. 많은 교회의 재산이 약탈당하고 외국인에게까지 팔려나갔다. 가난으로 내몰린 사람들은 어쩔 수 없이 소장했던 에이콘을 팔아야만 했다. 그 결과 특히 미국에서 예상치 못하게 러시아 에이콘을 거래하는 시장이 생겨났다. 미국인을 비롯해 많은 사람들이 미술 작품이나 골동품을 파는 상점에서 에이콘을 구매했는데, 이것은 1920-30년대의 유행으로 자리 잡았다.

훌륭한 기독교 예술 작품만 모아서 책 한 권을 채울 수 있다. 실제로 이런 식으로 구성된 책도 많다. 동방 정교회의 에이콘은 아름다운 종교 예술 작품의 한 예일 뿐이다. 또 잘 알려진 것으로는 성경 사본에 그림을 삽입하는 전통이 있는데, 이에 관해서는 4장에서 다시 살펴볼 예정이다. 『켈스의 서』(*the Book of Kells*)나 『린디스파른 복음서』(*Lindisfarne Gospels*)처럼 아름다운 그림이 들어가 있는 중세 성경 사본과 기독교 예술 작품들은 역사상 가장 놀라운 예술 작품들과 어깨를 나란히 한다. 그 작품들은 전통적인 기독교에서 글쓰기를 단순히 정보를 기록하고 전달하는 차원을 넘어 그 자체로 가치 있는 물건을 창조하는 수단으로 보고 중요하게 여겼다는 사실을 알려준다. 이슬람교는 코란에 대한 경외심을 강조하지만, 기독교는 그와 동일한 경외심을 성경에까지 확대해서 적용하지는 않는다. 예를 들어 기독교에는 성경을 바닥에 내려놓거나 방에 있는 다른 어떤 책보다 낮은 곳에 놓아서는 안 된다는 규칙이 없다. 하지만 전통적으로 기독교인들은 성경을 중요한 **물건**(objects)으로 인식했다. 19세기 미국의 각 가정에는 대대로 전해져 내려오는 "가족 성경"이 있었고 보통 빈 페이지에 결혼, 출생 등을 써넣어 가족에 대한 기록으로 사용했다. 그림이 삽입된 중세의 성경 사본은 성경을 단순한 종교적 가르침을 담은 유용한 책이 아니라 그 자체로 중요한 **것**(thing)으로 만들기 위한 노력의 결과이자 말씀과 예술의 상호 작용을 통해 가르침 안에 아름다움을 담으려는 시도였다. 이것이 오늘날 "구체시"(concrete poetry)라고 불리는 문학 작품의 기원이다. 구체시는 단어들이 어떻게 보이고, 말할 때 어떤 소리가 나는지를 생각하고 쓴 것이다. 각 행의 첫 글자가 단어나 어구를 나타내는 아크로스티콘은 고대부터 존재해 왔으며, 9세기 수도사이자 작가인 라바누스 마우루스(Rabanus Maurus)는 "성 십자가를 찬송하며"(*In Praise of the Holy Cross*)라는 작품을 통해 아크로스티콘의 새 지평을 열었다. 이 작품은 현대의 낱말 퍼즐처럼 겉보기에 무작위로 나열된 글자가 그림 위에 겹쳐져 있는데, 그 그림 안에 있는 글자만 보면 한 편의 시가 된다. 그는 이 시를 통해 시각적인 요소와 교훈적인 요소를 혼합함으로써 마음과 정신을 함께 일깨우고자 했다. 그리고 이 교훈적인 내용이 기리고자 하는 인물이 다름 아닌 "경건왕" 루이 황제였기 때문에 이 작품은 권력층 사이에서 라바누스의 위상과 권위를 높여주었다.

중세 예술 작품은 대부분의 중세 창작 활동과 마찬가지로 단순한 오락거리를 제공하기보다는 도덕적 또는 영적인 교훈을 가르치려는 목적이 있었다. 우리는 다음 장에서 중세 교회 건축과 스테인드글라스를 통해 이런 접근법의 몇 가지 예를 살펴볼 것이다. 그러나 아마도 중세 기독교 예술의 마지막이자 가장 위대한 결실은 15세기에 안트베르펜 근처에 살았던 다소 특이한 인물인 히에로니무스 보쉬(Hieronymus Bosch)의 작품일 것이다. 자신이 살았던 마을 이름(헤르토겐보슈)에서 자기 이름을 따온 보쉬는 독실한 가톨릭 신자였다. 그는 성모 마리아 형제회(the Brotherhood of Our Lady)라고 불리는 단체에 소속되어 있었는데, 이 단체에서 마을의 예배당

"성 안토니우스의 유혹"(히에로니무스 보쉬, 1500년경). 유명한 은둔자가 폐허가 된 악마의 도시에서 악마 숭배 의식을 강요당하면서도 꿋꿋하게 믿음을 지켜내는 모습을 묘사하고 있다.

장식을 위한 예술 작품을 그에게 의뢰했다. 그런데 그의 그림에는 종교적인 상상력이 과할 정도로 표현되어 있어서 그의 동료들은 보쉬의 작품을 보고 상당히 당황했다. 그는 뾰족한 가시와 이빨로 뒤덮인 무시무시한 악마들, 칼날 위에서 미끄러지거나 악마를 등에 업은 채 강제로 끌려가는 끔찍한 고문을 받는 사람들을 잔뜩 그려놓았다. 눈을 부릅뜬 기괴한 생명체들이 보쉬의 초현실적인 그림 속에서 자태를 뽐내고 있다. 근대에 들어서면서 그의 작품은 살바도르 달리보다 앞선 초현실주의, 낯선 잠재의식에 대한 탐구, 기분 좋은 자극을 촉진하는 향정신성 약물 사용의 위험성에 대한 준엄한 경고로 여겨지기도 하지만, 보쉬는 자신의 작품을 통해 종교적인 가르침을 전달하고 싶었다. 예를 들어 돼지 코를 갖고 있는 사람들, 머리와 다리로만 구성된 생물, 물고기와 선박을 잇는 특이한 모양의 십자가로 둘러싸인 사막의 성 안토니우스를 묘사한 그의 그림은 성인이 유혹에 저항하면서 감내해야 했던 영적 고뇌를 묘사하기 위한 장치였다.

이처럼 기독교는 종교 예술의 방대하고 풍부한 (그러면서도 여러 가지 다른) 전통을 발전시켜왔다. 기독교가 종교적인 예술 작품을 만들어낸 것에 더해 예술 전반에 큰 영향을 미쳤다는 사실도 놀랍기 그지없다. 특히 르네상스 시대에 근대 서구 미술이 형성되는 과정에서 기독교는 큰 영향을 끼쳤다. 5장에서 살펴보겠지만 르네상스 시대에는 신비주의의 기류가 강했다. 사람들은 만물의 본질적인 상호 연결성, 인간 영혼의 신비, 아름다움의 영적 가치를 믿었다. 이 새로운 접근법은 르네상스 시대에 고대의 이교도 사상 특히 플라톤 철학에 대한 관심이 부활한 것에 부분적으로 영향을 받았다. 이 고대의 이교도 사상과 새로운 철학자들이 중세로부터 물려받은 기독교 세계관이 결합하게 되었다.

이런 노선을 걸은 철학자 중 가장 위대한 사람은 마르실리오 피치노(Marsilio Ficino)였다. 영혼의 깊은 곳을 항해하는 일에 푹 빠져 있었던 그는 살아생전 단 한 번도 이탈리아 북부에 자리한 피렌체를 떠난 적이 없었다. 그는 당대에 큰 발자취를 남긴 인물이었고, 그런 인물들이 넘쳐났던 그 시대에도 가장 뛰어난 학자이자 사상가로 인정받았다. 또한 그가 플라톤이 이끌었던 학문 공동체를 모방하여 설립한 플라톤 아카데미는 세계 최고의 교육 기관이었다. 피치노는 가톨릭 사제였지만, 플라톤의 철학을 통해 영적이며 거룩한 진리를 찾을 수 있다고 믿었다. 그는 플라톤의 조각상 앞에 촛불을 계속 켜놓았고, 위대한 철학자의 작품들이 교회에서 읽혀야 한다고 주장하기도 했다. 철학자, 학자, 그 시대의 최고의 의사, 음악가로 활동했던 피치노는 르네상스를 대표하는 인물로 손색이 없었다. 그 당시 피렌체에서 엄청난 영향력을 행사하던 메디치 가문은 피치노 외에 다른 의사의 치료를 받지 않았다. 피치노는 원칙에 엄격한 사람이었을 뿐만 아니라 자신의 원칙을 실행에 옮길 수 있을 만큼 물질적으로 여유가 있었기 때문에 메디치 가문 사람들을 치료하면서 단 한 번도 치료비를 청구하지 않았다.

피치노는 시각 예술이 영적 노력이라고 믿었다. 그는 하나님 자신이 궁극적인 아름다움이기 때문에 아름다움을 묵상함으로써 하나님과 가까워질 수 있다고 주장했다. 이것은 원래 플라톤의 생각이었지만, 레오나르도 다빈치나 니사의 그레고리오스와 아우구스티누스 같은 후기 기독교 플

"이 세기는 황금기처럼 거의 꺼져가던 문법, 시, 수사학, 그림, 조각, 건축, 음악 등의 중세의 자유 7과의 불을 피렌체에서 다시 지폈지. 고대인들 사이에서는 영광을 얻었지만 그후로 거의 잊혔던 것을 다시 회복시켜 나가면서, 이 시대는 웅변과 지혜를 하나로 묶고 군사 예술과 신중함을 결합시켰네. 사랑하는 파울, 자네도 알다시피 금세기에는 천문학이 완성된 것처럼 보이며, 피렌체에서는 그것이 어둠에서 빛을 보는 플라톤의 가르침을 상기시켰고, 독일에서는 우리 시대에 책을 인쇄하는 도구가 발명되었네."

_ 1492년 마르실리오 피치노가 미델뷔르흐의 파울에게 쓴 편지의 한 구절

"인간의 타락과 낙원으로부터의 추방"(미켈란젤로 부오나로티, 1510년). 바티칸 시스티나 성당에 있는 이 그림은 아담과 하와가 뱀의 유혹에 넘어가 에덴동산에서 수치스럽게 쫓겨나는 창세기 3장의 유명한 이야기를 묘사한 것이다.

라톤주의자들의 작품을 통해 피치노가 알았던 형태가 형성되었다. 예전부터 그림은 기교를 쌓는 기술 취급을 받았지만, 피치노는 그림과 시를 동등한 것으로 여겼다. 그의 영향으로 이탈리아에서 그림의 사회적 지위가 급격히 높아졌고 (심지어 기독교적인 주제를 다루지 않더라도) 본질적으로 종교적인 예술 형식으로 간주되었다. 예술가들은 아름다움을 화폭에 담음으로써 그것을 보는 이들의 영혼을 궁극적인 아름다움인 하나님 안에 있는 신적 기원으로 되돌려 놓았다.

그 결과 르네상스 시대 이탈리아에서 예술은 놀랍도록 꽃을 피웠다. 산드로 보티첼리(Sandro Botticelli) 같은 예술가들은 고대 그리스-로마 신화에 나오는 이미지를 묘사하는 데 전념했지만, 그들의 작품은 근본적으로 감상자가 피치노 같은 기독교 신플라톤주의자들의 가르침을 숙고하게 만들었다. 예를 들어 보티첼리는 로마의 신 베누스와 마르스를 묘사하면서 전쟁보다 사랑이 우월하다는 것을 드러내고자 했다. 의심할 여지 없이 가장 위대한 르네상스 예술가인 미켈란젤로(Michelangelo)는 모든 자연의 아름다움에서 영적 가치가 발견될 수 있다고 믿었고, 그는 "다비드"상 같은 뛰어난 작품을 통해 이 믿음을 증명하고자 했다. 미켈란젤로의 가장 유명한 작품인 로마 시스티나 경당의 천장화는 아름다움에 대한 헌신과 기독교적 이상을 결합시킨 결과물로서, 그를 비롯한 르네상스 신플라톤주의자들에게 그 두 가지는 불가분의 관계에 있었다. 그러나 흥미롭게도 미켈란젤로는 시간이 지남에 따라 신플라톤주의와 아름다움의 본질적 가치에 대한 믿음을 잃었다. 그는 역설적으로 추함이 아름다움보다 더 심오한 영적 진리를 전달할 수 있다고 믿게 되었다. 그래서 시스티나 경당에서 작업하는 동안 그가 그린 인물들은 더욱 고뇌에 찬 모습으로 변해갔고, 이는 최후의 심판에 대한 묘사에서 절정에 달했다. 아름다움을 강조하는 경향에 반기를 든 또 다른 화가는 레오나르도 다빈치(Leonardo da Vinci)로 그는 모든 자연에서 영적 가치를 발견할 수 있다고 믿었다. 그는 대상을 가능한 한 정확하게 표현하려고 노력했고, 특히 못생긴 사람들을 묘사하는 데 관심을 가졌다.

"성 제오르지오의 순교"(페테르 파울 루벤스, 1614년경)

르네상스 시대와 그 이후 서양 미술이 사실

주의를 추구하게 한 것은 자연에 내재된 영성에 대한 강조였고, 이는 예술의 중심적인 특징이 되었다. 아시아에서는 시각 예술이 보다 양식화된 상태로 남아 있었기 때문에 중국인들은 마테오 리치가 보여준 성모마리아 사진에 놀라움을 금치 못했다. 그들은 이전에 진정한 의미의 재현 예술(representational art)을 본 적이 없었기 때문에, 이미지가 어떤 식으로든 실제적이면 된다고 생각했다. 예를 들어 가까운 물체보다 멀리 있는 물체를 더 자주 그렸던 중국인들은 원근법을 알지 못했다. 그러나 르네상스 유럽에서는 원근법을 비롯해 사물의 정확한 묘사를 돕는 보조적인 기법들이 발견되어 예술가들이 훨씬 더 사실적인 이미지를 구현할 수 있었다. 게다가 정확성에 대한 관심은 인체에 대한 면밀한 탐구로 이어져 해부학 및 의학 연구에도 동기를 부여했다.

재현을 중시하는 서구 미술은 16-17세기 네덜란드 거장들의 작품을 통해 그 절정을 맞이했다. 이들은 종교적인 주제를 거의 묘사하지 않았지만, 그 자체가 종교적인 견해의 결과였다. 당시 네덜란드에는 칼뱅주의자가 우세했고, 칼뱅주의자들은 종교 예술이 우상숭배와 맞닿아 있다고 여겨 종교 예술을 반대했다. 그 결과 렘브란트 반 레인(Rembrandt van Rijn) 같은 예술가들은 정물화를 그리거나 일상의 평범한 나날을 집중적으로 묘사했다. 동시대를 살면서 가난에 시달리던 얀 베르메르(Jan Vermeer)는 고향의 풍경을 주로 그렸고, 얀 스테인(Jan Steein)은 선술집이나 아주 지저분한 집을 재치 있게 묘사하는 데 탁월한 능력을 갖고 있었다. 네덜란드에서는 오늘날에도 혼란스러운 난장판을 뜻할 때 "얀 스테인네 집 같은데?"라는 표현을 쓴다. 그러나 일부 예술가들은 사실주의에 대한 이런 강조와 더 오래되고 노골적인 기독교 예술을 향한 열정과 감정을 결합해냈다. 페테르 파울 루벤스(Peter Rubens)는 그런 예술가 중 한 명이었다. 독실한 로마 가톨릭 신자였던 그는 자신이 물려받은 예술 전통에 활기를 불어넣었고, 뛰어난 정물 화가인 친구 프란스 스니더러스(Frans Snyders)와 자주 함께 작업했다. 두 사람은 플랑드르 전통을 대표하는 화가로서 가장 섬세하고 뛰어난 화풍을 발전시켰다. 이 시기 거장 중 일부는 믿을 수 없을 만큼 공을 들인 기술을 사용했는데, 예를 들어 일곱 겹의 물감을 칠하면서 작업 단계마다 오랜 시간 동안 그대로 그림을 놓아두어야 했다. 이렇게 그린 정물화 중 일부는 놀라울 정도로 자그마하지만, 그 작품들은 러시아 정교회의 에이콘처럼 지금도 아름답게 빛나고 있다.

스타디움 록(stadium rock)과 "도레미": 기독교와 음악

> 그들이 내 주님을 십자가에 못 박았을 때 내가 거기에 있었고,
> 병사가 칼을 뽑았을 때 나는 칼집을 들고 있었다.
> 그들이 그의 옆구리를 창으로 찌를 때 나는 주사위를 던졌다.
> 그러나 나는 사랑이 큰 분열을 이기는 것을 목격했다.

이것은 18세기의 복음 찬송 가사인가? 아니다. U2와 B. B. 킹이 부른 "사랑이 찾아올 때"(*When Love Comes To Town*)라는 노래의 가사다. U2는 1970년대에 결성된 이후 "가장 인기 있는 록 밴드"라는 "타임"(*Time*)지의 평가를 계속 유지 중이다. 그러나 밴드 멤버들은 자신들이 기독교를 믿는다는 사

> **"하나님이 허락하시지 않았다면 나는 지금처럼 노래할 수 없었을 것이다."**
> _ 엘비스 프레슬리

실을 숨긴 적이 없었다. 오히려 방금 인용한 것과 비슷한 노래들을 알리기 위해 자신들의 종교를 사용해왔다. 한편 리드 보컬인 보노는 그의 기독교 신앙을 바탕으로 제3세계의 부채를 청산하는 프로젝트를 진행하는 등 좋은 목적을 지닌 캠페인을 벌이는 데 많은 시간을 투자했다.

U2나 다른 기독교 밴드들의 음악이 기독교 신앙에 어떤 영향을 주는지는 논쟁의 대상이다. 분명한 사실은 기독교가 현대 음악에 놀랍도록 강력한 영향을 행사하고 있다는 것이다. 최근 음악계에서 예상치 못한 성공 사례가 등장했다. EMI 클래식 스페인에서 산토 도밍고 데 실로스의 베네딕트 수도사들이 부른 그레고리오 성가를 다시 녹음해 음반을 발매했는데, 이 음반은 미국에서만 3백만 장이 팔렸고 「빌보드」 국제 부분 톱 10 차트에 8주 동안 오르는 등 전 세계적으로 폭발적인 인기를 끌었다.

음악은 기독교가 시작된 이래 기독교에서 빼놓을 수 없는 부분이 되었다. 예를 들어 1990년대에 예상치 못했던 인기를 얻은 그레고리오 성가의 역사는 6세기로 거슬러 올라간다. 그러나 이것은 부분적으로 예수 시대와 그 이전의 유대교 찬송가의 음악 전통에서 유래되었다. 마태복음에 따르면 예수와 제자들이 최후의 만찬을 마치고 찬송을 불렀다고 하는데, 그 노래가 그레고리오 성가와 비슷한 것이었다고 생각해보면 매우 흥미로운 일이 아닐 수 없다. 그레고리오 성가는 일종의 평성가로 초기 교회의 지배적인 음악 형태이며 데스칸트(descants, 주선율 위에 첨부된 장식적인 선율) 혹은 대위법(counterpoints, 두 개 이상의 독립적인 선율을 조화롭게 배치하는 작곡 기술)이 적용되지 않은 하나의 멜로디 라인으로 구성되어 있다. 그것은 누구나 쉽게 부를 수 있는 단순한 형태의 음악이지만 단순함 또한 의도적이고 명상적인 성격의 일부다. 이런 노래는 성경 같은 본문을 바탕으로 가사의 의미에 집중하게 하려는 의도로 작곡되었다. 또한 기독교인들이 추구하는

"악행을 저지를 때 우리에게 음악은 없다. 하늘과 지구와 신의 섭리에 속하는 모든 것은 음악 없이는 그 기능을 할 수 없다."

_ 카시오도루스, *Divine and Human Institutions* 2.5, 560년경

아름답고 영적인 분위기를 조성하는 데 필수적인 요소로서 기독교 예배에서 중심을 차지하게 되었다.

지역마다 고유한 성가들이 있었지만, 6-7세기에 여러 지역의 성가들이 함께 편찬되어 발전되면서 새로운 전통인 그레고리오 성가가 생겨났다. 전통적으로 교황 그레고리오 1세가 이 과정에서 큰 몫을 했다. 그레고리오는 중세 초기의 주요 인물들 중 하나로, 매우 의욕이 넘치는 교황이었다.

그러나 수 세기에 걸쳐 예배는 점점 더 복잡해졌다. 다음 장에서는 건축에서 로마네스크 양식과 고딕 양식이 빌딜힘에 따라 중세 예배당과 대성당들이 어떻게 더 커지고 복잡해졌는지를 살펴볼 것이다. 이와 비슷하게 음악도 그에 맞춰 더 정교해졌다. 우선 기억하기 힘들 정도로 많은 성가들이 보급되었다. 기억하기가 어려워지자 교회는 성가를 기록하는 방법을 개발했다. 그리스인과 로마인들은 알파벳 글자를 따서 음표의 이름을 붙였지만, 이제 교회 음악가들은 라틴어 문장 부호를 기반으로 음을 나타내는 새로운 기호들을 발명했고, 다른 음정을 표현하기 위해 높낮이를 달리 하여 음표를 그려넣었다. 음표도 표준화되었다. (출처가 불분명한 이야기지만) 교황 그레고리오 1세는 8음 옥타브를 발명한 공로를 인정받게 되었다. 10세기경에는 긴 가로선에 음표를 그리는 아이디어가 나왔는데, 이는 "고정된" 음을 다른 음의 기준으로 삼으려는 의도였으며 다른 선이 추가되면서 현재 우리가 알고 있는 오선이 되었다. 이런 일들이 일어나면서 노래의

곡조 자체가 점점 복잡해졌고, 평성가는 여러 명이 동시에 다른 멜로디 라인을 부르는 다성 찬송가에게 자리를 내주기 시작했다. 새로운 작곡 방법이 등장하고 다른 멜로디를 동일한 선에 표시함으로써 더 복잡한 곡을 기록할 수 있게 되었다.

동시에 일부 진취적인 성직자들은 사람들이 이 모든 것을 노래할 수 있게 만드는 새 방법을 발명했다. 11세기에 살았던 귀도 다레초(Guido d'Arezzo)라는 11세기의 이탈리아 수도사가 그중 한 명이었는데, 그는 오선 악보를 탄생시킨 매우 중요한 인물이었다. 그는 먼저 여러 개의 가로줄을 놓고 그 사이에 있는 공간에 음표를 "앉혀서" 음높이를 분명히 보여주면서, 음표의 지속 시간을 나타내는 오랜 기호를 적용하는 방법을 떠올렸다. 귀도는 논란이 많은 인물로, 수도원에서 쫓겨나 있던 시간이 많았던 것으로 보인다. 사람들은 전통적인 방식에 애착을 가지고 있었기 때문에, 그가 고안해낸 새롭고도 터무니없는 작곡 방식을 좋아하지 않았다. 그는 여기서 그치지 않고 노래를 가르치는 혁신적인 방법을 개발했다. 예를 들어 그는 손의 각 부분에 다른 음을 할당해서, 학생들이 각각 다른 부분을 가리키며 노래를 부르도록 훈련시켰다. 더 흥미로운 것은 "귀도 시스템"으로 더 잘 알려진 "계이름 체계"였다. 귀도는 "*Ut queant laxis, Resonare fibris, Mira gestorum, Famuli tuorum, Solve pollutti, Labii reatum*"(주의 종들이 주의 행하신 놀라운 일들을 소리 높여 노래하여, 그 더럽혀진 입술에서 죄를 씻어 주십시오)라는 가사로 시작되는, 세례 요한에 대한 8세기 라틴어 찬송을 취해서 노래의 각 행의 첫음절인 *Ut, Re, Mi, Fa, Sol, La*에 옥타브의 여섯 개 음을 할당했다. 이것은 학생들이 현대 음계의 기원인 "선법"(mode)의 형태로 음을 암기하는 데 도움이 되었다. 또 나중에 *Ut*가 *Do*로 바뀌었고 맨끝에 *Ti*가 추가되어 전체 옥타브를 익히는 데 사용되었다. 이 체계를 바탕으로 뮤지컬

"사운드 오브 뮤직"에 등장하는 유명한 도레미송(song)이 나왔다. 그 영화에서 계이름이 무의미하다고 불평하는 아이는 중세 교회 음악에 대해 잘 알지 못해서 그랬던 것이다!

이 방식은 모두 합창 음악에 관한 것이다. 합창 음악은 항상 기독교 예배에서 중심적인 역할을 했다. 오늘날에도 몇몇 교회 전통 중 특히 동방 정교회는 여전히 악기가 포함되지 않은 합창 음악만 예배에 사용한다. 그러나 서구에서는 단순한 합창 음악조차도 때때로 매우 복잡해졌는데 16세기 영국 작곡가 토마스 탈리스(Thomas Tallis)의 "스펨 인 알리움"(*Spem in Alium*)이라는 곡이 그 대표적인 예로서, 이 곡은 무려 마흔 개의 파트로 구성되어 있다.

이와 동시에 기악 반주도 발전했다. 정교한 교회 찬양을 위해 중세 시대에 발명된 악보 표기법 덕분에 작곡가들은 여러 악기가 동시에 함께 연주할 수 있는 곡을 만들 수 있었다. 16세기 후반 무렵 작곡가들은 다양한 여러 악기를 위한 음악을 작곡했고, 이는 현대 오케스트라의 기원이 되었다. 이 최초의 오케스트라는 기본적으로 현악기로만 구성되었지만 18세기에 이르러 금관악기나 목관악기 같은 다른 악기들이 추가되었다. 그리고 작곡가들의 열정이 충만해짐에 따라 오케스트라도 확장되었다. 19세기에는 거대한 오케스트라가 유행이었는데, 요한 슈트라우스 2세(Johann

> **"우리가 음계에 음을 배열하는 방법은 이렇다. 먼저 그리스 문자 감마를 넣는다. 그런 다음 알파벳의 대문자 일곱 개(A, B, C, D, E, F, G)를 사용하여 음을 나타낸다. 이어서 같은 일곱 글자를 재차 반복하는데, 이번에는 소문자를 사용한다."**
>
> _ 귀도 다레초, *Micrologus*

Strauss the younger)는 무려 1,000개의 악기로 구성된 오케스트라를 지휘했다. 현재까지 가장 큰 규모의 오케스트라 연주는 캐나다 전역에서 6,452명에 달하는 음악가가 모여 2000년 5월 밴쿠버에서 공연한 것인데, 그것은 정말 놀라운 일이었다.

그러나 몇몇 위대한 서양 작곡가들은 다양한 형태로 기독교 음악에 헌신했다. 가장 대표적인 예는 요한 제바스티안 바흐(Johann Sebastian Bach)인데, 뛰어난 교회 오르간 연주자였던 그는 18세기 전반기에 특히 엄청난 양의 오르간 연주곡을 쏟아냈다. 그의 업적은 실로 대단했다. 바흐는 3년 동안 매주 새로운 칸타타를 준비해 작곡하고 성가대와 연습했다! 그는 특히 서로 독립된 선율이 동시에 대조와 조화를 이루는 대위법(contrapuntal techniques)을 이용한 작곡가로 잘 알려져 있다. 그 기법은 중세 교회 노래에서 처음 등장한 다성음(polyphonic sounds)이 놀랍도록 복잡하고 수학적으로 정밀하게 발전한 결과물이었으며, 그 정교함으로 인해 유럽 역사상 가장 위대한 작곡가 혹은 심지어 가장 뛰어난 천재로 불리게 되었다. 그러나 바흐는 단순히 듣기 좋은 음악을 작곡한 것이 아니다. 그는 모든 작품을 하나님에게 바쳤다. 이는 바흐가 사용한 교회 음악 장르를 보면 충분히 알 수 있다. 그는 무수한 성경 본문이나 기타 다른 교회의 기록을 바탕으로 음악을 만들었다. 또한 그는 음악의 복잡함과 아름다움이 하나님의 영광을 증명한다고 믿었고, 듣는 이의 마음을 작곡가의 총명함이 아닌 신성한 아름다움 그 자체로 끌어들이려는 의도를 갖고 곡을 썼다. 마르실리오 피치노의 신플라톤주의적 이상과 르네상스는 바흐의

"보물"을 품은 골룸. 영화 "반지의 제왕: 두 개의 탑"의 등장인물이다.

음악에서 새로운 계몽주의 사상의 형태로 드러났으며, 바흐가 잘 정돈된 상태로 빚어낸 아름다움 안에서 하나님은 최고의 수학자였다.

털북숭이 발과 구겨진 비옷: 기독교와 영혼의 문학

하지만 예술이 기독교적 가치로부터 깊은 영향을 받은 사실을 종교적으로 분명히 드러내 보일 필요는 없다. 최근에 미묘하게 기독교적인 예술로 널리 알려진 대표적인 예 중 하나는 20세기의 가장 인기 있는 책으로 손꼽히는 톨킨(J. R. R. Tolkien)의 『반지의 제왕』이다. 톨킨이 창조해낸 신화적 세계의 다양한 민족, 지리, 역사, 언어에 감탄한 독자들이 많다. 그러나 놀랍게도 『반지의 제왕』이나 그의 다른 책들에 나오는 어떤 등장인물이나 민족도 종교를 따르는 것처럼 보이지 않는다. 톨킨의 세계에는 초자연적인 존재가 있다. 그러나 누구도 그들을 숭배하지 않으며 교회에 가거나 기도하는 등의 종교적인 행위도 하지 않는다. 이는 톨킨 자신이 헌신적인 로마 가톨릭 신자였고 스스로 자신의 이야기가 본질적으로 기독교적 또는 가톨릭적인 것이라고 주장한 점을 감안하면 더욱 의아한 일이다.

그가 그렇게 주장하는 이유는 『반지의 제왕』이 모험 이야기 형식을 취하고 있지만, 기독교가 설명하고 있다고 믿는 인간 본성의 가장 깊은 문제를 다루고 있기 때문이다. 이 소설은 난쟁이 호빗 종족인 프로도가 세상에 단 하나밖에 없는 절대 반지를 손에 넣게 되면서 벌어지는 사건을 중심으로 전개된다. 반지는 과거 어둠의 제왕이었던 사우론이 만든 것으로 그의 힘과 악의 근원이다. 어둠의 제왕을 물리치기 위해서는 반지를 파괴해야 하는데, 그 일을 성공적으로 수행하기 위해서는 어떻게든 사우론의 땅인 모르도르까지 가서 그 반지가 만들어진 화산에 반지를 던져 넣어야만 한다.

문제는 본질적으로 악한 그 반지가 그것을 갖고 있는 사람을 서서히 타락시킨다는 것이다. 권력의 유혹을 상징하는 반지는 자신을 이용해 사우론과 싸우면 그의 권력을 빼앗을 수 있다고 소유자에게 속삭인다. 프로도가 모르도르에 가까워질수록 반지의 힘은 커지고, 그는 점점 더 큰 유혹에 맞서 싸워야 한다. 상대적으로 약한 동료는 반지로 인해 광기를 일으키고 그를 배신하기에 이른다. 가장 불쌍한 것은 골룸이라는 등장인물인데, 한때 호빗 종족이었던 그는 반지를 발견한 후 그 반지 때문에 악의와 탐욕에 사로잡힌 비참한 존재로 변해버린다. 화산에 도착한 프로도는 반지를 파괴하는 대신 그것을 자신이 차지하겠다고 선언한다. 골룸은 그 순간 프로도를 공격하여 반지를 빼앗지만, 승리감에 도취된 채 절벽에서 발을 헛디뎌 불구덩이 속으로 떨어진다.

톨킨은 알레고리를 싫어한다고 말했고, 그의 작품은 그의 친구 C. S. 루이스의 『사자, 마녀, 그리고 옷장』처럼 기독교적 메시지를 새로운 이야기로 재구성하려는 의도로 창작된 것이 아니었다. 그러나 대부분은 기독교의 사상과 가치를 반영하고 있다. 예를 들어 프로도는 삼촌 빌보로부터 반지를 물려받으면서 빌보가 기회가 있었는데도 악한 골룸을 죽이지 않은 것이 유감이라고 간달프에게 이야기한다. "마법사"로 묘사되는 간달프는 그 신분에 어울리는 긴 망토와 뾰족한 모자를 걸치고 있음에도 불구하고, 결코 마법을 행하지 않고 개인적인 카리스마와 조언을 통해 권위를 얻는다. 구약성경의 예언자에 가까워 보이는 간달프는 프로도의 불평에 다음과 같이 대답한다.

> 유감이라고? 그의 손에는 동정심이 있었지. 어쩔 수 없는 경우가 아니면 다른 사람을 죽이지 않으려는 동정심과 자비 말일세. 그리고 그는 충분한 보상을

받았어, 프로도. 그가 반지의 주인이라고 주장했지만 결국 악의 세력에게 큰 피해를 당하지 않고 도망칠 수 있었던 것도 동정심을 갖고 있었기 때문이지. 동정심을 갖고서…쉽게 죽음의 심판을 내려서는 안 된다네. 심지어 우리 마법사들도 만물의 종말을 다 알 수는 없다네. 골룸이 죽기 전에 개심할 가능성은 크지 않지만 전혀 없다고 말할 수도 없네. 그도 이젠 반지의 운명과 결부되었거든. 내 생각에는 그가 좋은 쪽이든 나쁜 쪽이든 이 일이 끝나기 전에 어떤 중요한 일을 할 것 같다는 생각이 드네. 빌보의 동정심이 많은 사람을 구할지도 모른다는 말일세.

동정심은 심판보다 강할 수 있으며 자비가 자비로운 자에게 선한 결과를 가져다줄 수 있다는 가르침은 기독교의 핵심적인 교훈이다. 또한 일어나는 사건이 어떤 식으로든 섭리에 의한 것이라는 믿음 역시 마찬가지다. 반지의 제왕에서는 아무도 하나님을 언급하지 않는다. 그렇다고 해서 하나님이 존재하지 않는다는 의미는 아니다. 성경에 하나님을 언급하지 않는 두 권의 책이 있는데, 그중 하나인 에스더서와 비교할 수 있을 것이다(다른 한 권은 아가다). 에스더는 위대한 아하수에로왕의 궁정에서 유대인을 상대로 획책되는 음모를 영리하게 좌절시키고 악인을 법정에 세운다. 에스더서에는 하나님이 언급되지 않지만, 유대인과 기독교인들은 이 이야기가 그분의 존재를 암시하고 있다고 해석해왔다. 왜냐하면 하나님이 모든 일을 뒤에서 인도하고 있기 때문이다. 마찬가지로 빌보가 골룸에게 보여준 자비는 결국 보상을 받는다. 골룸이 없었다면 프로도는 반지를 파괴할 수 없었을 것이다.

엄청난 인기에도 불구하고 『반지의 제왕』이 세계에서 가장 위대한 문학 작품들과 어깨를 나란히 한다고 주장하는 사람은 거의 없을 것이다. 마찬가지로, 이 책을 원작으로 피터 잭슨이 3부작으로 구성한 영화도 비록 잘 만들어지기는 했지만 걸작 "시민 케인"(*Citizen Kane*)에 견줄 수는 없다. 하지만 이 영화는 최고의 작품으로 꼽히는 이야기들의 주제와 관심사를 공유하고 있다. 예를 들어 여행 모티프는 존 번연(John Bunyan)의 대표작인 『천로역정』을 연상시킨다. 번연은 17세기 초 가난한 영국 가정에서 태어났으며, 입이 험해 다소 좋지 않은 평판을 받았다. 하지만 내전에 참전하면서 자신이 더 나은 일을 할 수 있는 사람이라는 확신을 갖게 되었다. 번연은 갑자기 보직이 변경되는 바람에 그의 자리를 대체한 군사가 총에 맞아 즉사하는 사건을 경험하고는, 하나님이 큰 목적을 위해 자신을 살려두신 것이라고 결론지었다. 총에 맞은 불행한 사람에 대한 하나님의 계획은 무엇인지에 대한 그의 생각은 기록되어 있지 않다. 그 일이 있고 나서 번연은 마르틴 루터와 다른 개신교도의 설교에 깊은 관심을 갖게 되었다. 청교도가 된 그는 영국 국교회에 대항하여 분명한 목소리를 내는 소수자로서 개인의 영혼의 안녕과 구원에 초점을 맞추어, 사람들에게 더 윤리적이고 신성한 삶을 살아야 한다고 촉구했다. 그러나 1660년 찰스 2세의 복위와 함께 권력을 되찾은 앵글로 가톨릭 관계자들에게 번연의 설교는 너무 극단적으로 여겨졌고, 그는 12년 동안 투옥되었다. 그는 이 시기에 『천로역정』을 썼다. 이 책 전체는 크리스천이라는 등장인물이 멸망의 도시에서 천상으로 가는 여정을 따라가는 긴 알레고리다. 그는 허영의 시장을 지나다가 분별, 불굴, 세속현인 같은 인물들을 만난다. 이 알레고리 안에는 섬세함과 치밀함은 없지만, 번연의 천재성은 이 노골적인 종교 교육적 소재에 일상에 대한 관심을 녹여 흥미진진하고 매력적인 이야기로 만들어낸 데서 드러난다. 일반인도 이런 영적 여정에 관한 알레고리를 쉽게 인식하고 상징에 대한 통찰력을 얻을 수 있도록 한 번연의 능력으로 인해 이 작품은 불후의 명작이 되었다. 『천로역정』은 지금까지 나온 책들 가운데 성경 다음으로 가장 성공적인 책으로 평가되었으며, 이 책이 전하는 현실적인 영성은 영국과 미국에 큰 영향을 끼쳤다.

번연이 감옥에서 고초를 당하는 동안 다른 영국인이 또 다른 기독교 문학의 고전을 집필하고 있었다. 존 밀턴(John Milton)은 번연보다 유복한 가정에서 성장해서 케임브리지 대학에서 교육을 받았고 가정교사라는 편안한 직업을 얻게 되었을 뿐만 아니라, 유럽 문화 여행 길에서 유명한 변호사이자 신학자인 휴고 그로티우스를 비롯해 나이가 많아 앞이 보이지 않는 갈릴레이를 직접 만나게 된다. 하지만 번연과 마찬가지로 청교도였던 그는 영국 국교회의 주교들과 찰스 1세에 대항하는 반대자로 점점 더 유명해졌다. 내전과 찰스 1세의 처형(1649년) 이후 밀턴은 국왕이 폭군이라면 그를 반대하거나 심지어 죽이는 것도 국민의 권리라고 주장하면서 처형에 가담한 국회의원들을 옹호하는 글을 썼다. 1660년에 찰스 1세의 아들 찰스 2세가 왕위에 복귀했을 때 밀턴은 번연과 비슷한 소용돌이에 휘말렸으나 가혹한 처벌을 면하고 공인으로서 은퇴한다. 하지만 건강이 그리 좋지 않았던 그는 어느 순간 완전히 실명하게 된다.

밀턴은 은퇴 후 시를 쓰면서 시간을 보낸다. 밤에 머릿속으로 시를 구상하고, 다음 날 아침에 사람을 시켜 그것을 받아쓰게 했다. 1667년에 그

> **"사탄은 오르무스와 인도의 부, 야만족의 왕들에게 진주와 황금을 아낌없이 뿌려주는 찬란한 동방의 부를 훨씬 능가하는 저 드높은 제왕의 보좌 위에 앉아 있다. 그것은 악명 높은 행적들을 통해 오른 자리다. 그는 절망에 빠져 있다가 원했던 것보다 훨씬 더 높은 자리에 올랐건만, 거기에 만족하지 못하고 더 높은 자리를 탐하는 열망에 붙들려 천국과의 헛된 전쟁을 포기하려고 하지 않는다."**
>
> _ 존 밀턴, 『실락원』 II

는 『실락원』을 출판했다. 당시에는 현대적인 개념의 출판사가 존재하지 않았기 때문에 다른 작가들처럼 인쇄업자와 직접 계약을 맺어야 했다. 인쇄업자인 새뮤얼 시몬스는 계약 체결 당시 그에게 5파운드(약 8,000원)를 주었고, 3쇄까지 각 쇄에 5파운드씩 더해서 총 20파운드(약 33,000원)를 지불했다. 『실락원』이 역대 최고의 영어 장편 서사시로 평가된다는 점을 감안하면 터무니없이 싼 값이었다. 아담과 하와의 타락을 서사적으로 재구성한 이 시는 인간 등장인물이 아닌 마귀들, 무엇보다 하나님의 새로운 창조 세계인 이 땅을 파괴하려는 타락한 천사들의 대표인 사탄에 초점을 맞추고 있다. 놀라운 점은 밀턴이 사탄을 이해가 가는 인물로 만들었다는 것이다. 물론 사탄은 간사하고 하나님을 거역하려는 그의 계획도 사악하다. 밀턴은 시의 서두에서 마귀들이 지옥 최고의 도시인 판데모니움에 모여 무슨 일을 할지 논의하는 장면을 묘사한다. 서로 다른 주장을 펼치는 마귀들의 말을 통해 밀턴은 그들의 성격과 하나님을 대적하는 동기를 탐구한다. 결국 사탄은 정죄를 받지만, 밀턴은 사탄이 왜 그렇게 행동하는지를 독자들이 이해하도록 만든다. 또한 그는 죄와 교만에 대한 복잡한 접근법을 중심으로 시를 전개하면서 스스로를 믿는 믿음과 능력 같은 고귀한 자질이 어떻게 왜곡될 수 있는지를 다룬다. 밀턴은 "나쁜 사람들"에 집중하는 방식으로 기독교 이야기를 완전히 개조함으로써, 사람의 동기에 대해 기독교적 관심을 가지고 무엇이 사람들로 하여금 어떤 특정 행동을 하게 만드는지를 파헤쳐 이야기에 색다른 활력을 불어넣는다.

평소와는 다르게 침착해 보이는 표도르 도스토옙스키

이와 비슷한 관심은 매우 다른 방식을 통해서도 드러나는데, 이는 19세기 러시아 소설가 중 가장 위대한 작가 중 한 명인 표도르 도스토옙스키의 작품에서 찾아볼 수 있다. 도스토옙스키는 초기에 제법 매력적인 삶을 살았다. 부유한 의사의 아들이었던 그는 일하지 않고도 살 수 있는 수입이 있어서 여가 시간에 마음껏 글을 쓸 수 있었다. 하지만 평화롭게 그것을 즐길 수 없는 순간이 왔다. 좌파적 행동주의가 문제가 되어 몇 년간 시베리아 감옥에서 힘든 노동을 견뎌야 했고 연이어 군 복무를 하게 되었기 때문이다. 그런 일을 경험하고 나서 도스토옙스키는 항상 불안에 사로잡힌 사람이 되었다. 소설가로서의 명성은 높아졌지만 그는 평생 도박 중독, 끊임없는 빚, 간질로 고통을 받았다.

큰 고통이 있어야 위대한 예술이 탄생할 수 있다는 말은 참으로 진부한 표현이지만 도스토옙스키도 이를 피해가진 못했다. 그는 각기 다른 삶에 대한 접근법을 보여주는 소설 속의 등장인물들을 통해 신의 본질이나 악의 목적과 같은 종교적·철학적 주제들을 탐구했다. 그들의 이야기는 죄와 구원의 주제를 중심으로 진개되며, 도스토옙스키는 그것들을 인간 영혼과 관련된 아주 거대한 문제로 인식했다. 그의 작품 전반에는 그가 헌신했던 러시아 정교회의 깊은 영향이 드러나 있다.

1866년에 쓰인 『죄와 벌』은 도스토옙스키의 가장 유명한 작품으로 꼽힌다. 이 소설의 (주인공답지 않은) 주인공은 가난한 학생인데 어느 날 끔찍할 정도로 지독한 늙은 고리대금업자를 살해한다. 그 이유는 자신이 그

> **"만약 그리스도의 교회가 없었다면 분명 범죄자가 저지른 악행에 대한 제재가 없었을 것이며, 이에 대한 처벌도 없었을 것입니다. 단지 화나게 하고 괴롭게 하는 물리적인 처벌이 아닌 진정한 처벌, 즉 진실로 두려운 마음을 갖게 하면서도 고통을 덜어주는 형벌은 대부분 개인의 양심에서 죄를 인정하는 것입니다."**
>
> _ 표도르 도스토옙스키, 『카라마조프 가의 형제들』에서 조시마 장로가 한 말

녀보다 그 돈이 더 필요한 사람이고, 극도로 혐오스러운 그녀를 죽이는 것이 사회에 봉사하는 일이라고 생각했기 때문이다. 도스토옙스키는 주인공이 살인을 저지르고 난 후 여러 달 동안 죄책감에 시달리며 약해져 가는 자신의 정당성과 씨름하는 모습과 더불어, 분명히 주인공의 유죄를 알고 있지만 그의 굴복과 자백을 기다리는 경찰관이 끈질기게 따라붙으면서 겪게 되는 괴로운 심리 상태를 묘사하고 있다. 그것이 바로 살인자가 겪는 일이다. 그는 시베리아에 수감되는 가혹한 형벌에 처해지면서 역설적으로 해방된 자신을 발견한다. 죄에 맞서는 과정이 그를 구원으로 이끌었다. 텔레비전 탐정 시리즈인 "형사 콜롬보"가 이 책의 형식을 재구성했다. 거기서는 시작 부분에 살인 사건을 보여줌으로써 시청자의 관심을 끌고, 도스토옙스키의 소설에 나오는 경찰관처럼 초라하게 차려입은 탐정이 범인을 계속 끈질기게 따라다닌다.

『죄와 벌』 같은 소설이 위대한 예술로 여겨지는 이유는 무엇일까? 그에 대한 정답은 없다. 하지만 위대한 문학은 인간이 직면한 가장 근본적인 문제를 다룬다는 특징을 갖고 있다. 우리는 누구인가? 세상은 무엇이고 그 안에서 우리는 어떤 위치에 있는가? 어떻게 해야 불확실한 세상에서 행복을 찾을 수 있을까? 우리 앞에 놓인 선택의 기로에서 우리는 어떻게 대처해야 하며, 그 결과 어떤 일이 벌어질까? 도스토옙스키는 이런 질문을 다뤘고 톨킨도 마찬가지였다. 그가 창조한 등장인물들은 요정이나 털복숭이 발을 지닌 난쟁이 종족같이 다소 우스꽝스럽고 유치한 모습을 하고 있지만, 그들이 직면하는 유혹, 선과 악의 문제는 우리 내면의 문제와 크게 다르지 않다. 판타지에서는 작가가 절대 반지 같은 상징적인 물건을 통해 이런 요소 중 일부를 외부화하는 반면, 도스토옙스키는 등장인물의 내면에 머물면서 그들의 생각과 동기를 해부한다는 것이 차이점이다.

이런 문제를 다룬다고 해서 반드시 기독교적일 필요는 없다. 알베르 카뮈와 장 폴 사르트르 같은 비기독교인 작가들도 이런 주제를 심도 있게 다뤘다. 그러나 기독교는 이런 문제에 대해 독특하고 고유한 해답을 제시한다. 기독교가 지닌 힘의 상당 부분은 기독교가 이런 문제들을 다루고 있다는 사실에서 비롯된다. 기독교는 어떻게 보면 과거에 일어났던 일뿐만 아니라 오늘을 사는 사람들에게도 관심을 갖는다. 모든 위대한 종교가 다 그렇지만, 기독교가 사람들에게 말하는 방식에서 주목할 만한 점 중 하나는 이야기를 사용한다는 것이다. 도스토옙스키는 자신의 생각을 인간 본성에 대한 이야기 형태로 표현했으며, 그 과정에서 정통 기독교 유산으로부터 깊은 영향을 받았다. 인간 본성을 밝히기 위해 이야기를 사용하는 기독교의 경향은 신화에 대한 의존을 통해 분명히 드러난다.

영혼을 팔고 성배(聖杯)를 찾으라: 기독교와 신화

성경은 대부분 여러 종류의 이야기로 구성되어 있고, 오늘날 많은 신학자들은 근대를 지배했던 신학에 대한 "교리적" 접근법에서 벗어나려고 한다. 그 접근법에 따르면 기독교 신앙은 특정한 진술의 체계를 참이라고 믿는 것에 관한 문제이고, 신학은 그런 진술과 각 진술들이 서로 어떻게 관련되어 있는지를 연구하는 학문이다. 그러나 "내러티브 신학자들"에 따르면 기독교는 어떤 진술 체계를 믿는 것이 아니라 특정한 삶을 살고 특정한 일을 한 예수라는 인물을 믿는 것이다. 그렇다고 해서 교리와 내러티브 접근법이 양립할 수 없는 것은 아니며, 많은 신학자들이 균형을 맞추고 두 가지를 모두 최대한 활용할 수 있는 방법을 찾고자 한다. 교리는 종종 내러티브에 기초한다. 대다수 기독교인을 위한 기본 신앙고백인 니케아 신조를 예로 들어보자. 니케아 신조의 대부분은 예수에 관한 이야기를 간략하게 재구성한 것이다. "그는 우리를 위하여 본디오 빌라도에게 십자가에 못 박히사 고난을 당하시고 장사되셨다. 성경 말씀에 따라 사흘 만에 다시 살아나시고 하늘에 오르사 하나님 아버지 우편에 앉아계신다."

기독교는 이런 이야기들을 바탕으로 힘을 얻는다. 이런 이야기들은 단순히 사실을 진술하기보다는 과거에 일어난 일을 반복적으로 전하는 역할을 한다. 이야기는 종교적이든 아니든 사람들에게 매우 강력한 영향을 미친다. 연속극이나 단편극을 비롯한 모든 종류의 텔레비전 드라마의 광범위한 인기를 생각해보라. 여러 나라의 저녁 시간대 텔레비전 편성표를 훑어보면 다큐멘터리, 코미디, 게임 쇼 등 다양한 장르가 눈에 띈다. 그러나 이야기를 들려주는 프로그램에 배정된 시간이 월등히 많을 것이다. 사람들은 이야기를 듣고 싶어 하고 항상 그래왔는데, 이는 이야기가 우리에게 깊은 영향을 미치기 때문이다.

시간이 흘러도 변함없이 우리에게 심오한 영향을 미치는 이야기들을 흔히 신화라고 부른다. "신화"라는 단어는 종종 일어나지 않는 일을 의미할 때 사용된다. 아서왕 이야기는 "그저 신화일 뿐이다"라고 할 때처럼 말이다. 그러나 더 넓은 의미로 인간 본성이나 세상에 대한 깊은 진실을 표현하기 때문에 전해지고 회자되는 어떤 종류의 이야기를 가리킬 수도 있다. 이런 이야기는 실제 발생 여부와 관계없이 신화가 될 수 있다. 호메로스가 쓴 『일리아스』의 배경이 되는 트로이 전쟁과 연관된 아킬레우스의 이야기는 여기에 들어맞는 좋은 사례다. 아킬레우스의 분노와 그 비극적인 결과에 대한 이야기는 인간의 조건에 대해 사유하게 한다. 그런 일이 실제로 있었을까? 글쎄, 트로이는 실제로 존재하는 장소였지만 그 이상은 아무도 모른다. 그것은 신화가 지닌 더 깊은 진리에 대한 부수적인 사안일 뿐이다.

난해한 인물 로버트 존슨. 이것은 단 두 장에 불과 한 그의 사진 중 하나로서 1980년대에 세상에 공개되었다. 우표 크기의 이 사진은 존슨이 1930년대에 값싼 사진 부스에서 혼자 찍은 것으로 추정되며, 이복누이가 수십 년 후 그의 낡은 트렁크에서 발견한 것이다. 존슨의 다른 사진들이 있다고 하지만 공개된 적은 없다.

오늘날의 예로는 20세기의 영원한 신화 중 하나인 로버트 존슨(Robert Johnson)의 이야기를 들 수 있다. 1930년대 미시시피에서 평범한 노동자로 살던 존슨은 음악가가 되고 싶었지만 무대 위에서 기타 연주를 할 때마다 야유를 받으며 쫓겨났다. 지역 사회에서 배척을 당한 존슨은 이 마을 저 마을로 옮겨 다니며 철로 주변 야적장에서 잠을 자고 밤에 운행하는 기차를 몰래타고 다니는 떠돌이 생활을 했다. 몇 년 후 고향으로 돌아와 다시 정착한 존슨이 기타를 만들고 연주를 시작하자 모두가 놀라움을 금치 못했다. 어찌된 영문인지는 모르지만 평범한 존슨은 누구도 들어본 적이 없는 위대한 연주를 하는 기타리스트로 변신해 있었다. 사람들은 그가 영혼을 팔았다고 말했다. 어느 달이 없는 한밤중에 고요한 미시시피 델타 사거리에서 존슨은 악마를 만나 끔찍한 흥정을 했다고 한다. 악마에게 불멸의 영

"난 교차로로 내려가서 무릎을 꿇었네, 나는 교차로로 내려가서 무릎을 꿇었네. 위에 계신 주님께 나는 부탁했네. 지금 자비를 베풀어주셔서 부디 불쌍한 밥(Bob)을 구원해달라고."

_ 로버트 존슨, "크로스로드 블루스"(Crossroad Blues)

혼을 주는 대가로 기타 연주 실력을 얻었다는 것이다. 그 순간부터 존슨은 운명에서 벗어날 수 없었다. 1936년 한 호텔 방에서 녹음한 곡을 통해 자기 내면의 악마로부터 도망치는 한 남자에 관한 이야기를 증언했다. 그는 "[그의] 뒤를 쫓는 지옥의 사냥개"가 있다는 가사를 썼다. 그리고 몇 년 후 작은 술집에서 놀다가 독이 들어간 위스키를 마시고 죽었는데, 어떤 여자의 질투심 많은 남편이 그렇게 한 것이라는 이야기가 돌았다. 그는 서른 살이 되기도 전에 죽었고, 이젠 무덤의 위치를 아는 사람도 없다.

정말 이런 일이 있었을까? 로버트 존슨은 1930년대에 음반을 녹음하고 1938년에 불가사의한 죽음을 맞은 실제 인물이었다. 그의 연주 실력은 정말 비범했다. 실제로 그는 20세기 음악 발전의 주요 인물이자 머디 워터스, 에릭 클랩튼, 롤링 스톤스, 지미 헨드릭스 같은 유명 뮤지션에게 큰 영향을 미친 역사상 가장 위대한 블루스 뮤지션으로 평가받는다. 그의 음악은 비교적 단순한 포크 음악을 인간에 대해 강력한 메시지를 전하는 예술형식으로 승화시켰다. 이런 이유 하나만으로도 그의 삶을 둘러싼 전설과 상관없이 그의 음악은 오래도록 사랑받을 것이다. 그러나 그가 정말로 악마에게 영혼을 팔았는지에 대해서는 아무도 그 진실을 알지 못한다. 그와 이름이 같은 블루스 가수 토미 존슨(Tommy Johnson)은 자신이 그런 거래를 했다고 이야기했지만, 로버트는 그런 주장을 하지 않았다. "지옥의 개가 나를 따라온다"(Hellhound on My Trail), "나와 악마의 블루스"(Me and the Devil Blues), "크로스로드 블루스"(Crossroad Blues) 같은 노래를 제외하면 어떤 증거도 찾을 수 없다. 그는 자신이 그토록 경이로운 연주를 할 수 있게 도운 스승이 있다고 말한 적은 없지만, 밤에 묘지에 앉아 기타를 연주한다고 전해지는 아이크 짐머맨이라는 신비스러운 인물에게 기타를 배운 것으로 알려져 있다. 어쨌든 중요한 점은 현실에 뿌리를 두고 있는 이 이야기는 그 자체로 힘을 가졌다는 것이다. 얼굴 없는 방랑자였던 로버트 존슨은 자신의 이름을 알리기로 결심하고, 결국 그의 내면을 집어삼키고 목숨까지 앗아간 초자연적인 힘을 불러내는 끔찍한 실수를 저질렀다. 그것이 정말 실수였을까? 로버트 존슨의 음악은 녹음된 지 50년이 지난 지금까지도 그래미상을 수상하며 오늘날까지 계속 들려지고 있다. 그가 지불해야 했던 대가는 끔찍했지만 그만한 가치가 있다고 말하는 사람들이 있을지도 모른다.

그런 이야기는 신화다. 인간의 조건에 대해 우리에게 무언가를 말해주기 때문이다. 로버트 존슨의 경우에는 어느 정도 현실에 기반을 둔 것이고, 실제로 그가 남긴 놀랍도록 강력한 음악이 부분적으로 영향을 미침으로써 계속해서 영감을 주는 신화다. 또 다른 고전적인 신화는 아서왕 이야기다. 그는 아내인 귀네비어와 가장 신뢰했던 기사인 랜슬롯 경에게 배신당하고 사악한 아들 모드레드에게 살해당했다. 이것은 전혀 사실이 아닌 신화의 한 예이다. 아마도 아서는 암흑시기 영국에 실재했던 군사 지도자였을 것이다. 그러나 그의 궁정이니 원탁이니 하는 것과 성배를 찾는 이야기는 중세 시대의 창작물이다. 실제로 일어난 일이 아니기 때문에 사실은 아니지만, 이런 이야기들은 또 다른 종류의 진실을 지니고 있다. 왜냐하면 그 이야기들은 이야기를 들려주는 것 외에는 말로 표현할 수 없는 삶에 대한 진실을 전하고 있기 때문이다. 인간은 근본적으로 이야기하는 동물이기 때문에 정상적인 이해를 뛰어넘는 이야기에 반응한다. 이런 이유로 아서왕의 이야기, 트로이에서 헥토르와 싸우는 아킬레우스의 이야기, 수탉이 울 때 예수를 부인한 베드로의 이야기, 밀라노의 정원에서 고뇌에 빠진 아우구스티누스의 이야기들이 계속해서 전해지는 것이다. 이런 이야기들은 단순히 이야기 속 인물에 관한 것이 아니라 더 깊은 차원에서 우리 모두의 이야기다.

그리고 기독교의 신화는 다른 어떤 이야기보다도 우리가 누구이고, 어떤 사람이 되어야 하며, 무엇이 우리를 제한하고, 우리가 어떻게 구원을 받는가라는 핵심적인 인간의 조건을 다루고 있는지도 모른다. 이런 이유만으로도 기독교의 신화(주로 예수의 이야기)는 인류가 보유한 가장 강력하고 지속적인 이야기라고 할 수 있다. C. S. 루이스는 기독교 이야기들이 다른 문화권의 신화와 똑같으나 거기에 사실이라는 점이 추가된다고 말했으며, 그래서 더 영감을 준다고 하는 사람들도 있다. 가장 오래된 신화 중 하나인 수메르의 「길가메시」 신화와 비교해보자. 몸의 3분의 2는 신이고 3분의 1은 인간으로 된 길가메시왕은 불멸을 추구했다. 길가메시 이야기는 감동적이고 심오하며 현대와 고대의 핵심적인 관심사를 다루고 있기 때문에 19세기에 재발견된 이래로 꾸준히 인기를 얻고 있다. 그러나 기독교 신화에 등장하는 비슷한 인물인 예수에 비해 길가메시는 공감하거나 이해하기 쉽지 않다는 지적이 있다. 완전한 하나님이자 완전한 인간이었던 예수 역시 신성과 인성을 지녔지만 결국엔 승리했다. 물론 이런 결론은 개인의 취향에 따라 달라지겠지만, 신화가 주는 매력에 힘입어 기독교가 성공할 수 있었다는 주장도 가능하다. 나중에 살펴보겠지만 기독교는 고대 종교의 신화적 특성과 철학의 과학적 관심사를 결합함으로써 다른 종교의 신화에는 존재하지 않는 차원을 구축했다.

"[그리스도]는 근본 하나님의 본체시나 하나님과 동등됨을 취할 것으로 여기지 아니하시고 오히려 자기를 비워 종의 형체를 가지사 사람들과 같이 되셨고 사람의 모양으로 나타나사 자기를 낮추시고 죽기까지 복종하셨으니 곧 십자가에 죽으심이라."

_ 빌립보서 2:6-8

톨킨이 권력의 유혹을 상징하는 절대 반지나 지혜의 카리스마 있는 권위를 상징하는 간달프의 지팡이를 실체가 있는 유형으로 구체화함으로써 영혼에 대한 관심을 표면화시켰듯이, 신화 역시 영혼의 갈등을 드러내 우주적인 규모의 내러티브를 만들어낼 수 있다. 이는 기독교에서도 마찬가지였다. 기독교 신화를 만든 유명 인물 중 한 명은 2세기 초에 살았던 발렌티누스(Valentinus)였다. 그는 기독교 안팎에서 물리적인 세계가 본질적으로 악하다는 개념을 전파했던 "영지주의" 운동 세력의 일원이었다. 발렌티누스는 처음에 이 사악한 세계가 어떻게 생겨났는지를 설명하기 위해 매우 복잡한 신화를 가르쳤다. 그는 신 사이에도 많은 계급이 있다고 믿었다. 그 계급의 가장 아래에 있는 소피아(또는 지혜)는 자기 위에 있는 존재를 시기했다. 소피아는 그 시기심을 가라앉혀 물질로 변화시켜 내버려야만 신적 존재 사이에서 계속 머무를 수 있었다. 그때 시기심은 일종의 하급 신으로 변했고, 자기 위에 있는 참된 신의 존재를 인식하지 못한 채 소피아가 지녔던 감정의 잔재를 이용해 이 물질세계를 창조했다. 그것은 확실히 특이한 이야기였고, 전통적인 기독교인들은 이 이야기를 조롱해왔다. 발렌티누스의 가르침을 포함한 영지주의는 교회로부터 비난을 받았다. 하지만 발렌티누스는 단순히 세상의 기원을 설명하려고 한 것이 아니다. 그는 선과 악이 서로 전쟁을 벌이는 인간 영혼의 갈등을 설명하고자 했다. 발렌티누스는 세상이란 무지한 신이 죄로 가득한 열정을 갖고 창조한 것이기 때문에, 자신이 만든 신화를 통해 인간이 죄와 어둠에 빠져 있는 것을 보여줄 수 있다고 믿었다. 그러나 궁극적으로 인간은 위에 있는 영적 세계로 다시 회복되기를 소망할 수 있다. 그곳은 인간들이 원래 만들어진 원재료가 온 곳이기 때문이다. 소피아의 열정은 어찌 보면 신화의 우주적 모대에 투영된 모든 인간의 이야기다.

발렌티누스도 많은 영지주의자들과 마찬가지로 깊은 지식을 암시하는 신비한 이름과 단어를 좋아했다. 예를 들어 그는 가장 높은 신에게 "아브락사스"라는 이름을 붙였다. 이것은 마법의 단어인데, "아브락사스"의 그리스어 알파벳 위치에 따라 각 글자에 부여된 숫자를 더하면 1년을 구성하는 날의 수이자 발렌티누스가 아브락사스 신으로부터 나온다고 믿었던 하늘의 수인 365가 되기 때문이다. 사실 "아브락사스"라는 이름은 나중에 "마법"에 사용되는 주문인 "아브라카다브라"의 어원이기도 하다.

기독교 신화를 만든 또 다른 유명한 인물은 세계 문학사에서 이름을 날린 단테 알리기에리(Dante Alighieri)였다. 13세기 후반 피렌체에서 태어난 단테는 라벤나에 정착하여 살다가 그곳에서 죽었다. 시기적으로 보면 르네상스 직전에 살았던 셈이다. 그는 정치에 깊은 관심을 갖고 그 분야에 관한 여러 책을 썼다. 그러나 가장 유명한 것은 『희극』(*The Comedy*)이라는 작품이었다. "지옥"(*Inferno*), "연옥"(*Purgatory*), "천국"(*Paradise*)으로 구성된 이 작품은 단테가 1300년에 그 세 곳을 여행하며 경험했다고 주장한 환상을 확장한 이야기다. 이 서사시를 쓰면서 단테는 사후세계에 대한 중세 문학의 오랜 전통에 동참하게 된다. 그런데 그 전통의 기원은 왈라프리드 스트라보(Walafrid Strabo)라는 신기한 이름을 가진 9세기의 시인으로 거슬러 올라간다. 스트라보는 사시를 비하하는 뜻을 갖고 있는 말인데, 이는 분명 그의 별명이었던 것 같다. 왈라프리드는 "웨티의 환상"(*The Vision of Wetti*)이라는 유명한 시를 썼는데, 이 시는 수도원에 있던 그의 가정교사 중 한 명이 죄를 짓고 죽은 자들을 기다리는 형벌에 관한 환상을 본 것을 묘사했다. 왈라프리드는 분명히 급진적인 개혁가였다. 왜냐하면 그 시에서 쇠사슬에 매달려 있거나 선반에 늘어져 있는 사람들은 대부분 지위를 남용한 성직자였기 때문이다. 이는 분명 성직자의 전반적인 수준을 높이기 위한 왈라프리드의 방식이었다.

단테는 토마스 아퀴나스 같은 철학자들이 완벽하게 만들어낸 중세 세계에 대한 설명을 제공하기 위해 동일한 장르를 더 야심차게 사용했다. 이 책의 뒷부분에서 우리가 다시 만나게 될 아퀴나스는 기독교 전통과 최근에 재발견된 아리스토텔레스의 이론을 접목함으로써 주목할 만한 기독교 철학을 창조했다. 이 세상의 모든 것은 질서 정연하게 자기 자리를 가지고 있으며, 단테는 이 사실을 시에 반영하고 싶었다. 단테에 따르면 지옥, 연옥, 천국은 서로 다른 지역과 범주로 명확하게 나뉘어 있으며 모든 영혼은 적절한 장소에 신중하게 배치되어 있다. 그리고 왈라프리드 스트라보처럼 단테 역시 종교 지도자들을 그들의 행위에 걸맞은 장소로 보내버리는 데 아무런 거리낌이 없었다. 그는 당시 교황들 대부분을 지옥에서 게으르게 살고 있는 모습으로 그렸다.

단테의 작품에는 현대 독자들에게 낯선 내용이 많다. 예를 들어 기독교인들이 천국으로 가기 전에 먼저 죄를 참회해야 하는 연옥은 남반구의 바다에서 솟아오른 거대한 산으로 묘사되고 있으며 그 꼭대기에 에덴동산이 있다. 왈라프리드 스트라보는 그보다 다섯 세기 전에 최초로 연옥을 산으로 묘사했다. 우리는 여기서 지옥의 가장 안쪽에서 얼음으로 둘러싸인 채 브루투스, 카시우스, 가룟 유다의 찢긴 시체를 우적우적 씹고 있는 괴물 같은 사탄을 보면서, 다시 한번 신화와 마주하게 된다. 단테에게 율리우스 카이사르나 그리스도가 당한 배신은 가장 치명적인 죄악이었다. 그러나 다시 말하지만 화려한 용어로 표현되는 이 신화는 단순히 개인에게 일어나는 일을 반영한 것일 뿐이다. 이 시에 나오는 단테의 여정은 모든 기독교인이 영적 삶에서 겪는 일을 상징한다. 단테의 『희극』이 문학사에서 가장 중요한 작품으로 인정받고 있는 이유는 개인의 영성에 대한 관심과 놀

나를 지나는 사람은 슬픔의 도시로,
나를 지나는 사람은 영원한 비탄으로,
나를 지나는 사람은 망자들에 이른다.…
나보다 앞서는 피조물이란
영원한 것뿐이며 나 영원히 서 있으리.
여기에 들어오는 자 희망을 버려라!

_ 단테 알리기에리, 『신곡』의 지옥편 3곡 중 지옥의 문에 새겨진 글(헨리 워즈워스 롱펠로우 번역)

라운 비유적 묘사를 담은 시 덕분이다. 이 작품은 확실히 엄청난 인기를 얻었다. 한 세기 동안에 12개의 해설이 등장할 정도였고, 16세기 중반 무렵에는 작품의 주제와 탁월성을 인정받아 『신곡』(*The Divine Comedy*)이라는 제목으로 바뀌었다. 이 작품의 형식도 내용만큼이나 큰 영향을 끼쳤다. 모국어 사용을 중요하게 생각했던 단테는 이탈리아어로 글을 썼다. 『신곡』의 큰 인기는 루터의 성경 번역이 훗날 독일어에 큰 영향을 준 것처럼 현대 이탈리아어를 확립하는 데 중심적인 역할을 했다.

한편 토마스 아퀴나스는 일반적으로 시인으로 여겨지지는 않음에도 불구하고 시의 역사에 작지만 중요한 공헌을 했다. 그는 성직자가 미사 집전 후에 낭송하는 기도문과 찬송가를 여러 편 썼는데, 그중에는 다음과 같은 구절이 있다.

내 잘못을 지워주시고
정욕을 근절하소서.
자선과 인내,

겸손과 순종,

미덕의 성장을 허락하소서.

물론 이것은 5행으로 된 희시다. 이 시의 화자는 자신의 죄를 없애고 그것을 선과 미덕으로 바꾸어달라고 하나님께 간청하고 있는데, 유감스럽게도 "옛날에 낸터킷(Nantucket) 출신의 한 남자가 버킷(Bucket)에 돈을 보관하고 있었습니다"나 "다질링(Darjeeling) 출신의 젊은이가 일링(Ealing)행 버스를 탔습니다"처럼 전통적인 희시의 첫 구절에 나오는 운율을 구사하지는 않는다. 그러나 적어도 아퀴나스는 나중에 에드워드 리어(Edward Lear)와 같은 인물들로 이어지게 될 고귀한 전통을 시작했다.

은하철도와 몸에 맞지 않는 옷: 예수, 일본 그리고 거부

기독교 신화를 포함한 이런 여러 신화들은 특정한 사회의 문화에 깊이 뿌리내리고 있다. 그렇다면 종교가 새로운 문화에 이식되면 어떤 일이 일어날까? 이 책에서 몇 가지 사례를 살펴보겠지만, 종교는 예술 분야에도 흥미로운 변화를 일으켰다. 일본의 예를 살펴보자. 일본은 16세기 후반에 예수회 선교사들로부터 처음으로 기독교 메시지를 받아들였고, 당시에는 개종자의 수가 30만 명에 달할 정도로 앞날이 밝아보였다. 그런데 일본 정부가 종교를 금지하고, 신자들에게 끔찍한 고문을 가하거나 그들을 처형하기 시작하면서 기독교는 지하로 쫓겨났다. 오늘날에는 관용적인 세상이 되었음에도 불구하고 일본의 기독교인은 전체 인구의 1%밖에 되지 않고, 불교와 일본의 토착 종교인 신토가 훨씬 더 널리 퍼져 있다.

그런데 이런 상황 속에서도 기독교는 다른 문화와 교류하며 독창적이고 활기를 북돋는 아이디어를 내놓고 예술 작품을 제작함으로써 새로운 형태를 창조하고 발전시킬 수 있었다. 우리는 1장에서 고대 이교도 세계의 오리게네스와 17세기 중국의 마테오 리치의 사례를 보았다. 일본에도 기독교인의 이상과 이미지에 매료되어온 작가가 많다. 예를 들어 미야자와 겐지는 살아생전에 크게 인정받지 못했지만, 1933년에 사망한 뒤 20세기의 가장 뛰어난 일본 작가이자 시인으로 꼽혔다. 겐지는 독실한 불교 신자였지만, 모든 종교의 측면과 각 종교가 서로 어떻게 관계를 맺을 수 있는지에 관심이 많았다. 그의 가장 유명한 작품인 『은하철도의 밤』(*Night of the Milky Way Railway*)은 기독교와 불교적 이미지를 조합시킨 신비한 영적 여행의 이야기를 그려내고 있는데, 이는 천문학에 대한 애정과 동서양 영성의 상호 관계에 대한 그의 관심을 반영한 것이다. 주인공인 어린 소년은 고단한 삶을 살다가 어느 날 신비한 기차를 타고 꿈처럼 은하계를 여행하는 자신을 발견한다. 소년은 가장 친한 친구와 함께 남십자성이 목적지인 기차를 타고 그곳에서 만난 낯선 인물들과 모험을 즐기다가, 그 사람들이 천국을 향해 가고 있는 죽은 영혼이라는 사실을 점차 깨닫게 된다. 오직 주인공만이 집으로 돌아갈 수 있는 표를 가지고 있다. 그는 십자가, 천국, 심지어 기독교 찬송가 같은 기독교적 이미지에 둘러싸여서 올바르게 살고 하나님을 섬길 때 진정한 행복을 얻을 수 있음을 배운다. 그 과정에서 자신의 힘으로 최고의 경지에 오르기 위해 노력하는 불교의 가치도 배운다. 이런 가치관을 함께 배운 그의 친구는 다른 영혼들보다 더 멀리 여행하면서 모든 영혼들이 도달하는 기독교의 천국을 넘어

멋진 깃의 셔츠를 입고 있는 일본 소설가 엔도 슈사쿠

"진정한 천국"에 이른다. 꿈에서 깨어나 그 친구가 다른 아이를 구하려다가 강물에 빠져 죽었다는 사실을 알게 된 주인공은 그의 본을 따르며 다른 사람의 행복을 위해 헌신하겠다고 하나님 앞에 맹세한다.

이 이야기는 1985년에 애니메이션 영화로도 제작되어 큰 성공을 거두었는데, 영화도 원작의 줄거리를 철저하게 따르고 있으며 (일본 애니메이션 특유의 초현실적인 스타일에 따라 모든 캐릭터가 고양이라는 점을 제외하면) 일본 문부성에서 공식적으로 인정할 정도로 원작과 매우 흡사하다. 화면은 느리게 움직이지만 우아하고 아름다우며, 기독교와 일본 문화의 충돌 속에서 이해될 수 있는 삶과 죽음에 대한 묵상을 담고 있다.

이처럼 기독교가 낯설게 느껴지는 상황에서 기독교에 대한 자신의 이해를 놓고 갈등하던 사람들을 통해 더욱 심오한 기독교 예술이 탄생했다. 충격적이긴 하지만 궁극적으로 좋은 결실을 맺게 된 일본 문화와 기독교의 만남은 엔도 슈사쿠라는 20세기의 인기 작가를 통해 이루어졌다. 엔도의 어머니는 그가 11살 때 가톨릭 신자가 되었고, 그는 어머니를 기쁘게 하려고 개종했지만 종교는 그에게 그다지 큰 의미가 없었다. 서양 종교를 받아들였다는 이유로 학교에서 따돌림을 당했던 그는 두 문화가 매우 다른 가치를 가지고 있는데 어떻게 기독교인이면서 동시에 일본인이 될 수 있는가에 대해 늘 고민했다. 그는 자신의 종교를 일본인의 몸에 맞지 않는 서양 양복에 비유하며 그것을 기모노로 바꾸고 싶다고 말했다. 또한 일본에서 기독교가 멸시를 당한다고 생각해서 기독교가 승리한 서구의 국가로 가길 갈망했다. 그는 유럽의 웅장한 성당에서 자신과 같은 생각을 가진 수천 명의 성도들에 둘러싸여 함께 기도하면 어떤 느낌일지 궁금해 했다.

제2차 세계대전 이후 엔도는 가톨릭의 중심지에서 해답을 찾기를 바라며 프랑스로 유학을 떠났지만, 일본에 대한 적대감이 높아진 분위기 속

"일본인들의 종교적 사고방식은 사람들이 불교를 받아들이던 때와 마찬가지로 '우리와 함께 고통받고' '우리의 약점을 수용하는' 존재에게는 반응하지만, 인간을 가혹하게 판단한 후 심판해버리는 초월적 존재는 거의 용납하지 못한다. 간단히 말해 일본인들은 엄한 아버지보다는 따뜻한 어머니 같은 하나님이나 부처를 찾는 경향이 있다. 나는 이 사실을 항상 염두에 두고 기독교를 특징짓는 아버지의 이미지로 하나님을 묘사하기보다는 예수의 인격 속에 드러난 인자한 어머니와 같은 하나님의 모습을 그리려고 노력했다."

_ 엔도 슈사쿠, 『예수의 생애』

에서 오히려 더 큰 배척을 당한다. 그가 기대했던 승리의 기독교는 자신이 소년 시절부터 알고 있던 거부당한 기독교보다 더 쓸모가 없었다. 아시아와 유럽 어디에서도 답을 찾지 못한 엔도는 폐결핵을 앓으면서 심한 우울증에 시달린다. 그런데 집으로 돌아가기 전 예수의 생애를 탐구하기 위해 성지를 방문한 그는 이전에 미처 깨닫지 못했던 것을 발견한다. 예수 역시 주위 사람들에게 거부당했다는 사실 말이다. 예수의 가족과 친구들마저도 그의 메시지를 거부했지만, 예수는 가난한 사람, 나병환자, 창녀, 세리 등 사회에서 버림받은 사람들을 찾아다녔다. 그들을 판단하기보다는 친구로 삼고 있는 그대로 받아들였다. 그런 거절과 고난을 경험한 예수는 세상의 죄를 위해 죽고 부활을 통해 하나님으로부터 의로움을 인정받는다. 약함과 거부당함을 통해 권능과 승리가 모습을 드러낼 수 있는 것인가?

엔도는 일본으로 돌아가면서 자신의 몸에 맞지 않는 옷을 일본인의 몸에 맞는 옷으로 다시 재단하고, 일본어로 더 잘 이해될 수 있는 기독교의 메시지를 찾기로 결심했다. 그는 거부와 구원에 대한 주제를 탐구하는 소설을 특히 일본 문화와 기독교 신앙을 조화시키려는 사람들이 직면하는 선택에 초점을 맞췄다. 거부와 구원은 구별하기 어려울 뿐만 아니라 두 가지가 함께할 수 있다는 엔도의 메시지는 상당한 논란을 빚었다. 1966년에 출판된 소설 『침묵』은 17세기 초 기독교가 금지된 직후 일본을 방문한 포르투갈 신부가 직면했던 끔찍한 선택에 관한 이야기다. 신부는 붙잡혀 고문을 당하면서도 그리스도의 초상이 새겨진 "후미에"를 밟으라는 요구를 거부한다. 이는 "후미에"를 밟음으로써 기독교를 거부한다는 의지를 드러내라는 강요였다. 그가 이 요구를 거부하자 당국은 더 끔찍한 선택지를 제시한다. 그가 "후미에"를 밟을 때까지 그의 눈앞에서 다른 기독교인들을 고문하고 죽이겠다는 것이다. 불확실하고 절망적인 상황에서 하나님의 인도를 구하며 기도하지만 그에게 돌아오는 것은 침묵뿐이다. 눈앞에 그리스도의 형상이 보이지만 그 형상들 역시 아무 말이 없다. 마침내 신부가 "후미에" 위에 발을 올리자 그리스도의 형상이 그에게 이렇게 말하는 것 같았다. "밟아라! 밟아라! 나는 누구보다도 네 발의 고통을 잘 알고 있다. 짓밟아라! 나는 사람들에게 밟히기 위해 이 세상에 왔다. 인간의 고통을 나누기 위해 나는 십자가를 졌다."

신부는 동료 기독교인들을 구하기 위해 그리스도의 형상을 밟는다. 베드로가 예수를 모른다고 부인할 때 수탉이 운 것처럼, 그의 배신을 상징하듯 먼 곳에서 수탉이 운다. 베드로가 예수를 버린 것처럼 그도 예수를 버린다. 그는 하나님과 종교를 배신했다. 하지만 그렇게 함으로써 다른 이들의 생명을 구한다. 예수 자신도 친구들에게 외면당한 실패자였고, 결국 하나님에게 버림받아 십자가에서 끔찍한 죽음을 맞았다. 그러나 그의 승리는 바로 그 실패를 통해 이루어졌다. 신부도 동일한 행동을 통해 실패하고 승리한다. 완전한 굴욕 속에서 그는 참된 예수를 알게 되었다. 아이러니하게도 그는 후미에 밟기를 거부함으로써 신앙을 위해 순교했던 용감한 영혼들보다 더 참된 예수를 알게 되었다.

엔도는 이렇게 의도적으로 모호하게 표현한 기독교적 메시지가 일본인들에게 훨씬 더 설득력이 있을 것이라고 믿었다. 그는 유럽과 연관된 승리주의적인 기독교를 버리고 모든 영혼이 직면한 불안과 위기를 말했다. 개인의 성취와 성공을 위한 노력을 소중히 여기는 나라, 아버지가 저녁과 주말에도 일하는 나라, 태어나면서부터 시험을 치르며 살아야 하는 나라에서 역설적인 실패의 가치를 말하는 메시지가 크게 울려 퍼질 수도 있다. 개인의 가치가 자신이 성취한 업적에 달려 있다고 느끼는 사람들이 많은 나라에서 실패한 이들을 자신의 것으로 포용하는 예수의 무조건적인 사랑이 계시로 다가올 수도 있다. 엔도는 분명 사람들의 심금을 울렸다. 1996년에 사망할 무렵 그는 일본 최고의 소설가가 되었고 그의 책들은 엄청나게 팔렸다. 기독교인이 소수인 나라에서 노골적으로 기독교의 메시지를 전한 것치고는 굉장히 놀라운 성과였다.

3장

장소

3세기 후반에 한 이집트 청년이 교회에 앉아 있다가 "가서, 네 소유를 팔아 그 돈을 가난한 자들에게 주라"는 말씀을 들었다. 청년은 최근 상당한 유산을 물려받았기 때문에 그 말에 충격을 받았지만, 용기를 내어 말씀대로 행했다. 그는 당시 많은 사람들이 하는 것처럼 마을 외곽에서 살면서 하나님에게 집중하는 시간을 보내기로 결심했다. 하지만 다른 사람들과는 달리 그것만으로는 충분하지 않았다. 그는 하나님이 자신에게 세상이나 일반 사회와 떨어져 살라는 소명을 주었다고 믿었고, 그렇게 함으로써 하나님 앞에서만 온전히 시간을 보낼 수 있었다. 그는 소박한 마을과 그보다 더 수수한 집을 떠나 홀로 사막으로 들어갔다.

이집트의 안토니우스(Antony)라는 이 젊은이는 기독교의 위대한 영웅 중 한 사람으로 칭송받고 있다. 그는 수십 년 동안 이집트 사막에서 혼자 살았지만 그가 거룩하다는 소문을 듣고 온 사람들과 함께 지내게 된다. 결국 인간 사회에서 벗어나려는 그의 목표는 실패했지만 이것은 수도원 운동의 시작이 되었다. 사막으로 도피하려는 안토니우스의 결정은 중세의 위대한 수도원들을 비롯해 종교적인 기관을 세우는 데 첫걸음이 되었다.

사막과 산

그런데 안토니우스는 도대체 왜 사막으로 갔던 것일까? 우리는 하나님이 어디에나 있고 버려진 황무지나 안락한 집에서도 예배를 받을 수 있다고 알고 있지 않은가? 이런 합리적인 질문에 대한 대답은 다소 복잡하다. 안토니우스는 혼자 있기를 원했다. 그는 하나님과 함께하라는 소명이 다른 사람들과 같이 있는 것과는 양립할 수 없다고 믿었다. 그렇다고 해서 하나님을 따르면서 일반 사회에서 사는 것이 잘못되었다고 생각한 게 아니라, 자신이 그 일을 잘 감당해낼 수 없다고 믿었던 것이다. 안토니우스가 이 질문에 대해 실제로 어떻게 생각했는지는 모르지만, 나중에 안토니우스를 따라 은둔자가 된 사람들은 자신들이 연약하여 세상의 방해와 유혹에 둘러싸인 상태로는 하나님에게 집중할 수 없었기 때문에 은둔의 삶을 택했다고 말했다. 그들은 사회 속에서 기독교인으로서 사는 사람들을 존경했지만, 자신들은 그렇게 할 수 없다고 느꼈기 때문에 유혹의 길에서 스스로 물러난 것이다.

3세기 이집트에 살면서 다른 사람들로부터 벗어나고 싶다면, 사막이 괜찮은 목적지로 보였을 것이다. 하지만 그것이 전부는 아니다. 사막은 그 이상의 **의미가 있었다**. 우선 사막은 단순히 사람이 없고 인간 사회가 형성되지 않은 곳이 아니었다. 오히려 인간 사회와 정반대되는 곳이었다. 먹는 것과 사는 곳에 까다롭지 않은 사람이라면 어떻게든 가까스로 생계를 꾸려갈 수는 있었겠지만, 사막은 본질적으로 살기 매우 어려운 환경이었다. 3세기 사람들에게 사막은 현재의 우주 공간과 같았다. 사막으로 간다는 것은 비유적으로나 문자적으로 세상을 등진다는 강력한 선언이었다.

또한 당시에는 사막을 죄를 참회하거나 하나님을 찾는 장소로 생각하는 전통이 이미 확고하게 자리 잡고 있었다. 예를 들어 구약성경에서 이스라엘 백성은 이집트 땅에서 탈출한 후 시내 광야를 통과해서 약속의 땅에 이르렀다. 하지만 그 땅에 사나운 사람들이 가득한 것을 본 그들은 그곳을 별로 좋아하지 않았다. 민수기 14장에 따르면 이스라엘 백성들의 원망과 불평에 진노한 하나님은 약속의 땅에 들어가기 전까지 그들이 40년 동안 광야를 떠돌게 될 것이라고 선언했다. 이 이야기는 사막과 참회의 연관성을 잘 보여준다. 사막은 벌을 받거나 자기 죄를 반성하기 위해 가는 곳이다. 하지만 또한 그곳은 승리를 얻기 위한 장소가 된다. 사무엘상 23-24장에서는 사울 왕으로부터 도망치는 영웅 다윗의 이야기가 나온다. 사울은 엄밀히 말해 악한 사람은 아니었지만, 이 이야기 속의 사울은 가드 지방의 거인 골리앗을 죽이고 자기 왕국을 차지할 준비가 된 것처럼 보이는 젊고 강한 다윗을 두려워하는 나약한 모습으로 묘사된다. 다윗은 사울에게 충성을 맹세했지만, 사울은 다윗을 죽이려고 했다. 탈출한 다윗은 모래로 뒤덮인 이집트의 사막과 달리

시내 광야. 한 번쯤 가보고 싶어지는 드라마틱한 장소지만, 이곳에서 40년씩이나 방황하고 싶지는 않을 것 같다.

일종의 작은 잡목들이 우거진 건조한 이스라엘의 사막에 숨었다. 다윗이 부하들과 함께 동굴에 숨어있을 때, 그를 잡으러 나온 사울은 히브리인들의 표현대로 "발을 가리기 위해" 동굴 안으로 들어갔다. 이것은 "볼일을 본다"는 뜻이다. ("발"은 구약성경에서 일반적으로 신체의 다른 부분을 가리키는 완곡한 표현이다!) 사울이 볼일을 보는 동안 다윗은 사울의 겉옷 자락 한 귀퉁이를 몰래 잘랐다. 그런 다음 사울이 부하들과 함께 떠날 때 나타나서 그 옷 조각을 보여준다. 이는 다윗이 동굴에 있을 때 사울을 죽일 수 있었지만 죽이지 않았음을 증명한 것이다. 사울은 눈물을 흘리며 다윗이 그의 뒤를 이어 왕이 될 것이라고 말하고 추격을 포기한다. 이 감동적인 이야기의 배경이 되는 사막은 혹독함 속에서 등장인물들이 겪는 감정적이고 영적인 여정을 표현하는 장소로 사용된다.

안토니우스 같은 사람들이 자신을 정화하고 하나님을 찾을 수 있는 장소로 사막과 같은 곳을 찾은 것은 당연한 일이다. 그렇게 함으로써 그들은 예수의 본보기를 따르고 있었다. 마태복음 4장에 따르면 예수는 (또 다른 사막 거주자인) 세례 요한으로부터 세례를 받은 후 사막에 머물렀다. 예수가 그곳에서 사십 일 밤낮을 금식한 후 마귀가 나타나 그를 유혹했다고 전해진다. 예수는 이 모든 과정을 거친 후에야 공생애 사역을 시작했다.

그러나 사막에 대한 이런 반복적인 이해는 **장소**가 지닌 힘에 대한 기독교 안에 존재하는 복잡한 시각의 일부일 뿐이다. 다른 예로 산을 생각해 보자. 많은 종교에서 산을 특별한 장소로 여긴다. 중국 불교와 유교 모두 산이 성스러운 곳으로서 사당, 사원, 수도원에 가장 적합한 장소라고 생각했다. 기독교 문학에서 사막이 자기 부인이나 정서적인 위기를 통해 하나님을 발견하는 장소를 상징하는 반면, 산은 보다 직접적인 길을 보여주는 곳이 된다. 이스라엘 백성들은 이집트를 떠나 광야에서 방황하기 전에 시

> **"누가 그런 곳을 통과해서 그의 마음을 마치 그가 한 봉우리에서 다른 봉우리로 지나가는 것처럼 그런 높이로 끌어올리는 사람을 따라갈 것인가? 누가 그보다 더 높이 올라올 것인가? 산기슭을 뒤로 한 그는 그곳에 올라오기에는 약한 사람들로부터 떨어져 있다. 그런 다음 그는 높이 올라갈 때 나팔 소리를 듣는다. 그렇게 신성한 지식의 안식처로 잠입한다."**
>
> _ 니사의 그레고리오스, 『모세의 생애 2』 167, 390년경

내산 주변에 진을 쳤다. 모세는 하나님을 만나 율법을 받기 위해 산에 올라갔다. 마태복음에 따르면 예수가 사막에서 나온 후 가장 먼저 한 일은 산에 올라가 산상수훈을 설교한 것이다. (이 기록은 부분적으로 모세의 삶과 예수의 삶 사이에서 유사점을 찾으려는 마태의 성향에서 비롯된 것일 수 있다. 누가복음에서 예수는 동일한 가르침을 평지에서 전했다.) 이집트의 안토니우스의 뒤를 이은 많은 이들이 니트리아의 성스러운 산인 사막의 언덕에 모여 두 전통을 결합했는데, 이곳이 오늘날 그리스 정교회의 성지 중 하나인 아토스산이다. 그리스 본토 끄트머리의 반도에 위치한 이곳에는 거대한 바위 위에 수많은 수도원이 들어서 있다.

상징적인 장소, 상징적인 이야기

이런 생각들이 계속해서 생겨나는 이유는 무엇이며, 왜 그것이 중요한 것일까? 그것은 종교 자체만큼이나 오래된 영적인 장소라는 개념을 활용하는 관점이기 때문이다. 우리는 앞서 대다수의 고대 민속 종교가 한 해의 계절과 하늘의 변화를 중심으로 어떻게 돌아갔는지를 살펴보았다. 이런 요소들은 최초의 숭배자들의 삶에 없어선 안 될 부분이었다. 하지만 그들이

살고 있던 장소 역시 마찬가지였다. 예를 들어 고대 이집트인들은 거주지 근처에 있는 나일강을 숭배했으며 나일강의 범람에 생계를 의존했다.

기독교인들은 특정 장소가 중요하다는 인식을 늘 갖고 있었다. 때로는 필요에 의해 이런 인식이 생겨나기도 했다. 기독교 초기에는 로마가 세계에서 가장 중요한 도시였기 때문에 로마의 교회가 특히 중요했다. 게다가 로마는 기독교 1세대의 핵심 지도자인 베드로와 바울이 처형된 곳이기도 했다. 바울은 죽기 전에 유난히 겸손한 태도로 로마인들에게 편지를 보냈다. 그는 대부분의 편지에서 독자들의 귀에 거슬릴 만큼 단호한 어조로 말하곤 했는데, 이 편지를 쓰면서는 분명 그렇게 하기가 어려웠던 것 같다. 첫 장에서 그는 "내가 너희 보기를 간절히 원하는 것은 어떤 신령한 은사를 너희에게 나누어 주어 너희를 견고하게 하려 함이니 이는 곧 내가 너희 가운데서 너희와 나의 믿음으로 말미암아 피차 안위함을 얻으려 함이라"고 말한다. 이 편지 내용을 불러주던 바울에게 겸손이 최우선 고려 사항은 아니었지만, 적어도 그는 노력하고 있었다.

몇십 년 후 로마 교회는 그곳에서 죽을 운명에 처한 한 기독교 지도자로부터 또 다른 편지를 받았다. 이그나티오스(Ignatius)는 안디옥의 주교로 107년경 로마로 끌려가 사자 우리에 던져지는 형을 선고받았다. 로마에 압송되면서 그는 로마 교회에 보내는 편지를 포함해 여러 통의 서신을 써서 자신을 위해 중보하지 말라고 요청했다. 이그나티오스는 하나님을 위해 죽는 것이 그분의 뜻이라고 믿었고, 자신의 입장에서도 곧 하나님을 볼 수 있다는 것을 의미하기 때문에 실제로 죽음을 고대했다. 그가 쓴 편지의 문장 하나하나에 그것을 쓸 당시의 심리적 긴장감과 독특한 흥분감이 드러난다. 이그나티오스는 안디옥의 먼 서쪽에 위치한 로마가 그리스도를 위해 죽기에 적절한 장소라고 믿었다. 그는 이렇게 말했다. "하나님을 향해

일부 사람들이 예수의 형제 성 야고보의 것이라고 주장하여 논란이 되고 있는 문제의 유골함

세상의 지평선 아래로 가라앉았다가 그분의 임재가 느껴지는 새벽녘에 다시 일어나는 것은 얼마나 좋은 일인가!"

로마는 훗날 가톨릭 기독교의 중심 도시가 된다. 로마의 주교는 점차적으로 영적·세속적 권력을 강화한 끝에 교황이 된다. 그러나 기독교인들에게 로마는 예수가 십자가에 못 박히고 죽은 자 가운데서 다시 살아난 곳인 예루살렘보다 중요하지 않다. 로마에서 순교한 것으로 여겨지는 베드로와 바울은 그렇게 로마와 연관되었지만, 예루살렘에는 1세대 교회의 가장 중요한 지도자이자 예수의 친동생인 야고보가 있었다.

2002년 말에는 예루살렘에서 야고보의 이름이 새겨진 유골함이 발견됨에 따라 그에 관한 관심이 높아졌다. 63년에 새겨진 것으로 추정되는 상자 위의 아람어 비문에 따르면 그 뼈는 "요셉의 아들, 예수의 형제인 야고보"의 것이다. 그러나 그 유골함의 진위에 대해서는 상당한 의문이 제기되고 있다. "요셉의 아들 야고보"는 1세기에 새겨진 것이 맞지만, "예수의 형제"는 나중에 추가된 것으로 보인다. 이것은 진짜 고대의 유골함 위에 어설프게 조작된 기독교 위조품인가? 아니면 다른 사람들이 제안했듯이, 실제로 예수의 형제인 야고보의 유골함이었지만 원래의 명문은 그것을 명확히 밝히지 않았고 누군가 그것이 진짜 야고보의 유골함으로 믿어지고 있는

상황을 확실히 하기 위해 명문을 바꾼 것일 수도 있다.

언론은 예수의 현존에 대한 증거로 논란이 되는 이 유골함을 언급했지만, 더 흥미로운 것은 야고보 자신과의 연관성이다. 야고보는 어떤 의미에서 기독교의 창시자로 여겨질 수도 있는데, 일부 신약성경 저자를 포함한 후기 세대에 의해 역할을 인정받지 못했다. 그가 갖고 있던 기독교에 대한 유대교적 이해가 바울이 지녔던 보다 포괄적인 접근에 의해 대체됨에 따라 야고보라는 인물은 뒷전으로 밀려났다. 이런 상황에서 그의 유골함에 대한 논쟁은 미미하게나마 균형을 바로잡는 데 도움이 되었다.

그러나 예루살렘은 주목을 받지 못했던 적이 없다. 실제로 중세 시대에 예루살렘은 세계의 중심지로 여겨졌다. 물론 중세 사상가들은 세계가 어떤 둥근 물체라는 것을 인식하고 있었지만, 알려진 세계는 서쪽의 영국에서 동쪽의 인도까지, 북쪽의 스칸디나비아에서 남쪽의 사하라 사막까지만 확장된 것이었다. 그 이외의 다른 것은 거의 추측에 지나지 않았다. 하지만 이 사실은 두 가지를 의미한다. 첫째, 지구의 한쪽 면에 해당하는 알려진 세계를 깔끔한 원 위에 그려서 표현할 수 있었다. 그런가 하면 다른 한쪽은 알려지지 않았다. 둘째, 예루살렘은 그렇게 배치된 세계 한가운데에 멋지게 자리 잡았다. 로마인들은 일반적으로 로마를 중심에 놓고 지도를 그렸지만, 기독교인들은 그 전통을 폐기하고 예루살렘을 중심에 놓았다.

이뿐 아니라 동쪽으로 갈수록 더 신성한 곳에 가깝다고 생각되었다. 중세에는 아담과 하와가 타락하기 전 행복하게 살았던 에덴동산이 현재 이라크가 자리한 메소포타미아 어딘가에 위치해 있다고 믿었다. 사람들은 그보다 더 동쪽에 대해서는 상상의 나래를 마음껏 펼쳤다. 중국과 케세이 같은 전설적인 땅에는 에티오피아 남쪽의 땅처럼 거의 모든 것이 있었다.

이 모든 것은 13세기 영국에서 제작된 유명한 "마파 문디"(*Mappa*

> **"지구는 천국의 모든 곳으로부터 동일한 거리를 유지하고 있는 일종의 중심으로서 우주의 중간 지역에 자리하고 있다. 지구의 '둥근' 모습은 바퀴와 같은 모양에서 나온 것이다. 사방으로 흐르는 바다가 그 경계선을 에워싸고 있기 때문이다. 그것은 첫 번째로 아시아, 두 번째로 유럽, 세 번째로 아프리카라는 세 부분으로 나뉜다. 유럽과 아프리카가 반을, 아시아 홀로 나머지 반을 차지하고 있다. 그러나 전자는 해양에서 나온 큰 바다로 인해 두 부분으로 나뉘었다."**
>
> _ 세비야의 이시도루스, *Etymologies XIII 1-2*, 600년경

Mundi)라는 "세계 지도"에 잘 나타나 있다. 세계를 묘사하는 이 지도에서 예루살렘은 중앙에 있고 북쪽이 아닌 동쪽이 맨 위쪽으로 설정되어 있다(또한 이국적인 지역에 거주하는 사람들에 대해 풍부한 상상력을 보여주는 이미지를 많이 포함하고 있다). 그러나 그보다 더 중요한 것은 이 지도가 세상이 무엇을 **의미하는지**를 보여주기 위한 것이라는 점이다. 이것은 종교적인 지도다. 예루살렘은 단순히 지리적인 위치 때문이 아니라 중요한 의미를 지닌 곳이기 때문에 세계의 중심에 있는 것이다. 세계는 예수의 삶과 죽음 및 부활을 중심으로 돌아간다. 혹시라도 이 사실을 제대로 인식하지 못할 사람이 있을까 봐 작가는 지도 맨 위에 영광스럽게 앉아 전 세계를 감독하고 있는 그리스도를 묘사해 놓았다. 대륙과 바다와 산과 강은 모두 하나님의 섭리 아래에 있다. 그분은 모든 것을 제자리에 세웠고, 모든 것은 그분으로부터 의미를 얻는다.

마파 문디는 부분적으로 브라가의 오로시우스(Orosius)라는 기묘한 이름을 가진 인물이 쓴 작품에 나오는 세계 묘사를 기반으로 한다. 오로시우스는 포르투갈 출신이지만 5세기에 아프리카에서 살면서 역사상 가장 유명한 신학자라고 할 수 있는 히포의 아우구스티누스와 친구가 되었다. 당

"마파 문디". 동쪽이 맨 위에 있고 예루살렘이 가운데 있다. 지중해가 지도의 하단을 차지하고 있는 반면, 오른쪽 상단에는 홍해의 지류들이 보인다. 이 지도는 지형을 엄격하게 묘사하기보다는 상징적인 가치를 전달하기 위해 제작되었다. 항해자들은 보다 정확한 지리적 정보를 담은 지도를 사용했다.

시 아우구스티누스는 서구 사상의 흐름을 바꿀 방대한 책을 쓰고 있었다. 그의 유명한 저서인 『하나님의 도성』(*City of God*)에는 역사와 정치에 대한 그의 이해가 담겨 있다. 아우구스티누스는 이 세상을 인류 역사 속에서 펼쳐지는 믿을 수 없는 드라마, 즉 하나님이 인간을 다루는 이야기가 펼쳐지는 무대라고 믿었다. 이에 대한 신학적 함의를 밝히는 데 집중하고 있던 그는 오로시우스에게 역사적인 연구로 그것을 뒷받침해달라고 제안했다. 그 결과로 오로시우스는 『이교도에 대항한 역사』(*History Against the Pagans*)를 집필했는데, 이 저서는 비록 문학적 가치가 덜 하긴 하지만 세계 기독교 역사를 조망한 첫 번째 시도로서 그 중요성을 인정받고 있다. 그는 세계 역사를 바빌로니아, 그리스, 카르타고, 로마 같은 4대 제국의 이야기로 나눈 다음, 하나님의 역할에 중점을 두고 각 나라의 이야기를 서술했다. 이 작품에서 오로시우스는 세계 지리를 상세히 묘사했는데, 그에게 이 위대한 제국들과 그 세계는 하나님과 그분의 백성의 이야기가 펼쳐지는 무대와 같았다.

오로시우스의 작품은 후대에 많은 인기를 얻었다. 앨프레드 대왕은 그의 작품을 영어로 다소 자유롭게 번역하기도 했다. 그 인기는 기독교 역사에서 그 책이 지닌 의미와, 지난 장에서 확인한 대로 일반적인 이야기의 중요성을 입증한다. 만약 어떤 장소의 상징적인 의미가 크다면, 그것은 오직 그 의미를 구체화하고 풍성하게 하는 이야기의 맥락에서만 이해될 수 있다. 모세나 예수 같은 인물이 산에 올라가는 이야기가 있기 때문에 산이 하나님을 향해 가까이 나아가는 것을 상징하는 반면, 사막은 다윗과 사울 또는 이집트의 안토니우스 같은 사람들의 이야기가 있기 때문에 유혹과 내면의 마귀와의 직면을 상징하는 장소가 된다. 이야기와 장소는 함께 어우러져 일종의 상징적인 언어를 만들어내는 역할을 한다. 이것이 바로 지난 장에서 살펴본 신화의 언어다. 신화는 우리를 주변 세계와 과거 역사라는 더 큰 현실과 연결해줌으로써 강력한 언어가 된다. 신화의 관점에서 볼 때 우리가 세상과 자신을 분리시키면 나와 세상을 이해할 수 없다. 우리는 더 넓은 세계의 일부다. 단순히 그 넓은 세상에서 떨어져 사는 것이 아니라, 그 세계 안에 참여하고 필연적으로 다른 것들과 상호 작용하며 과거 사람들의 결정적인 영향을 받으면서 살아간다. 기독교는 상징과 이야기를 통해 이런 유기적인 세계관을 드러냄으로써 인간을 단절되고 고립된 상태로 두지 않고 더 넓은 세상과 연결하고자 한다. 현대인의 삶은 이와 대조적으로 단절과 고립을 추구한다. 이런 점에서 기독교는 오래된 이교의 가장 좋은 요소들을 공유하고 있다. 기독교는 삶을 둘러싼 이야기와 역사의 더 큰 맥락, 우리가 일부를 구성하는 더 큰 세계 안에 인간을 두고자 한다.

신령한 것과 숭고한 것

신화, 상징적인 장소, 이야기가 지닌 의미는 많은 종교에서 공통적으로 발견된다. 하지만 기독교에서는 다른 종교에 비해 이것들이 지닌 의미가 더 깊은데, 하나님과 세상의 밀접한 관계가 기독교의 가장 핵심적인 교리의 뿌리가 되기 때문이다. 또한 하나님이 우주를 창조했다는 창조론이 있다. 기독교인들은 하나님이 우리가 어떤 물건을 만들었다가 방치해두는 것처럼 세상을 만든 것이 아니라 계속해서 세상을 돌보고 유지하고 있다고 믿어왔다. 즉 하나님이 잠시라도 주의를 기울이지 않는다면 세상은 더 이상 존재하지 않는다고 여겼다. 이를 특히 인상적으로 표현한 기독교 작가는 이레나이우스(Irenaeus)다. 현재의 튀르키예 출신으로 오늘날 프랑스에 해당하는 리옹의 주교이자 신학자였던 그는 우주가 하나님의 손안에 있다고 표현했다. 그는 다음과 같은 글을 썼다.

> 누가 그분의 손길을 이해하는가? 방대함을 측량하고, 하늘을 넓게 펼치고, 깊은 구렁으로 이 땅의 깊이를 재고, 온 창조물의 길이와 깊이와 높이를 모두 품에 안고, 눈에 보이고, 귀에 들리고 이해되고, 눈에 보이지 않는 그분의 손길을.

이는 수 세기에 걸쳐 널리 퍼져 있던 사고방식이었다. 중세의 가장 위대한 기독교 사상가인 토마스 아퀴나스는 하나님이 단순히 존재 그 자체라고 주장했다. 따라서 어떤 것이 존재한다는 것은 어떤 면에서 그것이 신에 참여하는 것이다. 이 말의 의미는 다소 불분명하지만, 신은 본질적으로 이해될 수 없다는 아퀴나스의 또 다른 주장을 뒷받침한다. 그러나 그것은 결과적으로 하나님이 헤아릴 수 없을 만큼 세상보다 더 위대하다는 뜻이다. 왜냐하면 하나님은 그 자체로 존재하는 유일한 존재이며, 동시에 자신이 만든 창조세계를 돌보며 지탱함으로써 그 창조세계와 밀접하게 연관되어 있기 때문이다. 14세기의 인기 작가였던 노리치의 율리아나(Julian)는 이레나이우스의 비유적인 묘사를 재사용했다. 율리아나는 "여성 은수자"로서 이집트의 안토니우스처럼 고독하게 살면서 하나님을 깊이 묵상하며 홀로 살고자 했지만, 광야로 나가지 않고 마을에 남아 있었다. 그녀는 마을 한가운데에 있는 봉인된 집에서 살면서 그곳을 결고 떠나지 않겠다고 맹세했지만, 사람들은 그 집에 찾아가 그녀와 창문을 통해 이야기를 나눌 수 있었다. 다시 말해 그들은 공동체 안에서 "은둔" 생활을 하게 된 것이다. 지역 주민들을 위해 기도하는 여성 은수자를 두는 것은 좋은 생각으로 여겨졌고, 곧 모든 마을에서 이런 제도를 갖추기 시작했다. 노리치의 율리아나란 이름은 그녀가 속한 교회에서 섬기는 성인의 이름을 따서 명명된 것으로 추정된다. 원래 이름은 알려지지 않았지만 그녀는 매우 인기 있는 여성 은수자였다. 그녀가 젊었을 때 경험한 그리스도에 대한 일련의 환상과 그 체험에 대한 생각을 담은 『신성한 사랑의 계시』(*Revelations of Divine Love*)를 읽으면 그 이유를 알 수 있다. 그 책에는 따뜻한 상식과 더불어 인생에 대한 본질적으로 낙관적인 시각이 가득하다. 율리아나는 하나님이 "모든 것이 잘 되고 잘 될 것이며 다 잘 될 것이다"라는 확신을 주셨다고 말했다. 또한 자신이 본 환상 중 하나를 묘사하면서 하나님이 세상과 어떤 관계를 맺고 있는지를 보여주었다.

> 그는 내 손바닥에 헤이즐넛만 한 크기의 작은 것을 보여주셨다. 그것은 공처럼 둥근 것이었다. 나는 사려 깊은 눈으로 그것을 바라보고 이게 무엇인지 생각했다. 그리고 나는 "이것은 모두 창조된 것이다"라는 대답을 들었다. 그것이 어떻게 살아남을 수 있을지 놀랍기만 했다. 왜냐하면 그것이 갑자기 내 눈에는 아무것도 아닌 것처럼 보였기 때문이다. 그것은 너무도 작았다. 그리고 나는 "하나님이 그것을 사랑하시기 때문에, 그것이 살아남아 있고 또한 영원히 살아남을 것이다"라는 대답을 들었다. 따라서 모든 것은 하나님의 사랑을 통해 존재한다.

이런 기본적인 사상에 대한 가장 놀라운 진술은 18세기 주요 신학자이자 미국의 대표 신학자인 조나단 에드워즈(Jonathan Edwards)의 작품에서 찾아볼 수 있다. 그는 불행하게도 야심 차게 계획한 대작을 저술하기도 전인 1758년에 천연두 예방접종 과민반응으로 인해 사망했다. 에드워즈는 당시 상당히 교조주의적인 기독교 전통을 지닌 칼뱅주의를 대표한 흥미로운 인물이다. 칼뱅주의 전통에는 칼뱅주의 기독교의 교리가 무엇인지에 대해 일반적으로 인정받아 온 설명이 있었기 때문에 독창성의 여지가 거의 없었다. 그럼에도 불구하고 에드워즈는 칼뱅주의 전통에 충실하면서도 그 전통 안에서 흥미롭고 새로운 접근 방식을 개발하는 어려운 작업을 해냈다. 그의 주장에 따르면 창조는 하나님이 세상을 창조한 다음 가만히 앉아서 세상이 알아서 잘 돌아가도록 내버려둔, 일회성 사건이 아니다. 오히려 창조는 현재 진행형이다. 매순간 하나님은 세상을 계속해서 창조하고 있다. 창세기에 묘사된 최초의 창조 행위는 지속적인 과정의 시작에 불과할 뿐이다. 영화가 실제로 움직이는 영상이 아니라 정지된 영상이 연속적으로 매우 빨리 지나가면서 움직이는 것처럼 보이는 착각을 만들어낸 것이듯, 세상 역시 겉으로 보이는 것처럼 매순간 지속되는 것이 아니라 새로운 창조의 연속인 것이다.

조나단 에드워즈. 그의 엄격한 칼뱅주의적인 포즈에는 자연과 아름다움에 대한 감상적인 사랑이 숨겨져 있는데, 그는 그것이 창조세계에 나타난 하나님의 손길이 남긴 흔적이라고 믿었다.

창조 교리가 하나님과 세상이 밀접하게 관련되어 있음을 시사한다면, 성육신 교리는 이보다 더 밀접한 관계를 논한다. 전통적으로 성육신 교리는 하나님이 사람이 되었다고 말한다. 예수는 신이면서 동시에 인간이었다. 절반은 인간이고 절반은 벌컨인이었던 영화 "스타 트렉"의 미스터 스팍 같은 일종의 혼혈이 아니었다. 자신이 마치 신인 것처럼 행동하는 인간도 아니었고 인간인 척하는 신도 아니었다. 이것은 요한행전이라고 불리는 초기 교회의 다소 엉뚱한 문서에 묘사된 개념이었다. 요한행전은 비정경 복음서 중 하나로서, 신약성경의 마태복음, 마가복음, 누가복음, 요한복음처럼 예수가 한 일을 기술한 문서이며, 정도의 차이는 있지만 가능성이 매우 희박한 믿을 수 없는 이야기들을 기록하고 있다. 요한행전은 예수가 인간인 척했던 신적 존재였다는 사실을 전하려는 목적을 갖고 있었기 때문에, 어떤 점에서는 어처구니 없으면서도 재미있는 책이다. 이 기록에 따르면 예수는 때에 따라 수염을 기른 노인이나 젊은이로 겉모습을 바꿔 나타났다고 전해진다. 그는 절대 발자국을 남기지 않았고 밥을 먹거나 화장실에 갈 필요도 없었으며, 심지어 그에게는 은밀한 부위가 전혀 없었다는 것이다! 이런 내용이 말초적인 흥미를 자극하긴 하지만, 교회는 처음부터 이것이 극도로 이단적이라고 판결을 내렸다. 정통 신앙은 예수가 완전한 인간이자 완전한 하나님이며, 한 속성이 다른 속성보다 우위를 차지하지 않는다고 믿는다.

이 교리는 기독교 신앙과 실천적 행위의 모든 부분에 영향을 미친다. 만약 신이 인간이 될 수 있다면, 그것은 신에 대해 무엇을 말하고 있는 것인가? 이와 동시에 그것이 인간 본성과 세상에 대해 우리에게 말하고 있는 것은 무엇인가? 우리는 이 교리를 넓게 생각해서 신이 우리가 살고 있는 물질 세계의 거주자, 즉 물질적인 존재가 될 수 있다고 해석할 수도 있다. 기독교가 처음 발전했을 때 그런 교리는 많은 사람들에게 불쾌감을 안겨주었다. 플라톤의 전통을 이어받은 그리스 철학자들은 신의 비물질적인 본성을 점점 더 강조하고 있었다. 그들은 신이 세상과 전혀 다르며 인간의 생각으로는 이해할 수 없고 세상에서 멀리 떨어져 있는 존재라고 믿었다. 신을 알기 위해서는 세상을 등져야 했다. 그런데 어떻게 기독교인들은 인간 안에 존재하는 하나님을 안다고 주장할 수 있었을까?

플라톤주의자들의 사상은 기독교에 큰 영향을 끼쳤다. 기독교의 위대한 신비주의자들은 하나님이 인간의 이해 능력 밖에 있는 존재이며, 이 사실을 이해하는 것이 역설적으로 그분을 알게 되는 첫 단계라고 가르쳤다. 이 가르침을 잘 표현한 문헌 중 하나는 14세기 중반 영국에서 나온 『무지의 구름』(*The Cloud of Unknowing*)이라는 작은 책이다. 이름은 알 수 없지만 노리치의 율리아나와 동시대에 살았던 저자는 독자들에게 "무지의 구름"을 통해 하나님이 우리에게 감추어져 있다고 말하는데, 이는 우리가 그분을 이해할 수 없다는 사실을 상징한다. 하지만 여전히 우리가 그분을 이해할 수 있는 방법이 있는데, 이는 지식이 아닌 사랑을 통해서다. 만약 우리가 신이 숨어 있는 구름을 제외한 다른 모든 것을 잊고, 세상과 모든 것을 또 다른 구름인 "망각의 구름" 아래에 두고 (지성의 힘이 아닌 사랑의 힘으로) 우리 위에 있는 구름에 집중한다면 하나님에게 가까이 다가갈 수 있을 것이다.

놀랍게도 이런 개념들은 우리가 앞서 살펴보았던 장소가 지니는 상징성과 관련이 있다. 하나님의 인지불가능성(unknowability)과 우리가 어떻게 그분을 알 수 있는지에 대한 생각을 탐구한 최초의 기독교 작가는 4세기에 활동한 니사의 그레고리오스였다. 그레고리오스는 성경에 나오는 대부분의 이야기들이 사실이며 더 깊은 영적인 의미를 전달하기 위한 것이라고 믿었다. 그중 하나는 출애굽기 24장에 기록된, 하나님을 만나기 위해 시내산을 올라가는 모세의 이야기였다. 해당 성경 본문에 따르면 모세는 산을 오르면서 먼저 구름 속을 지나 하나님이 있는 어둠 속으로 들어갔다. 늘상

"당신은 이제 나에게 묻는다. '내가 어떻게 그를 이해해야 할까? 그는 누구인가?' 이것에 대해 나는 '모른다!'라고 대답할 수밖에 없다. 그 질문을 통해 당신은 나를 동일한 그 어둠 속으로, 그 무지의 구름 속으로 데려갔기 때문이다. 다른 모든 창조된 피조물들과 그들의 작품들 그리고 하나님 자신의 작품인 인간은 하나님의 은총으로 인해 완전한 지식을 가질 수 있고 그것들에 관해 생각할 수 있지만, 하나님 자신에 관해서는 어떤 인간도 생각할 수 없다. 따라서 나는 내가 생각할 수 있는 모든 것을 한편으로 치워버리고, 내가 생각할 수 없는 그것을 내 사랑의 대상으로 선택할 것이다. 왜냐하면 그를 충분히 사랑할 수는 있지만 생각할 수는 없기 때문이다. 사랑으로는 그를 발견하고 붙잡을 수 있어도, 생각으로는 결코 그렇게 할 수 없다. 갈망하는 사랑의 날카로운 화살로 무지의 구름을 날려버리고, 무슨 일이 일어나더라도 떠나지 말라."

_『미지의 구름』 6

그래왔듯이 그레고리오스는 산이 하나님을 알게 된 모든 기독교인의 여정을 상징한다고 여겼다. 또한 그에게 구름은 하나님을 물리적으로 보거나 들을 수 없다는 것을, 어둠은 마음으로도 그를 이해하고 파악할 수 없다는 사실을 의미한다. 모세가 산의 구름과 어둠을 헤치고 지나간 것처럼 우리도 이런 깨달음을 통과해야만 하나님을 만날 수 있다. 실제로 『무지의 구름』을 쓴 저자는 바로 이 이야기에서 "구름"에 대한 아이디어를 얻었다.

구름과 어둠이 드러내는 신비주의는 강력하고 시적이긴 하지만 이야기의 반쪽에 불과하다. 기독교 역시 세상을 등지고 하나님을 찾기보다는 세상 **안에서** 하나님을 찾는 다소 현실적인 영성을 소중히 여겨왔다. 첫 번째 사고방식은 하나님이 세상보다 위대하다는 교리에서 나온 것이지만, 두 번째 사고방식은 어쨌든 하나님이 실제로 세상에 있었고 그 세상의 일부가 되었다는 성육신 교리에서 나온 것이다. 우리가 앞서 살펴본 이레나이우스는 이런 사상을 그의 신학의 중심에 두었다. 그는 신이 인간이 되는 것에 대해 이야기할 수 있다면, 반대로 인간이 신이 되는 것에 대해서도 논할 수 있다고 믿었다. 인간뿐만 아니라 세상 그 자체도 마찬가지다. 세상은 성육신을 통해 신성에 "감염"되어 하나님의 수준으로 끌어올려지는 것이다.

그 결과 자연에서 하나님을 찾는 기독교 전통이 강하게 이어져왔다. 조나단 에드워즈를 다시 살펴보자. 그는 자연 세계에 매료되었다. 그의 초기 저술 중에는 어떻게 거미가 스스로 분비하는 비단 같은 실을 낙하산처럼 이용하여 공중에서 날 수 있는지를 설명하는 짧은 과학 논문이 있다. 그는 일기에 자연의 아름다움에 대해 자각하게 된 과정과 더불어 이 아름다움을 어떻게 하나님으로부터 직접 온 것으로 보게 되었는지를 기록했다. 또한 몇 시간 동안 앉아서 달을 바라보면서 하나님이 하는 일에 감탄하곤 했다. 그는 이렇게 표현했다.

> 하나님의 탁월함과 지혜와 순결과 사랑이 해와 달과 별, 구름과 푸른 하늘, 풀과 꽃과 나무와 물 등 모든 자연에 나타나 있는 것 같았습니다. 그것은 내 마음을 굳게 정하는 데 큰 도움이 되었습니다.

에드워즈는 아름다움이 하나님과 세상을 모두 이해할 수 있는 열쇠라고 믿었다. 그는 우리가 세상에서 보는 아름다움은 하나님이 의도적으로 거기에 둔 것이라고 주장했다. 따라서 그는 하늘과 장소와 살아 있는 생물들 사이의 관계를 예술 작품으로 표현했다. 에드워즈의 눈에 비친 자연은 본질적으로 행복하다. 그는 새들이 기뻐서 노래한다고 믿었고, 비단 같은 실을 이용하여 공중을 나는 거미들의 움직임은 운동 경기 같은 행위라고 믿었다. 그러나 더욱 심오한 것은 창조세계의 아름다움이 이 세계를 창조하고 계속해서 새롭게 하는 하나님의 아름다움을 반영한다는 사실이다. 그곳에서 하나님은 가장 아름다운 존재이며, 피조물 사이에서 발견되는 관계의 아름다움은 한 하나님이 사랑의 삼위 공동체로 존재하는 삼위일체의 아름다움을 반영한다. 에드워즈는 이해를 초월하는 우아함과 아름다움의 한 형태인 음악을 하나님의 아름다움에 비유했다.

조나단 에드워즈가 이런 생각을 처음으로 한 건 아니다. 하나님은 아름다움이고, 우리 주변의 아름다움을 탐색함으로써 궁극적으로 하나님을 찾을 수 있다는 관념은 기독교 그 자체보다 먼저 생겨났다. 그리스도가 탄생하기 400년 전에 플라톤이 기록한 『심포지엄』(또는 향연, *Symposium*)의 내용을 보면, 소크라테스는 술에 취한 청중들에게 주변에서 볼 수 있는 것이 아닌 영적인 것들에서 진정한 아름다움을 찾고, 추상적인 아름다움의 연인이 되어 신들의 삶을 파악함으로써 미덕의 삶을 살라고 촉구한다. 기원후 3세기에 살았던 플라톤 학파의 철학자 플로티누스는 영혼이 신적 존재와 하나가 되어 순수한 아름다움의 영적 영역에 존재하게 되는 신비한 경험을 말하기 위해 이와 같은 사상을 발전시켰다. 그는 물질적인 세계가 더 높고 영적이며 지적인 세계를 반영하는 것이라고 믿었고, 만약 어떤 것이 아름답다면 그것은 단순히 더 높은 세계를 완벽하게 반영하고 있음을 의미한다고 생각했다. 따라서 하나님은 가장 높고 순수한 형태의 아름다움 그 자체인 것이다.

이런 플라톤 사상의 진가를 인정한 기독교인들은 이를 자신들의 철학과 영성에 통합시켰다. 그리고 그것을 성경을 오래 묵상함으로써 배운 유대인들의 사상과 결합시켰다. 그들은 시편 27:4에서 플라톤과 플로티누스 같은 사람들의 가르침을 읽을 수 있다고 느꼈다.

> 내가 여호와께 바라는 한 가지 일 그것을 구하리니
> 곧 내가 내 평생에 여호와의 집에 살면서
> 여호와의 아름다움을 바라보며 그의 성전에서 사모하는 그것이라.

하지만 그리스도인들은 이런 사상을 다른 접근법과 결합시키기도 했다. 에드워즈가 무지개와 월계수뿐 아니라 비와 천둥에서도 하나님의 존재를 느낀다고 주장한 것은 의미가 크다. 그와 동시대를 살았던 아일랜드의 철학자 에드먼드 버크(Edmund Burke)는 1756년에 출판한 그의 유명한 에세이 "숭고함과 아름다움의 개념의 기원에 대한 철학적 탐구"(*A Philosophical Inquiry into the Origin of Our Ideas of the Sublime and Beautiful*)에서 이런 생각을 기술했다. 버크는 변호사 출신의 철학자이자 영국 의회 의원으로서, 조지

3세의 정책에 반대할 때 큰 역할을 한 정당이라는 개념을 형성함으로써 영국 정치사에 족적을 남겼다. 그러나 버크는 하원에서 가장 뛰어난 연설가는 아니었던 것 같다. 전해지는 바로는 8시간 동안 연설을 한 적도 있다고 하는데, 청중들은 그가 연설을 마치고 자리에 앉기 훨씬 전에 이미 사라져 버렸다.

그럼에도 불구하고 버크는 종교적인 문제에도 깊은 관심을 가지고 있었고, 무엇보다도 그의 미학에 관한 철학으로 기억되고 있다. 그는 사물이 가질 수 있는 두 가지 특질인 **아름다움**과 **숭고함**을 구별했다. 무언가가 아름답다는 것은 그것에 관해 우리가 좋아하는 점이 있다는 뜻이며, 이로 인해 그것을 보고 듣고 생각하는 일이 즐거워진다. 아름다움은 우리에게 사랑이라는 감정을 불러일으킨다. 하지만 무언가가 숭고하다는 것은 경탄할 만하거나 놀랍다는 뜻이다. 숭고한 것과 마주하면 그것이 우리의 마음을 완전히 채우기 때문에 다른 어떤 것도 생각할 수 없다. 그러나 우리가 숭고한 것을 마주할 때 일종의 기쁨이 있다고 버크는 이야기한다. 숭고함은 늘 불안하게 만들기 때문에 정확히 말하면 기쁨이 아니지만, 그럼에도 불구하고 좋은 무언가가 있다. 크기, 위엄, 힘은 감격을 불러일으키곤 하는데, 특히 우리가 그것을 완전히 이해하지 못하거나 그것이 어떤 식으로든 감춰져 있을 때 더욱 그렇다. 그렇기 때문에 우리는 뇌우로 인해 두려워하면서도 동시에 기뻐할 수 있다.

그렇다면 가장 숭고한 것은 무엇일까? 우리가 예상할 수 있듯이 버크에게 가장 숭고한 존재는 하나님이다. 하나님은 전지전능하고 모든 것을 다 할 수 있는 존재다. 버크의 주장에 따르면 우리는 하나님이 사랑 많고 지혜로운 분임을 알고 있지만, 우리를 가장 강렬하게 사로잡는 하나님의 속성은 바로 그분의 **권능**이다. 우리는 그분의 다른 속성도 존경하거나 사랑할 수 있지만, 우리 안에서 본능적인 반응을 불러일으키는 것은 그분의 전능함이다. 사실 버크는 인간이 처음 신에 대한 관념을 갖게 되었을 때 가장 중요한 것은 바로 이 원초적인 힘에 대한 개념이었다고 말한다. 그리고 기독교가 등장하면서 비로소 사랑과 자비에 대한 개념이 추가된 것이다. 이것이 종교의 역사적 발달에 관한 정확한 설명인지에 대해서는 논쟁의 여지가 있지만, 중요한 점은 이를 통해 하나님의 임재가 우리 주변에서 어떻게 감지될 수 있는지가 설명된다는 것이다. 조나단 에드워즈가 자연에서 하나님의 아름다움을 발견했다면, 에드먼드 버크는 강력하고 경이로우며 두려울 뿐만 아니라 신비롭고 감동적이며 영감을 주는 하나님의 숭고함을 보았다. 그것은 흔히 "신령함"(*numinous*)라는 단어로 표현되는 개념으로서 강력하고 신비로우며 초자연적인 것을 의미한다.

이 모든 것은 매우 교훈적이지만 그것이 오늘날 우리에게 어떤 의미가 있을까? 왜 우리는 이런 생각을 했던 기독교인들에게 감사해야 하는가? 이 사상이 중요한 이유는 다른 어떤 주요 종교보다도 특히 기독교에서 핵심이 되는 **세상이 중요하다**는 믿음을 표현하기 때문이다. 여기에는 장소가 중요하다는 생각이 내포되어 있다. 일반적으로는 시련과 영적 투쟁을 상징하는 광야가 중요한 장소로 여겨진다. 하지만 엄밀히 말해 시내 광야가 중요한 이유는 유대인들이 그곳에서 하나님을 만났기 때문이며, 유대 광야가 중요한 이유는 예수가 거기에서 유혹을 받았기 때문이다. 또한 이집트의 광야는 성 안토니우스가 개인적인 악마를 정복한 곳이라서 중요하다. 기독교인들의 하나님은 세상에서 등을 돌림으로써 발견될 수 있는, 어떤 멀리 있는 영적 실재가 아니다. 플라톤 학파가 생각하는 하나님은 그랬다. 반면 기독교인들의 하나님은 시간과 공간 속에서 활동하는 존재다. 그분의 능력과 사랑은 특정한 시간에 특정한 장소에서 특정한 사람들과

"이 세상을 너무 일찍 포기해서는 안 된다. 이 점에 있어서 구약과 신약은 하나다.…그리스도는 한 사람의 삶의 중심에서 그를 붙들고 있다."

_ 디트리히 본회퍼, 『옥중서간』

만나고, 그렇기 때문에 그 시간과 장소가 우리에게 특별한 의미와 힘을 지닌다. 하나님이 세상을 창조했으며 또한 그 일부가 되어서 역사 속에 임재하여 활동하고 있다는 하나님의 현존에 대한 기독교적 믿음은 우리가 다음 장에서 계속해서 살펴보게 될 물리적 세계에 대한 기독교의 일반적인 관심이 드러난 한 가지 예라 할 수 있다.

지렁이를 구하고 별을 마시기: 기독교인과 환경

기독교는 물질계를 매우 중요하게 여기기 때문에, 기독교 안에서 자연계를 사랑하는 전통을 발견하는 것은 그리 어렵지 않다. 중세 시대의 영향력 있는 영성 작가였던 클레르보의 베르나르두스(Bernard)는 나무와 돌이 책보다 더 많은 것을 가르쳐줄 수 있으며, 자신의 지혜와 영적 통찰력은 숲에서 명상에 몰두한 시간 덕분에 생긴 것이라고 말했다. 스코틀랜드에 기독교를 전한 위대한 아일랜드 성인 콜룸바(Columba)는 이오나 섬에 그 유명한 수도원을 지을 때 나무를 한 그루도 베지 않았다. 물론 애초부터 나무가 많은 섬은 아니었지만, 콜룸바는 "죽음과 지옥에 대한 두려움이 내 안에 있으나…데리(Doire)에서 들리는 도끼 소리에 대한 두려움이 더 크다"라고 근처의 숲을 언급하면서 자신의 미덕을 드러냈다.

자연에 대한 사랑과 연관된 가장 유명한 기독교 성인은 아시시의 프란치스코인데, 그에 관해서는 6장에서 더 자세히 살펴볼 것이다. 이탈리아어로 쓰인 최초의 작품인 프란치스코의 "태양의 찬가"(*Canticle of the Sun*)는 태양으로부터 시작해 죽음으로 끝을 맺는 자연계에 대한 찬양시다. 프란치스코는 "주님, 우리를 지탱하고 다스리며 여러 열매와 색깔 있는 꽃과 녹색 식물을 공급해주는 우리의 자매이자 어머니인 이 땅을 주신 것에 대해 찬양을 올립니다"라고 말한다. 전설에 따르면 그는 동물과 대화하고 새들에게 설교할 수 있었으며, 길에 떨어진 지렁이를 주워서 안전한 곳으로 옮기는 습관이 있었다고 한다. 프란치스코는 자연이 하나님의 창조물이라는 인식이 매우 강했기 때문에, 그 안에서 하나님을 만날 수 있다고 믿었다. 그리고 세상을 경외하고 돌봄으로써 하나님에게 영광을 돌리고자 했다.

프란치스코는 종종 비공식적으로 환경 운동의 수호성인으로 여겨지는데, 여기에 더 적합한 현대의 성인은 정교회가 인정한 미국의 전설적 인물 조니 애플시드(Johnny Appleseed)일 것이다. 니케포로스(Nicephorus)는 18세기 말에서 19세기 초까지 그리스 키오스 섬에서 수도사로 있으면서 나무를 전문적으로 돌봤다. 그는 수도원에서 묘목을 심고 기르는 일을 맡았는데, 특히 키오스가 초목 지대가 없는 바위섬이었기 때문에 더욱 나무를 소중히 여길 수밖에 없었다. 니케포로스는 어린 나무를 곳곳에 심고, 사람들에게 묘목을 나누어주기도 했다. 그는 농부와 나무를 돌보는 다른 사람들을 위해 기도하고 유산을 기부함으로써 그들의 일을 도왔다. 그리고 사람들이 그에게 죄를 고백하면 나무를 심어 속죄하게끔 했고, 큰 죄를 지으면 더 많은 나무를 심게 했다. "나무를 사랑하지 않으면 하나님을 사랑하지 않는 것이다." 니케포로스의 이 말은 그의 인생관을 압축적으로 보여준다.

물론 이 모든 인물들을 현대의 환경 보호론자와 동일시하는 것은 시

새들에게 설교하는 아시시의 성 프란치스코를 묘사한 작품 "Maestro di San Francesco". 작자 미상의 이 그림은 성인의 생애를 그린 프레스코화 시리즈 중 하나로서, 1260년경 아시시의 산 프란치스코 대성당의 하부 예배당 안에 제작되었다.

대착오적인 발상일 수 있다. 자연은 보호받아야 할 연약한 존재라는 생각은 현대적인 개념이며, 아시시의 프란치스코나 클레르보의 베르나르두스 같은 사람들은 오늘날 문제가 되는 환경에 대한 위협과는 맞서 싸울 필요가 없었다. 그러나 현대의 기독교인들은 신앙인으로서 환경에 대한 책임을 점점 더 무겁게 인식하고 있으며, 기독교 내에서도 생태학적으로 민감하게 반응하고 자연계를 보존하려는 움직임이 급속도로 확산되고 있다. 일부 환경 보호론자들은 인간을 하나님의 주요 관심사로 삼는 기독교의 인간 중심적인 시각이 필연적으로 자연계를 소외시킬 수밖에 없다고 보고, 기독교 전통을 해결책이 아닌 문제의 일부로 간주하기도 한다. 게다가 창세기 1:28에 나오는 모든 만물을 "다스리라"는 악명 높은 명령은 근본적으로 자연을 대상으로 인간이 하고 싶은 일을 마음대로 하라고 허락하는 백지 수표를 준 것이나 다름없었다. 물론 역사적으로 이런 주장은 어느 정도 설득력이 있었다. 그러나 대다수의 기독교인은 그 구절의 "다스리라"라는 말이 "자애로운 청지기 의식"을 의미하는 것으로서 인간의 역할은 세상을 폭압적으로 착취하는 것이 아니라 돌보는 것임을 지적한다. 물질계는 하나님의 창조세계이자 하나님을 표현한 것으로서 그분의 구원 행위가 이루어지는 무대임을 인정하는 진정한 기독교적 관점은 세상이 오직 인류의 이익을 위해 존재하며 인류가 그것을 착취할 수 있는 전권을 위임받았다는 개념과 거리를 둔다.

기독교인들이 우연한 계기로 자연의 선함을 최대한 활용한 놀라운 영역이 하나 있는데 그것은 바로 술이다. 오늘날 일부 기독교인 특히 개신교 신자들은 음주를 잘못된 행위로 여기지만, 과거에는 그런 양심의 가책을 받는 일이 드물었다. 예수가 최후의 만찬에서 포도주를 취해 축사했기 때문에 포도주를 마시는 것은 가장 중요한 기독교 의례인 성찬식의 핵심 의례였다. 그래서 성찬식이 거행될 때마다 이 의례는 반복되었다. 그러다 보니 성직자들이 하루에 몇 번씩 예배에 참석했던 중세에는 엄청난 양의 포도주가 필요했다. 그래서 직접 포도를 재배하고 남는 포도주를 팔아 수도

"우리 노인들은 큰 맥주잔에서 안락함을 찾아야 한다. 알코올 도수가 높은 맥주는 노인들의 우유와 같다."

_ 마르틴 루터

원 운영비와 가난한 사람들을 위한 자금을 모으는 수도원도 있었다. 또한 종교 예식을 위한 양초 제작을 위해 지속적인 밀랍 공급이 필요했기 때문에 벌집을 소유하고 있는 수도원도 많았다. 그러다 보니 남아도는 꿀이 생긴 수도원에서는 그것을 활용해 벌꿀주(mead)를 만들기도 했다.

여러 세기 동안 유럽의 주요 음료였던 맥주 문제도 있었다. 당시 맥주는 오늘날 제조되는 맥주보다 영양가가 더 높았고, 마을 여성들은 매일 맥주를 제조했다. 그런데 수도원들이 점점 더 맥주 생산에 관여하기 시작했다. 맥주는 고대 수메르에서 발명된 이래 종교와 밀접한 관련을 맺어왔다. 그러나 수도사들이 맥주에 관심을 갖게 된 가장 직접적인 이유는 대부분의 시간을 금식하고 식사가 변변치 않았기 때문이었다. 영양을 고려하다 보니 맥주가 식사에 곁들일 수 있는 훌륭한 음료로 여겨졌고, 수도사들의 양조 능력이 일취월장함에 따라 상업적으로 맥주를 생산해 자체 판매점에서 파는 수도원도 많이 생겼다. 중세의 수도사 개리커처가 빨간 코를 가진 쾌활하고 뚱뚱한 남자로 발전한 것은 놀라운 일이 아니다! 심지어 감브리누스라는 맥주의 수호성인도 있는데, 15세기 초 벨기에의 왕이었던 그는 홉의 열매로 맥주 맛을 내는 방법을 발명한 사람이라고 한다.

그중에서 조금 더 세련된 취향을 갖고 있던 일부 수도사들은 오늘날까지도 널리 음용되는 술을 개발했다. 16세기 초에 프랑스 페캉 수도원에서는 베네딕틴이라는 술을 만들었고, 1세기 후에 라 그랑 샤르트뢰즈의 카르투지오 수도사들은 증류한 리큐르에 장수를 위한 묘약이라는 "엘릭서"라는 이름을 붙여 팔았다. 그 사이에 위스키 정제법이 계속 발달했고, 그 누구도 위스키가 어디서 발명되었는지는 정확히 알지 못하지만 중세 초기 아일랜드 수도사들 사이에서는 증류법이 확실히 정립되어 있었다. 아일랜드 수도사들은 나중에 기독교와 함께 술을 스코틀랜드로 가져갔다. 스카

수도원에 저장해놓은 포도주를 시음하고 있는 수도사를 묘사한 14세기의 그림

치위스키를 처음 제조한 것으로 알려진 사람은 존 코(John Cor) 수사인데, 기록에 의하면 그는 1494년에 "아쿠아 비테"(aqua vitae, 생명의 물 혹은 위스키)를 만들기 위해 무려 6.5톤이 넘는 맥아를 구입했다고 한다. 그 정도 양으로 1,000병이 훨씬 넘는 위스키를 만들 수 있다는 점을 고려하면, 그 수도사는 단순히 자신이 소비하기 위해 그 맥아를 다 증류한 것이 아니었을 것이다.

미국에서도 18세기 침례교 목사인 일라이저 크레이그(Elijah Craig) 목사가 버번 위스키를 발명했다. 그는 설교로 소란을 일으켜 감옥에서 지내는 등 평판이 좋지 않은 인물이었다. 그러나 그의 증류소는 켄터키 지방의 "화이트 라이트닝"(white lightning)이라는 술의 맛을 개선하기 위한 필요한 기술을 개발하는 데 선구자적인 역할을 했다고 한다.

그러나 기독교가 술의 세계에 가장 크게 기여한 것은 1662년에 오빌레 수도원의 포도주 제조자인 돔 페리뇽(Dom Perignon)이 최초로 술병의 코르크 마개를 만든 일이라 할 수 있다. 그 과정에서 그는 샴페인을 발명했다. 돔 페리뇽은 샴페인을 처음 맛본 후 눈물을 흘리며 "나는 별을 마시고 있다!"고 외쳤다.

돔, 유리 그리고 천장: 기독교 건축

기독교인들은 장소를 해석했을 뿐만 아니라 때때로 그것을 극적으로 변화시켰다. 교회 건축의 발전은 기독교의 가장 명백하고도 지속적인 공헌이다. 실제로 기독교의 심장부인 일부 지역에는 교회 말고 다른 것이 거의 없어 보이는 마을들이 있다. 그 대표적인 예인 마케도니아의 오크리드에는 비잔틴 문명이 아직도 지속되는 것처럼 보인다. 역사적으로 이곳은 발칸반도의 기독교 주요 중심지로서 기독교 예술이 번창하고 영향력을 끼쳤던 전통이 남아 있다. 오늘날에도 정부 법령에 따라 오크리드의 모든 신축 건물은 교회 건축 양식의 영향을 받은 오래된 비잔틴 양식이어야 한다. 지역의 역사뿐만 아니라 외관으로도 기독교의 영향력을 여실히 확인할 수 있다.

교회는 생각해보면 꽤나 독특한 곳이다. 한편으로는 특정한 기능을 위해 설계된 건물이다. 사람들이 모이는 상황을 전제로 지어졌기 때문에 여러 위험으로부터 그들을 보호하기 위한 벽과 지붕이 필요하고, 다른 건물들과 마찬가지로 문, 창문, 가구가 있어야 한다. 다른 한편으로는 실용적이기보다는 하나님을 찬양하기 위해 지어진 종교적인 건축물이다. 따라서 그 디자인에는 하나님과 그분을 예배하는 방식에 대한 마음이 표현되어야 한다. 즉 교회는 기능적인 건축물이자 예술 작품이다.

이는 우리가 이미 살펴본 것과 동일한 역설이다. 즉 하나님은 숨겨져 있으면서 동시에 계시되었고, 보이지 않으면서도 보이며, 세상 너머와 세상 안에 동시에 거하는 존재라는 기독교 신앙의 핵심이 되는 역설이다. 이제야 우리는 자연계가 아닌 순전히 인간적이고 사회적인 세계에 대해 이야기하고 있다. 지난 장에서 우리는 여러 다른 형태의 예술이 수 세기에 걸쳐 어떻게 기독교 신앙을 표현해왔는지 살펴보았다. 그중에서도 특히 교회 건축의 역사가 중요하다고 할 수 있는데, 이는 교회 건축이 기독교 예술의 목적과 기독교 기능의 목적을 결합하여 기독교인이 하나님을 이해하는 방법의 양면성을 반영하는 이중적인 역할을 하고 있기 때문이다.

기독교는 처음에 공식적으로 금지된 종교였기 때문에 교회 건물이 소박했다. 가장 오래된 교회는 3세기에 지어진 것으로 추정되며 시리아의 두라 에우로포스에 있는데, 이 건물은 교회용으로 개조된 (크다면 큰) 평범한 주택이다.

최초의 중동 교회가 개조된 지 약 1세기 후인 4세기 초에 콘스탄티누스 황제가 기독교인이 되면서 모든 상황이 바뀌었다. 이제 교회는 목적에 맞게 지어져야 했고, 인상 깊은 메시지를 전달해야만 했다. 이 건물들은 과거의 로마 신전 같은 방식으로 지어졌으며 로마 제국의 많은 도시에서 발견되는, 시청과 법원이 하나로 합쳐져 일종의 민사 및 법률 행정 건물로 사용되었던 "바실리카"의 영향을 받았다. 일반적인 구상은 두 가지 기본 디자인을 결합하는 것이었다. 하나는 회중이 한쪽 끝에 위치한 성직자를 마주보며 앉는 바실리카 디자인이다. 또 다른 하나는 모든 사람들이 중심점을 둘러싸고 있는 둥근 건물의 형태다. 기독교 예배는 전례 그리고 성직자와 회중의 행렬을 중심으로 이루어졌기 때문에, 바실리카는 최상의 환경을 제공하기 위해 자연스럽게 긴 형태를 취하게 되었다. 이런 설계에서 교회의 중심부는 신랑(身廊, nave)이며 이곳에 신도들이 앉는다. 로마 교회는 신랑 양쪽에 기둥을 세우는 아이디어를 바실리카에서 얻었는데, 이로 인해 지붕을 지탱하고 더 넓은 공간을 만들 뿐만 아니라 신랑 내부의 구역과 통로를 구분함으로써 신도들의 이동이 한층 용이하게 되었다.

초기부터 기독교인들이 개인 공간에서 모임을 가질 때도 신도가 있던 공간과 성직자들이 있던 공간 사이에 개념적인 구분이 이루어졌던 것으로 보인다. 4세기에 이르러 성직자들이 있던 공간은 제단이 있는 성소가 되었다. 하지만 그것은 건물의 맨 끝자락이 아닌 그 끝자락 **근처**의 후진(後陣, apse, 일반적으로 교회 동쪽 끝에 있는 반원형 공간)이라 불리는 작은 공간에 배치되었는데, 거기에 주교좌(bishop's throne)가 있었다(성당[cathedral]이라는 단어는 "의자"를 가리키는 그리스어 단어에서 유래했다). 다른 성직자들은 후진의 양쪽을 둘러싸고 앉았다. 이렇게 성찬식이 거행되는 제단은 후진의 주교와 신랑의 신도들 **사이** 중간에 놓였다. 이는 하나님이 그들 가운데 하나와 같이 되어서 세상에 들어왔다는, 초기 기독교인들에게 매우 중요한 교리를 극적으로 보여주는 것이었다. 게다가 제단 아래에는 성인의 유골이 묻혀 있는 경우가 많았다. 이렇게 살아 있는 교회와 죽은 교회 한가운데서 거행되는 성찬식은 우리가 첫 장에서 살펴본 것처럼 과거와의 연결 고리를 이어가는 행위였다. 로마의 산타 마리아 마조레 대성당은 오늘날 이 로마네스크-바실리카 양식으로 남아 있는 가장 유명한 교회 중 하나다.

최초로 나라의 후원을 받은 기독교인들은 바실리카 외에도 새 신자에게 세례를 주기 위한 수세소와 성인들에게 헌정된 작은 예배당인 순교자 성당을 지었다. 이 둘은 일반적으로 둥근 모양의 건물이었는데, 이는 초기에 비기독교 신전의 아이디어를 물려받은 것으로서 꼭대기에는 주로 돔이 있었다. 로마 제국의 후기에는 바실리카에도 항상 중앙 꼭대기에 돔을 얹었는데, 이는 반구형 디자인과 하나님이 교회의 삶의 중심에 있다는 의미

"[아야 소피아는] 눈부신 조명과 햇빛으로 가득 차 있다. 당신은 태양이 밖에서 그 공간을 비추는 것이 아니라, 그 공간 안에서 빛이 생성되어 이 교회에 많은 빛이 쏟아지고 있다고 말할 것이다. 기도를 드리기 위해 이 건물에 들어서면 이것이 인간의 힘으로 만든 작품이 아님을 알게 될 것이다. 하늘로 들려 올라가는 영혼은 하나님이 이곳에 가까이 계시며, 그가 이곳을 그의 집으로 택하신 것을 기뻐하심을 깨닫는다."

_ 프로코피우스, *On the Buildings*, 555년경

를 강조하는 데 도움을 주었다. 이런 스타일을 지닌 최초의 교회들은 6세기 초 이탈리아 라벤나에 지어졌으며, 기본적으로 둥근 모양이지만 건축가의 취향에 따라 여러 방향으로 돌출되어 나온 부분이 있었다. 하지만 가장 중요한 것은 돔이었다. 사실 비잔틴 건축가들은 돔에 대한 집착이 있었다. 가장 유명한 것은 530년대에 지어진 콘스탄티노플의 아야 소피아 대성당에 있는 돔이다. 이전에 세워진 것들보다 더 큰 이 돔은 지름이 약 32미터, 높이가 약 50미터에 달했다. 아래에서 경외심을 갖고 올려다보면 마치 거대한 돌덩어리가 기적적으로 머리 위에 가볍고 우아하게 떠 있는 것 같았다. 이는 그 어느 때보다 더 견고하게 엄청난 무게를 지탱해준 혁신적인 천정의 아치 모양과 기둥 설계가 뒷받침되었기 때문에 가능한 일이었다. 물론 이 문제라는 것이 교회 중앙 공간에 네 개의 아치형 구조물을 세우고 윗부분을 돔으로 덮는 단순한 구조로 해결할 수 있는 일이긴 했지만 말이다. 이 놀라운 교회가 지닌 위엄은 이후 수 세기 동안 중동 전역에서 이 디자인을 모방할 정도로 대단했다. 실제로는 이보다 더 했다. 15세기에 콘스탄티노플이 튀르크에 함락되었을 때 동방 정교회의 중심은 키이우에 기반을 둔 신흥 강대국 러시아를 거쳐 모스크바 쪽으로 옮겨갔다. 이 두 도시에는 비잔틴 양식으로 돔을 얹은 새로운 성당이 지어졌다. 실제로 그들은 돔을 더욱 크게 확장하여 모스크바 권력의 중심지인 크렘린궁이 오늘날까지 유지하고 있는 특유의 "양파" 모양을 만들어냈다.

이 스타일은 이슬람 건축에도 영향을 미쳤다. 무슬림들이 동부 지중해와 메소포타미아 지역 대부분을 정복했을 때 그들은 그곳에 원래 있던 많은 교회에 뾰족한 첨탑을 추가해서 이슬람 사원으로 바꾸었다. 미나렛이라고 부르는 이 뾰족한 첨탑은 이슬람 사원의 중요한 일부로서 이곳에서 독실한 신자들을 위해 기도 시간을 알린다. 아야 소피아는 모서리에 미

5세기 초에 세워진 산타 마리아 마조레 대성당의 웅장한 후진. 천장에 있는 화려한 모자이크는 어머니와 함께 영광을 누리는 그리스도의 모습으로서, 1295년 야코포 토리티라는 프란치스코회 수사가 디자인한 것이다.

나렛을 더하고 내부의 모든 기독교 이미지를 제거함으로써 훌륭한 이슬람 사원이 되었다. 특히 터키, 페르시아, 인도에서는 새로운 이슬람 사원이 지어질 때마다 돔을 특징으로 하는 경우가 많았는데, 이것은 기독교 교회의 돔과 한때 튀르크인들이 거주했던 돔 모양의 천막을 결합한 형태였다. 예를 들어 바그다드에는 (그다지 설득력은 없지만) 사담 후세인이 자신의 경건함을 과시하기 위해 지었다는 거대한 사원을 비롯해 아주 오래된 것과 더 최근에 지어진 돔형 사원이 가득하다. 하지만 아마도 이슬람에 이식된 비

아야 소피아의 웅장한 돔. 1453년에 비잔티움 함락 이후 이슬람 사원으로 개조되면서 대부분의 기독교 모자이크 위에 회반죽이 덮이고 아랍어로 쓰인 글로 대체되었다. 이곳은 이제 박물관이 되었고, 오래된 모자이크들이 발굴되어 다시 전시되고 있다.

잔틴 돔의 가장 주목할 만한 예는 인도 아그라에 17세기에 세워진 타지마할일 것이다. 미나렛이 있긴 하지만 타지마할은 사원이 아니라 샤 자한이 사랑하는 아내 아르주망 바누를 위해 지은 무덤이다.

한편 서양에서는 부분적으로 수도원 운동에 의해 영감을 받은 다른 스타일의 교회 건축이 발전했다. 중세 초기의 수도원은 실제로 작은 마을과 같은 형태로, 사람들이 서로 다른 오두막이나 작은 방에서 살면서 교회나 식당 같은 공동 건물을 공유했다. 그러나 나중에는 좀 더 통합된 형태로 변화하여 여러 종류의 방과 구역으로 나뉜 대규모의 단일 건물 단지로 발전했다. 그 지점에서부터 종교 건물을 여러 부분으로 나누어 크고 작은 구역으로 구성된 일종의 요새를 만들 수 있겠다는 아이디어가 생겨났고, 이 발상이 교회와 성당의 디자인에 영향을 미쳤다. 이에 따라 로마식 바실리카 스타일에 탑, 부속 예배당, 아치형 천장 및 지하실들이 더해졌다. 한 가지 공통적인 특징은 교회 본당의 측면 통로(측랑, aisles)를 후진

(apse) 뒤쪽을 포함한 교회 전체로 확장하여 그 누구도 교회 중심부에서 진행되고 있는 예배를 전혀 방해하지 않고 끝까지 걸어 다닐 수 있도록 한 것이었다. 측랑과 계속 이어지는 통로를 주보랑(ambulatory)이라고 부르는데, 이 주보랑과 연결된 곳에는 개별적인 제단과 신도석을 갖춘 다수의 부속 예배당이 있었다. 이 예배당들은 후진에서 방사형으로 뻗어 나와 코로나 또는 왕관으로 알려진 확장 구조를 형성한다. 현재 로마네스크로 알려진 이 건축 양식은 11세기 프랑스 클뤼니의 수도원 교회에 사용되었으며, 높은 기둥과 아치를 지탱해주는 새로운 건축 기술이 도입됨에 따라 한층 더 발전했다. 로마 건축가들이 시선을 교회 **아래로** 향하게 했다면, 중세 건축가들은 교회 **위로** 시선을 이끌었다.

또한 익랑(transept)에 대한 문제도 있었다. 이곳은 전통적으로 본당과 후진(apse) 사이의 성소가 있었던 곳이었지만, 실제로는 양쪽으로 돌출되어 있었다. 그래서 건물의 평면도를 보면 십자가처럼 보였다. 여기에는 분명한 상징성이 있었고, 과거 로마 시대에는 이런 익랑 구조가 흔했다. 그러나 중세 시대에는 후진과 익랑의 두 날개를 같은 크기와 모양으로 만드는 새로운 아이디어가 등장했다(이 경우 후진은 제단[chancel]으로 불리는데, 이는 일을 불필요하고 복잡하게 만든 것이다). 이로 인해 후진과 익랑이 교차하는 교회의 중앙 부분이 정방형이 되었고, 이것은 결국 그 위에 탑을 세울 수 있다는 뜻이었다. 9세기 영국의 앵글로 색슨족은 이 구조를 활용하여 교회 위에 탑을 세워 약탈을 일삼는 바이킹 침입자들을 감시했다. 이것이 기본적으로 십자가 모양에 하늘을 가리키는 탑이 있는 전통적인 유럽 교회 모양의 기원이 되었다. 또한 여기에 성가대를 수용함으로써 필수적인 전례의 기능을 제공했다. 이로 인해 성가대는 성직자와 회중들로부터 분리되었는데 이는 분명히 바람직한 일이었다. 11세기에 이르러 이런 교회 설계는 유럽 전역에서 표준이 되었다.

5장에서 우리는 조화와 질서의 개념이 중세의 정신에 미친 중요한 영향을 살펴볼 것이다. 이것은 교회 디자인에도 반영되었다. 서로 다른 요소들이 여러 종류의 완벽한 비율을 구현하는 조화로운 디자인은 하나님과 세상의 자연 질서 사이의 조화를 반영했다. 하나님은 완벽한 건축가였고, 교회를 설계하는 사람들은 의식적으로 그분을 모방하고 있었다.

샤르트르 대성당의 건물 무게를 지탱하기 위한 아치형 석조 구조물로, 이로 인해 더 많은 창문을 설치해도 벽을 더 얇고 가볍게 만들 수 있다. 공중부벽이라는 이 구조는 그 자체만으로도 주목할 만한 특징이 되는데, 클래식 고딕 건축 양식 특유의 하늘로 높이 치솟은 날렵한 외관을 만드는 데 도움을 준다.

새로운 기술이 발전함에 따라 조화로운 디자인을 구현하는 일이 더 쉬워졌다. 중세 후기와 근대 초기에 로마네스크 양식은 훨씬 날렵하고 우아한 고딕 양식에 그 자리를 내주게 된다. 고딕 건축의 기본 개념은 견고한 석조 구조물을 일종의 격자 구조물로 대체하는 것이다. 예를 들어 천장은 골이 있는 아치형 천장으로 지지되고, 거대한 벽이 모든 것을 지탱하는 대신 공중부벽(flying buttess)이 측면에서 벽을 받쳐준다. 이 기술은 12세기 후반에 전소된 후 다시 재건된 샤르트르 대성당에 적용되었는데, 이 대성당은 공중부벽을 충분히 활용한 최초의 대형 건물이었다. 더 이상 두꺼운 벽과 기둥이 필요하지 않았기 때문에 건물 내부에 훨씬 더 많은 공간을 확보할 수 있었다. 중요한 점은 이로 인해 벽이 감당하는 하중이 줄어 벽에 더 많은 창문을 만들 수 있게 되었다는 것이다.

점점 더 많은 창문이 스테인드글라스로 장식되었다. 이 기술은 9세기 또는 10세기에 개발되었지만 고딕 양식의 출현과 그 결과로 말미암아 더 크고 많은 창문에 본격적으로 적용되기 시작했다. 교회와 성당은 성경의 장면이나 성인들의 삶을 강렬하고 선명한 색상으로 묘사한 거대한 창문 그림으로 뒤덮이게 되었다. 지난 장에서 본 에이콘들과 마찬가지로, 이 창들은 부분적으로 글을 모르는 사람들을 가르치기 위해 만들어졌다. 성경을 읽을 수 없는 사람들은 창문을 통해 성경 이야기를 배우고 기억할 수 있었다. 그러나 스테인드글라스는 햇빛이 비칠 때 온갖 색채로 건물을 가득 채우는 아름다운 작품이기도 했다. 스테인드글라스는 건축물과 함께 아름답고 거룩한 분위기를 조성함으로써 보는 이들을 영적인 세계로 인도했다. 건축가와 예술가들은 하루 중 시간대별로 태양의 위치를 파악하여 그 장소에 적합한 색상이 사용될 수 있도록 창문을 세심하게 디자인하고 배치했다. 그들은 좋은 스테인드글라스의 비결이 창문 자체에 있는 것이 아니라 빛이 교회 내부 전체에 미치는 영향에 있다는 것을 이해했다. 처음으로 빛이 교회 디자인에서 중요한 요소로 부상했다.

생 드니 수도원 성당은 이런 새로운 건축 양식을 보여주는 대표적인 예다. 12세기에 그 수도원의 대부분을 재건한 수도원장 쉬제(Suger)는 재건 과정에 대한 실제적인 설명을 남겼고, 아름다운 예배당이 신도들을 하나님 앞으로 인도하는 데 도움을 줄 것이라고 확신했다. 공교롭게도 쉬제 자신이 아기 예수를 경배하는 모습을 교회 창문에 남겨놓음으로써 불멸의 존재로 남게 되었다. 쉬제가 그다지 다정하고 친절한 사람이 아니었다는 점을 감안하면 이런 행동은 꽤나 모순적이다. 그는 1129년에 아르장퇴유의 수녀원을 성공적으로 장악하고 모든 수녀를 내쫓았다. 그런데 이 수녀 중에 저명한 철학자, 신학자, 찬송가 작가이자 논란 많은 유명 인사인 피에르 아벨라르(Peter Abelard)의 전 애인 엘로이즈(Heloise)가 포함되어 있었기 때문에 이 사건이 유명해졌다. 다행히도 아벨라르는 당시 사용하지 않는 빈 수도원을 소유하고 있었기 때문에 수녀들을 그곳에 살게 했다. 분기탱천한 그녀의 친척들이 그를 공격하여 거세시키는 바람에 둘 사이의 로맨스는 이미 수년 전에 끝이 났음에도 불구하고 그가 수녀들을 지극정성으로 잘 돌본다는 소식이 무성하게 퍼져나갔다.

그 뒤로 교회의 건축 양식은 더욱 다양해졌다. 마르틴 루터, 장 칼뱅 등이 벌인 종교 운동은 중세 가톨릭교회의 정교한 미신으로 여겨지던 관습을 없애고자 하는 개신교 교회를 탄생시켰다. 따라서 그런 교회들은 소박하고 꾸밈을 절제하는 경향이 있었다. 이에 따라 중세에 발달했던 많은 부속 예배당과 칸막이벽을 없애고 교회를 하나의 큰 공간으로 만들었는데, 이는 성직자와 일반인 사이에 근본적인 차이가 없으므로 모두 같은 공간을 사용해야 한다는 믿음을 반영한 결과다. 오늘날에도 많은 개신교 전통이 이와 같은 방식을 유지하고 있기 때문에 침례교나 연합 개혁 교회는 대부분 강당이나 강의실 같은 기본 구조를 갖춘 하나의 큰 공간으로 구성되어 있다.

이 모든 것이 교회 건축의 아름다움과 신비를 표현하는 데 부족하다고 느낀 가톨릭 신자들은 화려한 석조 조각들로 뒤덮인 정교한 교회를 건

"때때로 하나님의 집의 아름다움과 그 보석들이 지닌 다채로운 사랑스러움이 외부의 걱정 근심으로부터 멀어지게 하고, 물질적인 것에서 비물질적인 것으로 눈을 돌려 거룩한 미덕의 다양성을 살펴보는 가치 있는 명상으로 나를 이끌 때, 나는 내 자신이 완전히 세상의 암흑 속에 있는 것도 아니고 천국의 순결함 속에 있는 것도 아닌 우리가 사는 이 세상 너머의 어떤 곳에 존재하는 것 같기만 하다."

_ 생 드니의 쉬제, *On What Was Done in His Administration 32*

수도원장 쉬제가 최초에 디자인한 생 드니 대성당의 스테인드글라스. 나중에 거의 모든 프랑스 왕들이 이곳에 묻힌다. 눈부신 색채의 창문들은 성경에 나오는 장면들을 묘사하고 있다.

축함으로써 이에 대응했다. 바로크 양식은 고딕 시대의 스테인드글라스와 비슷한 역할을 수행하면서 기독교 신앙과 이야기를 시각적인 형태로 표현했다. 교회는 이런 식으로 단순히 예배를 위한 장소를 넘어 그 자체로 예배에 사용되었다. 동시에 건축가들은 점점 대담하게 과거의 스타일을 결합했다. 가장 유명한 예는 1666년에 불타버린 오래된 대성당을 대체하기 위해 지어진 런던의 세인트 폴 대성당일 것이다. 크리스토퍼 렌(Christopher Wren) 경은 거대한 돔을 꼭대기에 얹은 대담한 디자인을 선보였는데 이것은 당시 로마에 있는 성 베드로 대성당과 매우 흡사했다. 하지만 가톨릭 성

세인트 폴 대성당. 단일 건축가가 설계한 런던 유일의 대성당으로서 도시 위에 거대한 배처럼 우뚝 솟아 있다.

당과 유사한 예배당을 원하는 성공회 신자는 아무도 없었기 때문에 이 설계는 당시 극심한 논란을 빚었다. 그럼에도 불구하고 렌은 자신이 원하는 방식으로 대성당을 건축하는 데 성공했고, 그 결과 오늘날 세인트 폴 대성당의 돔은 초기 기독교 건축에 영향을 미친 직사각형과 원형의 영리한 조합을 선보이며 여전히 런던의 스카이라인 위에 우뚝 솟아 있다.

비록 중세 시대에 사용되었던 기법 중 일부는 사라졌지만 스테인드글라스가 다시 유행하게 되었다. 스테인드글라스에 그려진 이미지는 아름다운 분위기를 조성하기보다는 사물을 정확하게 묘사하는 데 중점을 두는 경향이 있었으며, 유리에 색을 입히기보다는 유리 위에 칠을 하는 경우가 많았다. 이 양식은 교회 밖으로 퍼져나갔고, 18세기 무렵에는 귀족들의 집과 다른 건물에 스테인드글라스를 설치하는 것이 유행이 되었다. 다행히도 19세기에는 스테인드글라스의 혁신을 통해 중세 양식의 아름다움이 재발견되었다. 존 라파지(John LaFarge)와 루이 컴포트 티파니(Louis Comfort Tiffany)라는 두 미국인이 19세기에 불투명 유색 유리를 발명했고, 이로 인해 20세기 초에 그 유명한 티파니 램프와 아르누보 스타일의 아름다운 예술품들이 탄생했다.

절제된 아르누보의 정교함과 그 스타일의 전형을 보여주는 티파니 램프

때때로 교회는 예기치 않게 흥미로운 발상을 표현할 기회를 얻는다. 런던에 있는 로마 가톨릭 웨스트민스터 대성당이 좋은 예다. 이 성당은 영국에서 가톨릭의 성직 위계 체계가 재확립된 지 몇십 년이 지난 1895년에 착공되었는데, 교회와 하나님의 영광을 멋들어지게 표현하려는 의도를 바탕으로 영국이나 가톨릭 국가에서 흔히 볼 수 있는 형식이 아닌 초기 비잔틴 교회와 비슷한 이국적인 스타일로 설계되었다. 실제로 건축가인 존 프랜시스 벤틀리(John Francis Bentley)는 이 교회를 설계할 때 동부 지중해 지역을 여행하며 본 동방 정교회 양식에서 영감을 얻었다고 한다. 외부는 붉은 벽돌 탑과 돔으로, 내부는 모자이크와 구슬로 화려하게 장식된 이 성당은 베네치아에 있는 산마르코 대성당에 버금가는 눈부신 자태를 드러냈다. 안타깝게도 너무 야심찬 설계였기 때문에 장식을 완성할 자금이 충분하지 않아서 내부가 완공되기까지 수십 년, 심지어 수백 년이 걸릴 것으로 예상되었다.

그런데 현재 성당의 내부 광경은 좀 특이하다. 벽의 아래쪽 절반은 100가지가 넘는 다양한 종류의 대리석과 모자이크로 화려하게 장식되어 있지만, 위쪽 절반은 검은색의 맨 벽돌로 남아 있다. 새로운 미술품이 설치되는 등 실내 장식을 위한 계획이 지속적으로 진행되고 있으므로 언젠가는 대성당이 완성될 것이다. 그러면 의심의 여지 없이 세계에서 가장 눈부신 교회 인테리어 중 하나가 될 것이다. 하지만 있는 그대로 놔둬야 한다고 말하는 사람도 많다. 낮에는 벽 아래쪽의 풍요와 위쪽의 빈곤이 대조를 이루면서 그리스도의 신성과 인성 또는 물질적 부에 대한 빈곤의 가치를 암시하는 상징적인 광경을 볼 수 있다. 밤이 되면 아래쪽은 금과 다른 장식에서 반사되는 수십 개의 조명으로 마치 보물 창고처럼 빛나지만, 위쪽은 어둠 속에 묻혀 그 빛마저 가린다. 이것은 눈으로 볼 수 있는 하나님과 숨겨진 하나님에 대한 심오한 신학적 진술처럼 보인다. 대성당의 이런 모습은 우리가 계시된 하나님의 풍요로움과 부요함을 쉽게 알 수 있다 하더라도 그 너머에 "무지의 구름"이 드리운 어둠 속에서만 만날 수 있는 숨겨진 하나님이 있다는 사실을 가르치는 듯하다. 그러나 이 모든 것은 결코 이렇게 보이도록 의도된 것이 아니었으며, 아마도 몇십 년 후에는 상당히 다른 모습을 선보이게 될 것이다!

언덕 위의 도시: 산 위의 수도원과 암벽 위의 성채

교회 설계와 건축은 별개가 아니라 하나의 일이다. 하지만 건축가라면 누구나 좋은 건물은 주변 환경을 염두에 두고 설계되어야 한다고 말할 것이다. 건축가는 자신이 설계하는 교회 건물이 주변의 다른 건물과 함께 기존 경관의 일부로서 어떻게 보일지를 고려해야 한다. 앞서 상징이자 하나님을 드러내는 세상의 일부로서 경관이 갖는 중요성에 대해 논한 것을 생각해보면, 이는 교회의 경우에 더 특별한 의미를 갖는다.

세계에서 가장 멋진 교회로 꼽히는 건물 중 일부는 극적인 장소와 환경을 잘 활용했다. 인간은 자연적으로 아름답거나 놀라움을 자아내는 장소에 특별한 의미를 부여하고 그곳에 무언가 중요한 것을 짓고 싶어 하는 경향이 있기 때문에 그것은 당연한 일이다. 하지만 그 이상의 의미가 있다. 만약 그 장소가 상징적인 가치를 지녔다면, 즉 세상이 신화의 언어로 쓰인 책이며 그곳에서 하나님을 만날 수 있다면, 역으로 교회라는 인간 사회가 하나님이 일하시는 장소이며 교회 건물이 어떤 식으로든 특별하다면, 교회와 장소가 서로를 보완할 수 있다는 것이 얼마나 잘 어울리는 일인가?

이것은 그리 거창할 필요도 없다. 뉴질랜드의 선한 목자 교회가 여기에 들어맞는 아주 좋은 예다. 이 작은 성공회 교회는 1931년 남알프스 산맥 중심부에 있는 테카포 호숫가에 세워졌다. 놀랍도록 푸른 호수는 눈 덮인 산으로 둘러싸여 있으며, 날씨가 맑으면 누구나 교회 옆에 서서 뉴질랜드에서 가장 높은 쿡산(Mount Cook)을 바라볼 수 있다. 세계에서 가장 높은 산은 아니지만 장관을 이루는 봉우리는 마치 에베레스트처럼 보인다. 이 교회의 놀라운 점은 제단 비로 뒤에 큰 창문이 있다는 것인데, 전통적인 교회 건축에서는 전례가 없는 디자인이다. 작은 규모의 회중들은 성직자를 마주 봄과 동시에 그들 너머에 있는 호수와 산을 보며 경외감을 느낄 수 있다. 그것은 그 경치가 지닌 종교적 가치와 더불어 그 안에 있는 교회와 하나님의 사람들에 대한 단순하지만 웅변적인 진술이라 할 수 있다.

기독교인들이 경관과 훨씬 더 멋진 공생을 이룬 지역도 있다. 그리스의 메테오라 지역이 유명한 예다. 이곳의 중세 수도사들은 성 안토니우스를 본받아 사막으로 **나가기**보다는 산을 **오름**으로써 세상에서 벗어나기로 결정했다. 메테오라는 핀두스 산맥이 테살리아의 평원으로 바뀌는 특별한 지역에 위치한다. 여기에는 거대한 암벽이 평원 가운데 높이 치솟아 있다. 수도사들은 이 꼭대기에 수도원을 세웠다. 그것은 놀라운 결정이었다. 그렇게 함으로써 그들은 아주 성공적으로 세상 밖으로 탈출했다. 일부 수도

전망이 좋은 장소-그리스 메테오라에 있는 루사누 수도원. 14세기에는 이곳에 은둔자가 살았으나, 모든 것에서부터 벗어나고 싶었던 요아사프와 막시모스 두 형제가 1545년에 수도원을 세웠다. 현재는 수녀원이 되었으며, 메테오라 기준에서 볼 때 접근이 상당히 용이한 편이다. 이곳에 들어가기 위해서는 인근의 험준한 바위 위에 놓인 좁은 다리를 건너야 한다.

원은 계단이 없어서 오랫동안 가파른 바위를 타고 올라야 겨우 도달할 수 있었다. 이보다 더 접근하기 어려운 수도원은 필요한 물건들을 밧줄로 끌어올리거나, 그물을 이용해 사람이 아래로 내려가 암벽 주위의 땅을 경작해야 했다. 다른 한편으로 그 수도원들은 지상에서 매우 잘 보였다. 마태복음 5:14에 따르면 예수는 "너희는 세상의 빛이라. 산 위에 있는 동네가 숨겨지지 못할 것이요"라고 말했다. 다시 말해 기독교인은 주변인들에게 어떻게 살아야 하는지에 대한 모범을 보여야 한다. 메테오라의 수도사들은 그 가르침을 문자 그대로 받아들였다. 숨기려 해도 그들은 수도원의 존재를 숨길 수 없었다. 오늘날에는 네 곳에만 수도사들이 살고 있지만, 각 수도원은 여전히 환상적이고 아름다운 그곳에 남아 있다.

이보다는 덜 유명하지만 놀라운 자연경관을 잘 활용한 교회가 에티오피아에 있다. 에티오피아가 세계에서 가장 오래되고 자랑스러운 기독교 전통을 보유한 나라라는 사실에 놀라는 사람이 많을지도 모른다. 일반적으로 비교적 최근 들어 서양 선교사들에 의해 아프리카에 기독교가 전해졌다고 생각하는 경우가 많다. 물론 그 선교사들의 역할도 중요했지만 아프리카에는 이미 오래전부터 기독교 전통이 번성하고 있었다. 4세기에 에티오피아에 난파된 프루멘티우스라는 사람에 의해 그곳에 복음이 전해졌다. 그는 자신에게 닥친 불운에 낙심하지 않고 불시착한 낯선 산악 지대에서 성공적인 새 삶을 시작하여 결국 왕의 서기가 되었다. 에티오피아는 당시 이미 강한 유대교 전통을 갖고 있었고, 왕실 가족들은 솔로몬과 시바 여왕의 후손이라고 전해진다. 따라서 프루멘티우스는 그곳이 기독교 선교를 위한 유망한 장소라고 생각했고, 나중에 로마 제국의 일부이자 기독교 국가인 이집트로 가서 에티오피아에 선교사를 보내달라고 요청했다. 그는 정식으로 에티오피아의 첫 주교가 되어 에티오피아로 돌아왔다.

에티오피아인들은 외부에서 기독교를 받아들였지만 곧 기독교를 자신들의 것으로 만들었다. 그 후 몇 세기 동안 이슬람이 북아프리카에 전해졌고 그 일대를 완전히 휩쓸었다. 이집트 같은 나라의 기독교 인구는 줄어들었다. 그러나 에티오피아의 산악 지대에 있던 사람들은 굳건히 버텼고 그로 인해 에티오피아는 이슬람의 바다에서 기독교의 섬이 되어 살아남았다. 에티오피아 교회는 오래된 이집트의 옛 모교회를 제외하고는 다른 곳의 기독교인들과 거의 단절된 상태였다. 에티오피아 교회의 수장인 아부나(Abuna)는 항상 이집트에서 파견되었는데, 이런 상황은 1955년까지 지속되었다. 그러나 에티오피아인들은 종교 예술과 전례에서 강력하고 독자적인 전통을 발전시켰다. 특히 교회와 수도원의 모습이 눈에 띄었다. 에티오피아 교회는 중동이나 주변 지역의 교회와 마찬가지로 매우 강한 수도원 전통을 이어오고 있었다. 이 중 대부분은 서부 산악 지대에서 발전되었다. 유럽이 중세를 거치는 동안 에티오피아인들은 무슬림의 공격에서 자신들을 방어하기 위해 청나일강(the Blue Nile)의 발원지인 대고원으로 후퇴했다. 수도 악숨은 동쪽에 있어서 홍해로부터 다가오는 공격에 더 많이 노출되어 있었기 때문에, 그들은 수도의 대부분을 포기할 수밖에 없었다.

12세기 에티오피아의 랄리벨라 왕은 산악 지대에 새로운 왕조를 세워 통치했는데, 그가 솔로몬의 후손이 아니라는 사실은 항상 논란이 되었다. 따라서 랄리벨라는 자랑스러운 에티오피아 기독교 전통의 합법적인 수호자로서 자격을 갖추려는 목적으로 엄청난 건축 프로젝트를 명령했다. 그 프로젝트는 새로운 수도인 로하에 있는 바위를 직접 깎아서 교회를 만드는 것이었다. 이 교회들은 세계 8대 불가사의로 불릴 만큼 아프리카의 유명한 관광 명소 중 하나다. 랄리벨라의 석공들은 산악 고원 지대의 암석을 파서 커다란 우물이나 뜰을 만든 다음 그것들을 교회 둘레에 배치했다. 이

에티오피아 랄리벨라에 위치한 성 게오르기오스 교회. 이 교회는 고원의 바위로 깎아 만든 지 거의 800년이 지났지만, 여전히 사용되고 있다.

뜰의 벽에서 돌출되어 나와 있는 교회도 있고, 중앙에 독립적으로 서 있는 교회도 있다. 이 중 가장 유명한 것은 완벽한 십자가 모양의 지붕이 주변 땅과 거의 수평을 이루고 있는 성 게오르기오스 교회다. 이 교회에 들어가려면 사방이 바위로 된 교회를 둘러싸고 있는 우물같이 생긴 안뜰로 내려가야 한다.

랄리벨라 왕은 로하를 새 예루살렘으로 여겼다. 교회 근처를 흐르는 강 이름도 요단강이라고 한다. 그는 장소와 환경을 잘 선택했다. 그 마을 자체는 사실상 아무것도 남지 않을 정도로 쇠퇴했지만, 바위 교회는 본질적으로 파괴되지 않음을 증명하는 것처럼 여전히 그곳에 서 있다. 이 교회는 처음에 이 교회를 구상한 사람의 이름을 따서 랄리벨라로 불린다.

> **"왕이 된 그는 하나님을 기쁘게 할 일들을 묵상하고, 가난하고 궁핍한 사람들에게 많은 선물을 주었다. 하나님이 그가 지닌 사랑의 힘을 보시고 그분의 천사가 꿈에 나타나서, 열 개의 여러 다른 교회를 함께 짓는 방법을 보여주셨다. 그는 하나님이 보여주신 그대로 했고, 이 교회들의 건축을 마치자 자기 형의 아들이 그의 왕국을 물려받게 했다. 교회들을 건축한 랄리벨라에게 경의를 표한다."**
>
> _ Sanê, *The Ethiopic Synaxarium 12*

4장

교육, 교육, 교육

우리는 첫 장에서 기독교가 항상 글과 밀접한 관계를 맺어왔음을 살펴보았다. 그 이유는 부분적으로 모든 전통의 기독교인들이 항상 성경을 신앙의 가장 중요한 권위로 간주해왔기 때문이다. 그들 모두가 성경을 오류가 없는 책이나 문자 그대로 하나님의 말씀으로 여기지 않더라도, 여전히 사상과 이미지 관점에서 받아들인다. 물론 성경은 기록된 텍스트다. 그렇다고 해서 당신이 그것을 직접 읽어야 한다는 말은 아니다. 성경은 항상 한 사람이 읽고 다른 사람들이 듣는 방식으로 사용되어왔고, 이렇게 전례에 쓰이는 것이 성경의 주요 용도 중 하나였기 때문이다. 그리고 책이 귀해 손으로 일일이 내용을 베껴야 했던 고대 사람들은 책을 외우기도 했다. 기독교인들이 성경 전체를 외우는 것은 전혀 드문 일이 아니었다. 4세기 말에 콘스탄티노플의 유명한 주교였던 요한네스 크리소스토모스는 산속 동굴에서 성경을 암송하며 2년을 보냈다. 그러다가 건강이 상하긴 했지만, 그의 설교는 언제나 매우 훌륭했기 때문에 그는 "황금으로 된 입"(golden-mouthed)이라는 뜻의 "크리소스토모스"라는 이름을 얻었다.

4세기 후반 콘스탄티노플의 총대주교였던 성 요한네스 크리소스토모스의 에이콘. 실제로 요한네스는 훌륭한 설교로 칭송을 받아 "황금으로 된 입"이라는 별명으로 불렸으며, 키가 작고 마른 체구에다가 넓은 이마, 작은 눈, 제멋대로 자란 이상한 턱수염을 갖고 있었지만 꽤 준수한 외모였다고 한다. 이 에이콘은 7세기 또는 8세기에 고대 누비아 지역 노바티아 왕국의 수도인 파라스에서 그려진 것이다.

이런 대단한 일은 고대에만 있었던 게 아니다. 17세기에 살았던 영국의 유니테리언 존 비들(John Biddle)은 영어와 그리스어로 신약성경 거의 전부를 암기했다. 성경에 대한 놀라운 이해력을 갖추고 있었지만, 그는 안타깝게도 삼위일체 교리를 성경에서 발견할 수 없다는 이유로 그 교리가 사실이 아니라는 결론을 내린다. 당시에는 정통 수호에 대한 성공회의 의지가 더 엄격했기 때문에, 그는 인생의 대부분을 감옥에서 보냈다. 불완전한 지식은 위험을 불러오는 법이다.

놀랍게도 긴 글을 암기하는 것은 그다지 어려운 일이 아니며, 요즘엔 그렇게 외울 일이 전혀 없을 뿐이다. 모든 사람이 이런 기억력을 갖고 있는 것도 아니고, 상당한 분량의 경전을 다루는 종교에서는 읽고 쓰는 것뿐만 아니라 교육도 중시해야 한다. 신약성경의 사도행전을 보면, 사도 빌립은 우연히 구약성경을 읽고 있는 에티오피아 관리를 만나게 된다. 빌립이 그 관리에게 읽고 있는 것을 이해했냐고 묻자 그는 "지도해주는 사람이 없으니 어찌 깨달을 수 있느냐?"라고 답한다. 이것은 기독교에서 항상 중요하게 여겨진 원칙이었다. 그리고 기독교는 언제나 성경뿐만 아니라 지금까지 이 땅에 살았던 주석자, 신학자, 설교자 및 많은 사람이 남긴 방대한 글을 중심으로 발전해왔다. 예를 들어 중세 서구의 기독교인들은 성경뿐만 아니라 가장 위대한 기독교 작가로 꼽히는 아우구스티누스의 작품을 묵상했고, 그의 사상은 사람들이 성경과 다른 작품들을 이해하는 방식에도 영향을 미쳤다. 동방 정교회는 항상 전통을 강조해왔으며, 그 전통에서는 가장 먼저 성경을, 그다음으로 과거의 위대한 작가들을 중요하게 여겼다. 적어도 5세기 이후 동방 기독교 교회의 구성원들은 항상 "교부"들의 종교에 충실하려고 노력해왔다.

암흑기를 밝히다

이 모든 것은 책, 교육, 학문과 연관되며, 역사적으로 기독교인들은 이 세 가지를 모두 확보하기 위해 많은 노력을 기울여왔다. 이는 특히 학문의 기회를 쉽게 얻을 수 없을 때 대두되는 문제다. 예를 들어 5세기 로마 제국의 멸망과 10세기 또는 11세기경 "고" 중세 시대("high" Middle Ages)의 시작 사이의 기간을 다소 부정적인 뉘앙스를 담아 "암흑기"라고 일컫는데 물론 정치적·영적으로 큰 혼란이 있었던 시기였지만 언제나 그렇듯이 학문을 연구하는 사람들이 있었다. 그리고 그 학문을 발전시키고 중세와 그 이후 위대한 교육적 기반을 마련하는 데 중심적인 역할을 한 것은 바로 기독교였다.

잉글랜드 북부를 거의 혼자서 교육해낸 베네딕토 비스코프(Benedict Biscop)를 생각해보자. 베네딕토 16세는 불화와 반목 속에 살던 서로 다른 나라들이 한 국가로 통합되기 전인 7세기의 가장 강력한 앵글로 색슨 왕국 중 하나인 노섬브리아(Northumbria) 출신의 귀족이었다. 그는 왕궁 내의 직위를 포기하고 수도자의 삶을 선택했지만, 진정한 종교는 그 역사적 뿌리와 연결되어 있을 때만 번성할 수 있음을 깨달았다. 그는 여러 번 로마를 여행했는데 이것은 암흑기의 매우 중대한 과업이었고, 그때마다 유물, 예술품을 비롯해 무엇보다도 가장 중요한 책들을 가득 싣고 돌아왔다. 이를 바탕으로 그는 위어마우스(Wearmouth)와 자로우(Jarrow)에 큰 수도원을 설립했다. 임종을 앞두고 베네딕토는 자신이 오랜 세월 공들여 구축한 도서관을 분리하지 말아 달라는 유언을 남겼다. 후임자는 그 유언을 존중했을 뿐만 아니라 장서를 두 배로 늘렸다. 암흑기의 수도사와 학자들에게 책은 분명히 매우 소중한 자산이었고, 그들은 책 자체를 아름다운 것으로 만들어 보여주기 위해 애썼다. 여백에 그림이나 무늬를 넣고 글자 자체까지 꾸미는 "채색 필사"(illumination) 전통이 생겨났다. 이런 관습은 고대 이집트나 그리스도가 태어나기 직전 로마에서 행해졌던 것이지만, 기독교인들은 그 기법을 자신들의 고유한 것으로 만들었다. 서구에서 눈에 띄는 강렬한 색상을 사용하여 정교한 무늬로 책을 엮은 채색 필사본의 선구자는 아일랜드 사람이었다. 여기에 해당하는 가장 유명한 예는 『켈스의 서』(the Book of Kells)일 것이다. 전통에 따르면 이 책들은 위대한 선교사 콜롬바가 만든 것인데, 그는 기독교를 (위스키와 함께) 지금의 스코틀랜드로 가져왔고 (알려

『켈스의 서』에 포함된 마가복음의 첫 장

진 바로는) 네스호에 살고 있는 괴물을 기도와 십자가 성호로 진정시킨 인물이다.

콜롬바와 같은 선교사들은 기독교와 함께 이런 전통을 전파했고, 아일랜드의 채색 관습은 (콜롬바와 이름이 비슷하지만 다른 인물인) 콜롬반 같은 다른 사람들을 통해 유럽 대륙으로 확산되었다. 다소 무시무시한 인물이었던 그는 프랑스와 이탈리아를 여행하며 수도원을 설립했고, 가는 곳마다 혼란을 일으켰는데, 이 시기 아일랜드 기독교는 교리는 아니더라도 분위기 면에서 주류 가톨릭과 조금 달랐기 때문이다. 과거 수 세기 동안 로마인들은 켈트족을 보고 전쟁에 대비해 얼굴과 몸에 물감을 칠한, 거대한 체구의 털이 많은 사람들이라고 생각하고 두려워했는데, 이 시기에도 상황은 별로 달라지지 않았다. 콜롬반과 그의 수도사들은 건장한 체구에, 중세 초기의 이교도 사제들처럼 앞머리를 면도하고 머리 뒷부분을 길게 길렀다. 그들은 수도사나 지역의 왕들이 터무니없는 말을 하는 것을 전혀 용납하지 않았다. 콜롬반이 세운 수도원 규칙은 매우 가혹하기로 유명했는데, 예를 들어 수저 위에 십자가 성호를 긋는 것을 잊거나 저녁 식사 중에 말하는 사람은 채찍을 여섯 대나 맞아야 했다. 그러나 그의 수도원은 아일랜드의 채색과 글자 예술 전통을 계속 이어갔고, 이 전통을 유럽 대륙에서 새롭게 발견한 전통과 접목시켰다. 그들은 아마도 콜롬반과 그의 채찍을 두려워하며 온전한 침묵 속에서 이 일을 수행했을 것이다.

수도사들이 새로운 작품을 개발하고 제작하는 예술 전통을 연구하면서, 수도원은 부분적으로 예술 아카데미와 스튜디오로 변모했다. 각 수도원에는 책을 복사하고 새로운 필사본을 제작하는 **필사실**(*scriptorium*)이라는 공간이 있었다. 그 결과 수도원은 사람들이 정성껏 복사된 책을 읽고 논평하며 자기 생각을 또 다른 책에 기록하는 학문의 중심지가 되었다. 동시에 수도사들은 학문이란 단순히 책을 끝없이 필사하는 일에서 더 나아가 사람들을 훈련시키는 것임을 인식하게 되었다. 그렇게 수도원은 학교가 되었다. 당시 학교는 대부분의 유럽에서 유일한 학문의 중심지였다. 그리고 불굴의 책 수집가인 베네딕토 비스코프는 도서관을 세운 것보다 일곱 살짜리 소년을 자신의 수도원에서 재우고 먹이면서 교육했던 사실로 더 기억되고 있다. 그 소년은 자라서 동년배 중에서 가장 학식이 높은 가경자(可敬者) 비드가 되었다. 비드는 베네딕토 비스코프의 도서관에서 여러 책을 숙고하면서 평생을 보냈고, 라틴어로 좋은 글을 쓰는 방법에서부터 날짜 계산법에 이르기까지 다양한 주제에 대해 놀랍도록 많은 저술을 남겼다. 비드는 그리스도의 탄생 연도를 기점으로 햇수를 세는 현대적인 날짜 계산법을 발명하지는 않았지만 이 체계를 대중화시키기 위해 많은 노력을 기울였다.

가경자 비드가 자신의 방대한 저서 가운데 하나를 집필하고 있다. 이 그림의 출처는 12세기 후반에 제작된 채색 필사본이다.

비드는 당대에 성경 주석으로 가장 유명했지만 그 후에는 역사에 대한 연구로 인해 "가경자"라는 별명을 얻었다. 그의 유명한 저서인 『영국 교회사』(*Church History of the English*)는 영국 역사에 관한 최초의 책일 뿐만 아니라 "영국인"을 하나의 집단으로 언급한 최초의 저술이었다. 당시까지만 해도 앵글로 색슨족은 비드가 살던 노섬브리아를 비롯한 여러 소왕국으로 나뉘어 있었는데, 전쟁을 벌여 한 왕국이 다른 왕국을 정복하는 경우를 제외하고는 모두 완전히 자치적으로 운영되었다. 비드는 이런 차이점을 넘어 그가 명명한 "앵글족"이 더 깊은 통합을 이루기를 원했다. 당시 사람들은 자신을 "색슨족"으로 생각했기 때문에, 비드가 "영국다움"이란 개념을 고안해냈을 뿐만 아니라 그 나라가 자칫 "색슨의 땅"이라는 우스운 이름으로 불리는 사태를 막았다고 말할 수 있다.

고대의 불꽃

비드 같은 사람들은 어떤 것을 가르치고 있었을까? 한편으로는 기독교의 교리를 가르쳤지만 그보다 훨씬 더 많은 것들이 있었다. 초기에 기독교는 오래된 고전 학문, 과학, 철학과 밀접하게 얽혀 있었기 때문에 이를 분리해내는 것이 불가능했다. 그 과정은 다소 복잡했다. 초기 교회는 비기독교 철학과 다소 모호한 관계를 맺고 있었는데, 이는 고대의 철학이 오늘날의 비교적 좁은 학문 분야와는 달리 매우 광범위한 주제를 다루고 있었기 때문이다. 철학은 지금 우리가 과학이라고 생각하는 것뿐만 아니라 윤리와 종교도 다뤘고, 철학자들은 하나님과 그분을 발견하는 방법에 대해 말했다. 우리는 플라톤과 플로티노스에 대해 살펴보았고, 아름다움에 대한 관조를 통해 하나님을 찾을 수 있다는 개념을 이미 알아보았다. 한편 스토아 학파 철학자들은 오직 덕을 추구하는 삶을 살 때 진정한 행복을 찾을 수 있다고 주장하면서 다소 엄격한 도덕을 가르쳤다. 사색에 전념하면서 학자라기보다는 수도사에 가까운 삶을 사는 철학자들이 많았다. 예를 들어 플라톤 아카데미는 단순한 교육 기관이 아니라 대학과 수도원을 절충한 기관으로서, 불멸의 아름다움과 선(Goodness)을 찾는 곳이었다.

또 다른 그룹인 에피쿠로스주의자들은 행복이 덕이 아닌 쾌락에 있다고 믿었고, 최고의 쾌락은 잔디밭에 앉아 건강에 좋은 음식을 먹고 철학에 대해 토론하는 것 같은 가장 단순한 즐거움이라고 주장했다. 그들은 학교를 "정원"(the Garden)이라고 부르고 그곳에서 건강하고 소박한, 고대의 "선한 삶"(Good Life)을 찾기 위해 노력했다.

분명히 기독교인들은 철학자들과 동일한 관심사를 가지고 있었고, 일부 기독교인들은 철학자들을 잠재적인 위협으로 여겼다. 예를 들어 위대한 신학자 테르툴리아누스는 3세기 초에 "아테네가 예루살렘과 무슨 상관이 있는가? 아카데미가 교회와 무슨 상관이 있는가?"라는 질문을 던짐으로써, 실제로 선한 삶을 살며 하나님을 알고 있는 기독교인들과 비교했을

"에피쿠로스는 그의 정원에서 일생을 보냈다. 거기서 그는 공부하고 운동을 하면서 자신의 철학을 가르쳤다. 그리고 실제로 다른 어떤 종류의 주거 형태도 그가 주된 목적으로 삼았던 마음의 평온과 육체의 무통(無痛)에 그렇게 많이 기여하는 것 같지는 않다. 공기의 달콤함, 후각의 유쾌함, 식물의 푸르름, 음식의 청결함과 가벼움, 일하고 걷는 운동, 무엇보다도 근심과 걱정에서 자유로워짐으로써 명상과 건강, 감각과 상상력의 즐거움, 그에 따른 몸과 마음의 고요함과 평안함에 도움을 주는 것처럼 보인다."

_ 윌리엄 템플 경, *Upon the Gardens of Epicurus*, 1685년

때 철학자들은 단순한 말장난꾼에 불과하다고 비난했다. 하지만 기독교인들이 비기독교인들로부터 배울 것이 많다는 점을 인식한 사람들도 적지 않았다. 4세기 신학자이자 현재 튀르키예 지역 출신의 신비주의자인 니사의 그레고리오스는 출애굽기의 비유를 사용했다. 모세가 이스라엘 자손을 이끌고 이집트에서 나올 때 가능한 한 모든 보물을 가져갔기 때문에 결과적으로 그들은 이집트 사람들을 약탈한 셈이 되었다. 기독교인들은 동일한 방식으로 비기독교적인 학문을 탐색하고 좋은 부분을 모두 가져와 기독교화할 수 있다. 예를 들어 그레고리오스에게 중요한 교리는 하나님이 육체를 갖고 있지 않다는 것인데, 이 교리는 성경이 아닌 플라톤 철학에서 따온 것이다. 그러나 동시에 그는 완전히 기독교적인 방식으로 자신의 생각을 정리하여 그의 하나님이라는 존재가 플라톤 철학자들이 말한 신비로운 사색의 추상적이고 숭고한 목표일 뿐만 아니라 예수 그리스도 안에서 세상에 보여준 사랑의 창조주라고 밝혔다.

로마 제국이 기독교화된 다음 비기독교적인 학문들은 점점 더 의심을 받게 되었다. 이 움직임은 529년에 황제 유스티니아누스 1세가 아테네의 플라톤 아카데미를 포함한 모든 철학 학교들을 폐쇄하면서 절정에 이르렀다. 그는 학문을 싫어해서가 아니라 그 학교들이 이교도적이라는 이유로 폐쇄 명령을 내렸다. 유스티니아누스 1세는 기독교의 원칙이 삶 전체를 지배해야 한다고 믿었고, 이를 보장하기 위해 일련의 강력한 법을 제정했다. 천 년이 넘는 기간 동안 기독교 세계에 명시적이고 배타적으로 기독교적이지 않은 교육은 존재하지 않았다. 하지만 그렇다고 해서 학문이 사라지거나 고대 철학자들의 천재성이 무분별한 독단주의에 의해 약화된 것은 아니었다. 이와 반대로 고대의 전통은 건재했다. 그들은 단순히 기독교인이 되었을 뿐이다. 그리고 그 기독교인들은 니사의 그레고리오스의 비

"'존재'와 '물질' 즉 '사람'과 '자연'(두 쌍 모두 같은 것을 의미하며, 각각 같은 것이라고 단정 지어진다)이라는 용어의 정의가 현재 지혜롭고 현명하다고 여겨지는 사람들 사이에서 혼란스럽고 모호한 상태로 남아 있기 때문에, 나는 그것들을 설명하고 명확히 밝히는 책임을 맡았다."

_ 비잔티움 제국의 레온티오스, *Against the Nestorians and Eutychians*

유가 암시하는 것처럼 최고의 철학을 취해 표절한 것이 아니라, 새롭고 흥미로운 방향으로 활발하게 발전시켰다.

예를 들어 플라톤의 제자 아리스토텔레스는 "범주"(catagories)의 개념으로 논리학과 형이상학 분야를 개척했다. 그는 세상의 사물을 "실체"(substances), 그 실체가 갖고 있는 "성질", 실체들 사이에 존재하는 "관계" 등으로 나눌 수 있다고 생각했다. 테르툴리아누스와 니사의 그레고리오스 같은 기독교 사상가들은 기독교의 교리에 관해 말할 때 이를 기반으로 삼았다. 그레고리오스의 삼위일체에 대한 설명은 아리스토텔레스의 범주에 대한 기술적인 논의를 중심으로 전개되는데, 이 논의는 아리스토텔레스를 넘어 그 범주들이 하나님에게 어떻게 적용될 수 있는지를 고찰하는 데까지 나아간다. 마찬가지로 유스티니아누스의 시대에는 기독교를 믿는 중동 지역에서 그리스도의 신적 요소와 인간적 요소가 서로 어떻게 연관되어 있는지를 놓고 격렬한 논쟁이 벌어졌다. 모든 감정적인 주제들과 마찬가지로 때로 볼썽사나운 토론이 되기도 했지만, 진지한 글도 많이 생산되었다. 예를 들어 비잔티움의 레온티오스는 오늘날 잘 알려져 있지 않지만 결국 정통주의로 인정받고 있는 입장을 대표하는 인물이었다. 그 이유는 그가 종종 이해할 수 없을 정도로 영리하고 기술적인 방식으로 그리스도에 대한 정통주의적인 이해를 주장했기 때문일지도 모른다. 그는 아리스토텔레스의 철학을 존재의 본질에 대한 길고도 매우 어려운 논의의 출발점으로 삼아, 이 모두를 그의 신학에 대한 지속적인 논증으로 발전시켰다. 만약 아리스토텔레스가 9백 년 후의 미래로 와서 레온티오스를 만날 수 있다면, 레온티오스가 한 말의 많은 부분에 동의하지는 않았겠지만 그를 같은 전통에 속한 철학자이자 동료로 인정했을 것이다.

비잔티움의 레온티오스와 라이투의 테오도르, 마부그의 필록세누스, 바바이 총대주교 등 이국적인 이름을 가진 인물들에게 그토록 중요했던 논쟁과 논란은 오늘날 몇몇 전문가들을 제외한 보통 사람들의 기억에서 거의 잊혔다. 그럼에도 불구하고 그들과 그 당시 및 다음 세기 다른 중동 지역의 그리스도인들은 사상사(the history of ideas)에서 중요한 역할을 했다. 그들은 현재 교부이자 권위자로 추앙받고 있는 니사의 그레고리오스 같은 사람들의 작품을 그리스어와 시리아어 같은 중동 언어로 번역했다. 또한 그 작업을 마친 후 그레고리오스와 동시대인에게 큰 영향을 끼쳤던 플라톤과 아리스토텔레스 같은 위대한 그리스 철학자들에게 관심을 갖고 **그들의 작품도** 번역했다. 이교도의 철학 학교들이 폐쇄된 상황에서도 고전 철학에 대한 연구는 계속되었고 실제로 번성했다. 이 학자들은 플라톤, 아리스토텔레스, 교회 교부들 및 레온티오스 같은 최근 작가들을 연구함으로써 그들 모두에게서 진리를 찾기 위해 노력했다. 그러나 7세기에 무슬림이 나타나 중동 지역의 대부분을 정복했다. 다행히도 그들은 기독교와 이슬람 사이에 공통점이 많음을 인정하고 기독교인들이 자신들의 땅에서 살도록 허락했다. 물론 기독교인들이 이슬람교로 개종한다면 더 좋아했겠지만 말이다. 기독교 철학자들은 세력이 줄어드는 와중에도 계속해서 글을 쓰고 가르쳤지만, 이 무렵엔 후나인 이븐 이샤크같이 아랍식으로 인식되는 이름을 쓰는 경향이 생겼다. 그러나 이 기독교인들은 플라톤, 아리스토텔레스 및 다른 사람들의 작품을 무슬림의 언어인 아랍어로 번역했다. 무슬림들은 바로 이렇게 기독교인들을 통해 그리스 철학에 대해 알게 되었으며, 이 과정에서 아부 유수프 알킨디, 알파라비를 비롯해 서구에서 아비센나와 아베로에스로 더 알려진 이븐 시나와 이븐 루시드 같은 중세의 위대한 이슬람 철학자들이 탄생하게 되었다.

철학이 신학에 도움이 된다는 이유도 있었지만 사실 이 시대의 기독교인들은 철학 그 자체에 관심이 있었다. 이런 현상은 중동뿐만 아니라 서유럽에서도 마찬가지였다. 유스티니아누스가 아카데미를 폐쇄하기 5년 전 로마에서는 스캔들이 있었다. 로마 제국의 서쪽 절반이 무너졌고 로마도 야만족의 손에 넘어갔지만, 로마를 통치했던 동고트족은 한 지역에 오래 있던 사람들이 그곳을 다스리는 데 가장 도움이 된다고 생각했기 때문에, 옛 로마 귀족의 상당수가 여전히 로마에 남아 있었다. 이런 귀족들 중에 보에티우스(Boethius)라는 사람이 있었는데, 그는 동고트족의 왕 테오도리쿠스에 대해 비호의적인 발언을 한 자기 친구를 지지했다가 어리석은 행동의 댓가로 곤봉에 맞아 죽는 형벌을 받는다. 하지만 감옥에 있는 동안 보에티우스는 『철학의 위안』(*Consolations of Philosophy*)이라는 유명한 책을 저술했는데, 그는 이 책에서 어떻게 플라톤과 스토아 철학의 이상에 의해 위안을 받았는지를 이야기하면서 흥미롭게도 기독교 교리를 전혀 언급하지 않았다. 그러나 이 책은 중세 시대에 가장 많이 읽힌 책이 되었고, 이 책을 통해 고대의 철학이 미래로 전달되었다. 보에티우스는 "서양의 스승"이라는 칭호를 얻었고, 한 명도 아니고 알프레드 대왕과 엘리자베스 1세라는 두 명의 영국 군주가 그의 작품을 번역했다는 독특한 영예를 얻게 되었다.

하지만 보에티우스의 작품은 일반 독자를 위한 것이 아니었다. 『철학

"당신이 비참하다고 생각하지 않는 한 어떤 것도 비참하지 않으며, 당신이 만족할 수 있다면 어떤 상황이라도 행복하다."

_ 보에티우스, 『철학의 위안 II』

의 위안』 외에도 그는 기독교 교리에 관한 일련의 짧은 에세이를 저술했는데, 이 작품들도 고대 철학의 재해석에 기초하고 있다. 삼위일체에 대한 그의 논문은 몇 페이지에 불과하지만 지금까지 쓰인 것 중 가장 어려운 책이라는 평가를 받고 있다. 이보다 더 대중적인 작품은 1세기 후 서고트 왕국의 통치를 받던 스페인에 살면서 세비야의 주교를 지냈던 이시도루스(Isidore)가 쓴 것이다. 그의 『어원학』(*Etymologies*)은 본질적으로 최초의 백과사전이었다. 이시도루스는 그 책을 과학을 포함한 모든 지식의 개요서로 생각하고, 관심이 있는 내용이 있으면 로마의 고전 과학사와 철학자들의 작품을 샅샅이 뒤져 무엇이든 찾아냈다. 한 세대가 지나고 기독교 세계의 다른 쪽 끝에는 비잔틴의 가장 중요한 신학자 중 한 명인 다마스쿠스의 요한(John of Damascus)이 있었지만, 그가 살았던 예루살렘은 이 시기에 무슬림의 지배를 받고 있었다. 요한의 가장 위대한 책은 『지식의 샘』(*Fountain of Wisdom*)인데, 그는 이 책을 통해 교부나 철학자 같은 초기 권위자들에게서 얻은 과학, 철학, 신학을 총망라하여 전체 현실을 설명하고자 했다. 이는 놀라운 업적이었고, 실제로 『지식의 샘』에서 논리와 철학을 다루는 부분은 현대의 어떤 저술보다도 이런 주제에 대한 고대의 관점을 제대로 소개하고 있다. 이 책은 당시 기독교적 성향을 지닌 사람들뿐만 아니라 이슬람 사상가들에게도 영향을 미쳤는데, 그들은 요한이 기독교 신학과 아리스토텔레스의 철학을 이음새가 전혀 드러나지 않을 정도로 완벽하게 결합했다는 사실에 깊은 감명을 받았다.

이처럼 기독교 저술가들은 때로는 이시도루스 같은 무비판적인 자료 편집자처럼, 때로는 보에티우스나 레온티오스 같은 독창적인 전통의 개발자처럼 미래를 위해 고대 학문을 보존해왔다. 그리고 그들의 노력으로 인해 중세에 대학이 출현하고 그곳에서 학문이 폭발적으로 발전할 수 있는 토대가 마련되었다.

거인과 요크셔맨 그리고 최초의 국가 교육 시스템

우리는 중세 초기의 수도원들이 예술과 학문의 중심지이자 영적 피난처로 기능한 방식을 이미 살펴보았다. 실제로 수도원은 당시 유일하게 양질의 교육을 제공하는 곳이었다. 하지만 수도원의 학자들은 본질적으로 아마추어였다. 수도원에는 정해진 강좌가 없었고, 수도사들이 원할 때만 이용할 수 있는 시설이 있을 뿐이었다. 학문을 목적으로 한 교육 기관은 훗날 "카롤링거 르네상스"로 알려지는 문예 부흥기를 기점으로 생겨나게 되는데, 이것은 유럽 대륙 전체를 교육시키고자 했던 유럽 역사의 대표 인물 중 한 사람이 바라고 희망했던 결과였다. 800년 크리스마스 날에 프랑크 왕국의 샤를마뉴(혹은 카롤루스) 대제는 로마의 성 베드로 대성당에서 교황 레오 3세가 집전하는 대관식을 거쳐 황제로 즉위했다. 프랑크족은 오늘날 프랑스에 해당하는 지역에 침입했기 때문에 프랑스에 의해 그런 이름으로 불렸는데, 샤를마뉴의 지배 영역은 그 범위를 훨씬 넘어섰다. 그는 유럽을 정복하는 데 오랜 시간을 쏟았으며, 당시 그의 왕국은 프랑스뿐만 아니라 스페인, 이탈리아, 독일, 헝가리, 오스트리아 대부분을 포함하고 있었다. 따라서 그는 자신이 서로마 제국의 합법적인 후계자라고 생각했고 자기가 구축한 대제국에 대한 개인적인 권위를 확고히 하기 위해 힘썼다.

샤를마뉴는 매우 키가 컸고 긴 콧수염에 항상 민족의상을 입고 다니던 애국적인 프랑크족이었다. 전설에 따르면 그는 2.5미터에 달하는 키에 맨손으로 말굽의 편자를 찌그러뜨리는 습관이 있었다고 한다. 또한 그는 기독교를 배우고 자신의 제국 내에서 기독교를 전파하는 데 열정적이었다. 이를 위해 다양한 학자들을 궁정으로 불러들여서 기존에 실시하던 비공식적인 군사 및 정치 훈련을 보다 실질적이고 체계적인 교육으로 바꾸고자 했다. 이런 학자들 가운데는 비드와 같은 노섬브리아 출신의 알퀸(Alcuin)이라는 사람이 있었다. 알퀸은 베네딕트 비스코프처럼 이미 유럽을 여행하고, 요크에 있는 자신의 성당 학교를 위해 책을 모으는 데 많은 시간과 노력을 기울이고 있었다. 샤를마뉴의 수도 아헨으로 옮긴 후에는 궁정 학교에 소속된 황제와 그의 가족을 비롯해 유럽 전역을 교육하는 일을 맡았다. 그러나 알퀸의 노력에도 불구하고 샤를마뉴가 글 쓰는 법을 배우지 못했기 때문에 그의 성공은 제한적이었다고 할 수 있겠다. 아마도 황제는 뭔가 부수는 일을 하느라 너무 바빴던 것 같다. 샤를마뉴는 베네딕트 비스코프와 달리 자신의 도서관을 팔아서 가난한 사람들에게 돈을 나눠주라고 유언장을 남겼는데, 아들인 경건왕 루이(King Louis the Pious)가 그 책들을 보관하고 있었던 것으로 보아 그 명령은 명백히 무시된 것으로 추정된다. 그렇지만 신실했던 루이왕은 어쨌거나 가난한 사람들에게 돈을 기부했을 것이다.

여하튼 알퀸의 영향력 아래 왕은 780년대에 수도원이 구성원들의 영적 자양분뿐만 아니라 지적 자양분을 공급해야 한다는 일련의 칙령을 발표했다. 한 가지 예로 수도원의 **필사실**(*scriptorium*)에서는 명확하고 읽기 쉬운 글씨체로 책을 필사해야 한다는 규정이 있었는데, 이는 현대 알파벳 소

"샤를마뉴 황제의 초상"(알브레히트 뒤러의 그림, 1512년). 왕관 위에 있는 십자가는 기독교 통치자로서 자신이 맡은 역할을 강조하지만, 칼은 그의 힘이 어디에서 오는지를 분명히 보여주고 있다.

문자의 모태인 "카롤링거 소문자"로 알려진 글씨체다(알파벳 대문자는 로마자에서 유래했다).

이에 버금가게 중요한 것은 수도원에 수도원 생활자뿐만 아니라 모든 소년들이 교육받을 수 있는 학교를 설립하라는 샤를마뉴의 명령이었다. 이 학교는 일반적으로 수도원 옆에 별도의 건물로 지어졌다. 797년에는 모든 지역 사회에 학교를 세우라고 사제들에게 명령했다. 이곳에서는 모든 어린이가 무료로 교육을 받을 수 있었으며, 부모들은 감당할 수 있는 금액만 기부해도 괜찮았다. 알퀸은 스트라스부르의 술집 앞에 방문객이 볼 수 있게끔 술집 대신 학교에 가라고 촉구하는 간판을 내걸었다고 한다. "여행자여, 선택하라. 술을 마시려면 돈을 내야 하지만, 배움을 선택하면 원하는 것을 공짜로 얻을 수 있다."

예상대로 모든 이들이 위로부터의 쓸데없는 간섭을 달가워하지 않았다. 배움을 시간 낭비로 여기는 사람이 많았다. 근대 독일의 거대한 수도원인 풀다의 원장 라트가르(Ratgar)는 수도사들이 책을 읽는 것보다 교회를 짓는 편이 더 낫다고 반박하면서 풀다의 학교장인 라바누스 마우루스

(Rabanus Maurus)의 소지품을 압수했다. 하지만 최후의 승자는 라바누스였다. 그는 나중에 수도원장이 되었을 뿐만 아니라 마인츠의 대주교가 되었고, 샤를마뉴 법을 제정하는 데 힘쓴 노력으로 말미암아 지금까지도 "독일의 스승"으로 기억되고 있다. 그의 대표 저서인 『성직자 제도에 관해』(*On Clerical Institutions*)는 세 권으로 된 성직자 훈련에 관한 책이다. 그의 주장에 따르면 성직자는 신학적·영적 훈련을 열심히 하는 것 외에도 모든 분야의 지식에 대한 방대한 강의를 들어야 한다. 라바누스와 그런 인물들의 지도 아래 수도원 학교는 현대의 대학에 버금가는 우수성을 지닌 훌륭한 학문의 중심지가 되었다. 재능 있는 학생들은 한 곳에서 배운 후 다른 학교로 옮겨 특정한 교사나 유명한 도서관의 도움을 받아서 교육을 마칠 수 있었다. 이 모든 교육은 2개 국어로 이루어졌다. 대다수는 현대 프랑스어나 독일어의 모태가 되는 지역 방언을 모국어로 사용했지만, 교부들의 언어인 라틴어를 읽고 쓸 수 있도록 훈련받았다. 그러나 많은 사람들은 모국어의 가치도 인정했다. 파리 근교에 있는 페리에르 수도원의 학교장인 루푸스 세르바투스(Lupus Servatus)는 수도사들이 라틴어를 배우는 것에 만족하지 않고 독일어를 배우게끔 그들을 프륌으로 보냈다.

한편 알퀸은 개혁을 뒷받침할 교과서를 집필하고 있었다. 그는 완전

"배움에 대한 사랑은 아주 초기 유년기부터 생겨났고, 나는 오늘날 많은 이들이 끔찍한 시간 낭비라고 말하는 것을 경멸하지 않았다. 그리고 만약 교사들이 부족하지 않았다면…나는 내 열망을 충족시킬 수 있었을 것이다. 이는 저명한 샤를마뉴 황제의 노력 덕분에 학문의 부활이 있었기 때문이며, 이 편지를 통해 그에게 영원히 감사의 빚을 지고 있음을 밝힌다."

_ 루푸스 세르바투스, *Letter 1*

한 교육에는 7개의 분야가 있다는, 고대 후기에 발전된 개념을 물려받았다. 알퀸은 당대의 다른 학자들과 마찬가지로 7개의 주요 학문인 자유 학예(liberal arts, 현대적 표현으로는 교양 과정)에 관해 알고 있었는데, 그 출처가 다소 예상 밖이었다. 그것은 바로 마르티아누스 카펠라(Martianus Capella)라는 독특한 무명의 로마인이 쓴 엉뚱한 공상 과학 소설이었다. 5세기 초에 그는 『언어학과 메르쿠리우스의 결혼』(*The Wedding of Philology and Mercury*)이라는 책을 썼는데, 로마 신들이 메르쿠리우스를 위한 아내를 찾기 위해 여행을 떠났다가 결국 언어학(philology, "말에 대한 사랑")을 아내로 정한다는 내용이다. 언어학은 천상의 결혼을 위해 하늘을 여행하면서 과거의 위대한 인물들을 만나고 7명의 시녀를 결혼 선물로 받는데, 각 시녀는 자유 학예(교양 과정)에 속하는 7가지 인문학을 대표한다.

말하자면 상상력 풍부한 소설과 도덕적 우화가 교차하는 이 기괴한 이야기는 천 년 동안 놀라울 정도로 인기를 얻었고, 이교도적인 배경이 노골적으로 드러남에도 불구하고 학문을 분류하는 중세의 일반적인 방식에 대한 주요 출처가 되었다. 처음 세 학문은 문법, 수사학, 논리학으로서 본질적으로 글을 제대로 쓰고 설득력 있게 말하며 논리적으로 사고하는 기술이다. 이 셋은 모두 언어에 대한 학문이었다. 그 뒤를 잇는 네 가지 과학 연구 분야는 대수학, 기하학, 천문학 그리고 놀랍게도 음악인데, 이는 음악이 소리의 수학적 관계를 표현한 과학으로 간주되었기 때문이다. 알퀸은 이 모든 학문에 대한 교과서를 저술했지만, 처음 세 분야의 교과서만 남아 있다. 그리고 그의 뒤를 잇는 더 많은 학자들이 있었는데, 그중에는 특히 아일랜드 출신이 많았다. 실제로 동시대 사람들은 아일랜드 출신의 철학자들이 대거 들어오는 것에 대해 불만을 품었고, 이 일곱 가지 학문 체계는 "아일랜드 방식"으로 알려지기도 했다. 샤를마뉴의 손자인 대머리 왕 샤를이 통치하던 시기에는 마틴 히버니엔시스(Martin Hiberniensis)라는 아일랜드인이 궁전 학교의 책임자로 있었다.

유럽 전역의 도시, 마을, 촌락에서 생겨난 학교들은 수도원처럼 우수한 연구 기관은 아니었다. 그 학교들은 사실상 일반 대중을 대상으로 한 최초의 국가 교육 시스템이었다. 수업은 강의나 단순한 받아쓰기로 이루어졌는데, 학생들은 짚이 깔린 바닥에 앉아 강의 내용을 받아 적어야 했다. 의자에 앉아서 강의를 듣는 것은 먼 훗날의 일이다. 최고 교사 중 일부는 길거리에서 가르치기도 했는데, 이는 그들의 인기와 빈약한 재정을 가늠할 수 있는 척도이기도 했다. 학생들은 사회성을 기르고 문법의 기초를 배웠는데 전인적인 인간을 만들어내는 것이 그런 교육의 목표였다. 여기에는 아마도 기독교 교리의 강력한 요소가 작용했을 것이며 과거의 위대한 기독교 작가들의 연구도 포함되었을 것으로 보이지만, 이 단계에서 무엇을 가르쳤는지에 대해서는 알려진 바가 거의 없다. 공식적인 커리큘럼이 없었고, 학생들이 무엇을 배우는지는 전적으로 학교 운영자에 따라 달라졌기 때문이다. 그러나 샤르트르나 랭스 같은 대도시에서는 강력한 교육 전통이 발전했다.

"우리가 종교적인 삶과 지식을 추구함에 있어서 아무런 부족함 없이 많은 책과 교부들의 가치 있는 생각에 둘러싸여 현자들의 책 가운데 앉아 있었을 때 얼마나 삶이 즐거웠던가!"

_ 알퀸, *Letter 123*(과거의 제자에게 보낸 편지)

누구나 알아야 하는 상식의 추구: 대학의 부상

샤를마뉴가 814년에 죽은 후 그가 시작한 르네상스는 흔들리기 시작했다. 제국은 어쩔 수 없이 더 유약한 통치자들의 손에 넘어갔다. 평생 단 한 번도 웃지 않았다고 전해지는 그의 아들 경건왕 루이는 아버지의 교육 개혁과 종교 개혁을 이어갔지만 지역 통치자들의 파벌을 통제할 힘이 부족했다. 그는 심지어 아들들에 의해 퇴위된 다음 수도원에 감금되었는데, 그는 그곳에서 훨씬 더 행복했을지도 모른다. 루이가 죽은 다음 아들들은 제국을 분할하여 훗날 현대 유럽의 여러 국가의 기원이 되는 나라들을 만들었다. 프랑스 대부분을 물려받은 대머리 왕 샤를은 학문에 관심이 많았다. 앞서 살펴본 바와 같이 그의 궁전 학교에는 특히 아일랜드 출신 교사가 많기로 유명했는데, 그는 아일랜드 출신의 유명한 초기 중세 철학자 중 한 명인 요하네스 에리우게나(John Erigena)를 고용하기도 했다. 그러나 전반적으로 그와 그의 형제들 및 후계자들 대부분은 학교보다 다른 것들을 더 중요하게 여기고 있었다. 알퀸 같은 사람들이 열심히 세운 학문의 전통은 오래 지속되었으며 300년 후인 11세기에 다시 부상했다. 파리와 볼로냐를 중심으로 학자 그룹이 결성되었고, 이들은 옛 학교를 중심으로 각자 관심사에 따라 연합하기 시작했다. 1079년에는 교황 그레고리오 7세가 성직자 교육을 위해 성당 학교 설립을 법제화하면서 중요한 이정표가 마련되었다. 9년 후 볼로냐의 오래된 법률 학교 출신 학자들의 "전체 그룹"을 의미하는 "우니베르시타스"(universitas)가 공식적으로 인정받게 된다. 한편 파리에서는 노트르담 대성당과 센강 좌측에 있는 여러 학교를 중심으로 학자들이 모였다. 이 그룹이 커지고 통합되면서 중요한 집단을 이루다가 파리 대학으로 바뀌었다. 샤를마뉴가 주도했던 르네상스보다 더 오래 지속될 새로운 지

파리의 소르본 대학에서 열린 토론회(출처: 15세기에 제작된 채색 필사본). 학생 대다수는 아침에 두 시간 동안 강의를 듣고 점심 식사 전 한 시간 동안 "학문적 토론"을 참관했다. 이 그림에 나타난 분위기는 지나치게 의례적이고 딱딱하게 보이지만, 이런 토론은 현대 대학의 스포츠 행사처럼 열정적이고 인기 있었다.

적인 르네상스가 일어나고 있었던 것이다.

예를 들어 파리 대학을 모방하여 설립된 옥스퍼드 대학에서는 모든 수업이 도심에 있는 교회에서 이루어졌고, 학생들이 기숙사를 중심으로 클럽을 조직하는 과정에서 여러 단과 대학이 발전했으며 나중에는 그곳에서도 수업을 진행하게 되었다. 한편 파리에서는 대학 내 일부 기관이 특별한 명성을 얻었는데, 예를 들어 소르본 대학은 거리에서 자는 매우 가난한 학생들을 수용하기 위해 1271년에 설립되었다. 경제적인 능력과 관계없이 모든 사람을 위한 교육이라는 오래된 이상은 이미 오래전에 사라졌고, 생활비와 학비를 부담하는 것은 학생이나 가족의 몫이 되었다. 초서(Chaucer)의 『캔터베리 이야기』에 나오는 수척한 얼굴에 남루한 옷차림의 "옥스퍼드 대학생"은 가난에 찌든 중세 대학 학자의 정형화된 이미지를 패러디한 것이다.

그런데 이제는 좀 더 정식적인 교과 과정이 형성되었다. 현재와 같은 학위 과정은 없었지만, 학생들은 강의를 들으면서 먼저 언어학의 세 가지 분야를 완전히 습득한 후 자연과학의 네 가지 분야로 넘어가야 했다. 그런 다음에야 교사의 구두시험을 거쳐 학위를 받거나 해당 과목에 대한 전문적인 지식을 갖추었다는 공식적인 인정을 받을 수 있었다. 언어와 전문 용어는 점점 더 전문적으로 변해갔다. 처음 세 과목은 "3가지 길" 또는 라틴어로 "트리비움"(*trivium*, 3학), 다음 네 과목은 "쿠아드리비움"(*quadrivium*, 4과)으로 불렸다. 여기서 교육을 받은 사람이라면 누구나 알아야 하는 상식이라는 의미를 지닌 "트리비아"(trivia)라는 단어가 유래되었다.

"트리비움"과 "쿠아드리비움"의 기원은 고대 이교도에 있지만, 중세 대학과 거기서 가르친 과목이 완전히 기독교적이었다는 것은 거의 말할 필요도 없다. 가톨릭교회는 대학을 통제하고 싶었지만, 실제로 그러진 않았다. 파리 대학은 1231년에 교황이 교사를 임명하고 시험을 실시할 수 있는 유일한 권한이 대학에 있다고 선언할 때까지 시 당국과 주교와 학자 사이에 벌어지는 권력 투쟁의 장이었다. 실제로 볼로냐에서는 교사가 아닌 학생들이 권력을 장악하고 규칙을 통과시키고 대학 재정을 관리했으며, 이런 상황은 현대에 이르기까지 수 세기 동안 유지되었다. 그러나 대학에 대한 교회의 영향력은 여전히 강력했고 교사 중 다수는 성직자였다. 특히 파리 대학은 신학 교육에 강점을 지닌 것으로 유명했다.

또한 13세기에는 프란치스코회와 도미니크회가 등장하면서 교회 전체에 조용한 혁명이 일어났는데, 이들은 전통적인 수도사들과 달리 수도원이 아닌 평범한 사람들이 사는 세상 속에서 모범적이고 거룩한 삶을 사는 데 헌신했다. 많은 수사들이 대학에 터전을 마련했다. 13세기 최고의 사상가이자 파리 대학 졸업생인 토마스 아퀴나스는 도미니크회 수사였다. 그의 동료 보나벤투라(Bonaventure)는 옥스퍼드의 존 둔스 스코투스(John Duns Scotus)처럼 프란치스코회 수사였다. 이런 사상가들과 그들의 동료들은 새로운 대학에서 고대와 이교도와 기독교의 유산을 바탕으로 세계에 대한 이해를 가르쳤다.

특이한 레슬링 시합을 하는 것일까? 이것은 한 젊은 의사가 학생의 맥박을 짚고 있는 모습을 묘사한 그림이다. 의사들은 변호사나 신학자들처럼 저명한 스승 밑에서 공부하고 토론함으로써 훈련을 받았지만 해부도 했다. 그 결과 해부학에 대해서는 꽤 많이 알고 있었지만, 하나님의 심판으로 간주되는 질병의 근원과 원인에 대해서는 대체적으로 알지 못했다.

화산 속으로 뛰어들기: 근대 가톨릭 교육

중세 대학은 기독교든 아니든 다른 권위로부터 완전히 독립된 교육과 학문의 기관을 제공함으로써 새롭고 창조적인 방법으로 크게 도약하고 발전할 수 있는 교육과 학문의 원동력을 공급했다. 이제 교육자들이 공식적으로 성직자들과 구별되긴 했지만, 교육이 기독교적이지 않다는 의미는 아니었다. 이와 반대로 근대에는 기독교적 교육의 이상과 목적에 다시 중점을 두게 됨에 따라 특히 교육은 단순히 지성이 아니라 전인적 인간을 훈련시켜야 하는 도덕적인 사업이라는 개념이 다시 강조되었다.

기독교 교육에 대한 이런 근대적 접근법의 가장 좋은 예 중 하나는 이냐시오 로욜라(Ignatius Loyola)가 확립한 것이다. 콜럼버스가 아메리카 대륙을 발견하기 1년 전에 태어난 이냐시오는 스페인 궁정에서 자라나서 군인이 되었다. 그런데 1521년에 전투에 참여했다가 그를 향해 발사된 대포알이 기적적으로 다리 사이를 스쳐 지나가면서 비교적 가벼운 상처만 입었다. 그는 병원에 누워 있는 동안 유일한 읽을거리였던 성인들의 인생에 관한 책을 보다가 영성에 깊은 관심을 갖게 되었다. 퇴원 후 무엇을 해야 할지 막막했던 그는 성인이 되기를 열망하는 사람들이 전통적으로 그랬던 것처럼 동굴에서 자신의 죄를 회개하면서 시간을 보냈다. 그러나 과거 요한네스 크리소스토모스가 그랬던 것처럼 그도 병을 얻었다. 그 후 성지 순례를 떠났지만 당시 성지를 관리하던 프란치스코회는 그가 예루살렘으로 들어가는 것을 허락하지 않았다. 낙심한 이냐시오는 스페인으로 돌아와 기초부터 교육을 받기로 결심하고 바르셀로나에서 다른 남학생들과 함께 수업을 듣다가 살라망카 대학을 거쳐 파리 대학으로 옮겨 신학을 공부하

"그는 보통 기사도 정신의 책이라고 불리는 세속적인 소설책을 읽는 데 관심이 있었기 때문에, 기분이 좋을 때면 시간을 보내기 위해 그런 책을 달라고 부탁했다. 그러나 그 집에는 그가 평소에 읽던 것이 하나도 없어서, 그들은 그에게 그리스도와 성인의 삶에 대해 스페인어로 기록된 책을 주었다. 그는 여러 번 그 책들을 읽으면서 거기에 쓰인 글들을 상당히 좋아하게 되었다. 우리 주님과 성인들의 삶을 읽는 동안 그는 생각을 멈추고 '성 프란치스코가 한 것과 성 도미니크가 했던 일을 내가 해야 한다면 과연 어떨까?'라고 속으로 생각했다."

_ 이냐시오 로욜라, 『자서전 1』

게 되었다. 1530년대에는 주변에 영적인 생활에 관심이 많고 같은 뜻을 지닌 친구들을 모았는데, 교황 바오로 3세가 그 집단의 잠재적 가치를 인정했고 그들은 예수회가 되었다.

예수회는 수도사들을 위한 또 하나의 수도회가 되려고 한 것은 아니었다. 비록 사제들이 회원이었지만 그들은 종교적인 은둔처에서 시간을 보내기를 원치 않았다. 이냐시오는 군인으로서의 경험을 바탕으로 예수회를 군대와 비슷한 조직으로 만들었고 (마지못해) 첫 번째 수장으로 선출되었다. 그 후 몇 년 동안 공동의 경험을 바탕으로 예수회 수사들이 세상에서 다양한 방식으로 하나님을 섬기고 그분과 소통하는 거룩한 삶을 살 수 있도록 규칙을 제정하기도 했다. 교황은 교회 밖의 사람들에게 기독교의 메시지를 전하는 선교가 이런 방법 중 하나가 되어야 한다고 생각했다. 예수회 수사들은 세계를 돌아다녔다. 그들은 인도에 가톨릭 기독교를 전했다. 인도에는 아주 오래전에 기독교 교회가 세워졌고 비록 서구와의 교류는 끊겼지만 여전히 살아남아 있었다. 그들은 중국에도 기독교 메시지를 다시 전했다. 중국에서도 고대 말기에 한때 기독교 교회가 번성했지만 몇 세기 후에는 교회가 사라져버리고 말았다. 이제 가톨릭이 되살아났고, 이냐시오의 친구인 프란치스코 하비에르(Francis Xavier)는 일본에 가톨릭을 전했다. 유럽으로 돌아온 예수회 수사들은 예수회가 형성되는 동안 유럽 대륙을 장악하고 있었던 개신교 세력에 대항하는 가톨릭교회의 강력한 무기였다. 이냐시오와 다른 예수회 사람들은 **가톨릭** 그리스도인으로서의 신분을 분명히 의식하고 있었으며, 가톨릭교회 특히 교황에 대한 충성을 소중한 신념으로 여겼다. 그러나 예수회를 가장 잘 알리게 된 기회는 우연히 생겼다. 많은 젊은이들이 예수회에 가입함에 따라 이냐시오는 그들 모두를 교육해야 한다는 것을 인식했다. 예수회는 기독교 메시지 전파에 헌신하는 사제들의 모임인 만큼 설교자들은 자신이 무슨 말을 하는지 알아야 한다는 것이 그의 생각이었다. 1547년에 이냐시오가 예수회 수사가 아닌 사람들을 위한 학교를 열어달라는 요청을 받은 것이 바로 그 결정적인 순간이었다. 이냐시오는 신속한 판단을 통해 교육이 복음을 전하는 가장 좋은 방법임을 깨달았다. 그가 세운 학교들이 최신의 학문과 엄격한 영적·신학적 훈련을 결합한 최고의 교육을 제공할 수 있다면 하나님의 말씀을 전할 뿐만 아니라 예수회의 지위도 높일 수 있을 것이다. 그렇게 결론 내린 이냐시오는 이 새로운 교육 계획을 열정적으로 수용했다.

1556년 이냐시오가 사망할 무렵 유럽 전역에는 35개의 예수회 학교가 있었다. 알퀸과 마찬가지로 이냐시오는 경제적 형편에 관계없이 누구나 교육을 받을 수 있어야 한다고 믿었고, 운 좋게도 예수회에서 받는 상당한 기부금을 갖고 무료로 운영되는 학교를 만들 수 있었다. 이 학교에서 제공되는 교육은 세속적인 근본주의 교육이 아니었다. 오히려 교육자로서 이냐시오의 탁월함은 최신 학문과 뿌리 깊은 영적인 전통을 결합하는 데서 빛을 발했다. 그는 이미 예수회 회원들을 위해 『영신수련』(*Spiritual Exercises*)을 저술했는데, 이는 사람들의 삶을 지배할 규칙과 원칙을 제시하는 책이었다. 이냐시오는 규칙이 적절히 적용되기만 하면 제한이 아닌 자유를 준다고 말하는 기독교 사상가들의 오랜 인식을 활용하고 있었다. 사람들이 원한다면 한 개인이 좋은 삶을 살 수 있도록 돕고 하나님을 향한 그들의 생각을 정돈할 수 있는 시스템을 제공한다. 이냐시오는 신학 연구를 통해 사람이 이런 방식으로 진정으로 타인을 위한 삶을 살 수 있으며, 인간의 잠재력을 실현하고 하나님과 가까워질

"이냐시오 로욜라의 초상"(자코피노 델 콘테, 1556년)

수 있다는 것을 배웠다. 그는 자신이 세운 학교에도 비슷한 시스템을 구축하여 학생들에게 르네상스 휴머니즘의 최신 발견과 경향뿐만 아니라 도덕적인 삶을 훈련시켰다. 그는 "나에게 아이를 일곱 살까지 맡기면, 그는 평생 내 것이 된다"고 말했는데, 이는 교육의 핵심 시기에 주입된 미덕이 한 사람에게 영원히 남는다는 의미다.

그렇기 때문에 예수회가 곧 유럽의 교육자로 알려지게 된 것은 당연한 일이었다. 명확하고 체계적으로 구성된 예수회 학교의 교과 과정은 여전히 중세의 낡은 시스템을 따르면서 그 시절에 다뤘던 것과 동일한 과목들을 가르치는 전통적인 대학과 대조를 이뤘다. 반면 예수회 학교들은 르네상스의 새로운 사상을 빠르게 받아들였고, 토마스 아퀴나스 같은 중세 교사들의 스콜라 철학을 중시하면서도 성경을 비롯한 고전 및 초기 기독교 저자들의 원전으로 돌아가 새로운 학문의 기준을 세우고자 했던 로테르담의 에라스무스(Erasmus) 같은 사람들의 사상도 가르쳤다.

예수회의 깨달음은 학교 안에만 머물러 있지 않았다. 이냐시오는 모든 영역에서 진리를 탐구하는 것은 하나님이 승인한 활동이라고 믿었고, 매우 많은 예수회의 수사들이 최첨단 과학 지식을 보유하고 있었다. 예수회는 가톨릭교회가 여전히 권고하고 있던 전통적인 권위를 강력하게 지지했기 때문에, 예수회의 과학은 아리스토텔레스에 대한 주석을 작성한 것이 대부분이었다. 하지만 이성이 진리를 밝혀내는 믿을 만한 도구라는 그들의 믿음은 수학 같은 분야에서 새로운 접근법을 개척하게 했다. 로마의 예수회 학교에서 가르쳤던 크리스토퍼 클라비우스(Christopher Clavius)는 당대 최고의 수학자이자 마테오 리치의 가정교사였다. 1장에서 상세히 다뤘던 마테오 리치는 계몽주의자이자 예수회의 교육 수준을 가장 잘 보여준 인물이다.

여기에 머지않아 탐험과 관찰에 대한 강조가 추가되었다. 예수회의 많은 선교사들은 과학자이기도 했는데, 그중에는 유럽에서는 볼 수 없었던 천체 현상을 관측하여 기록하는 천문학자들도 포함되어 있었다. 대표적인 인물은 1651년 최초의 달 지도를 발행한 예수회 수사 조반니 바티스타 리치올리(John Baptist Riccioli)다. 동시대에 살던 요하네스 헤벨리우스(Johannes Hevelius)는 달에 바다와 생명체가 존재한다고 생각했지만, 리치올리는 달을 건조하고 죽은 세계로 인식했다. 오늘날에도 달의 지형에 두 사람이 붙인 이름이 여전히 사용되고 있다.

리치올리는 중세의 일반적인 가르침과 달리 지구가 태양 주위를 돈다고 주장하는 코페르니쿠스의 이론에 반대하며 많은 시간을 보냈다. 1632년 가톨릭교회가 코페르니쿠스의 지지자인 갈릴레이를 규탄한 이후 이 문제는 유럽 전역에서 중요한 화두가 되었다. 그는 맬러패트, 샤이너, 그란다미 같은 예수회 소속 인물들과 함께 이에 동참했다. 신실한 가톨릭 신자로 구성된 예수회는 지구가 우주의 중심이라는 아리스토텔레스의 옛 우주론을 옹호하는 데 전념했다. 그들은 단순히 종교적 권위에 호소하는 것이 아니라 자신들의 이론을 뒷받침한다고 믿는 과학적 관찰을 통해 이런 주장을 펼쳤다. 비록 그들의 주장이 틀렸다는 것이 곧 증명되었지만, 예수회의 천문학자들은 그런 관찰과 측정을 통해 과학의 발전에 크게 기여했다.

그러나 만일 누군가가 예수회의 지적 탁월함을 의심한다면, 이 한 사람의 존재만으로도 그 의구심을 해결하기에 충분하다. 아타나시우스 키르허(Athanasius Kircher)라는 화려한 이름을 가진 이 인물은 17세기의 가장 저명한 과학자이자 사상가 중 한 명이었지만, 그의 많은 아이디어가 현대인의 시각에 다소 이상할 정도로 초현실적이고 명백한 잘못처럼 들린다는 사실 때문에 데카르트나 혜성의 출현을 예견했던 핼리처럼 주류에 속한 인사에 비해 과소평가되고 있다. 1602년 독일에서 태어난 키르허는 10대에 예수회 수사가 되었고 여러 학교에서 교육을 받은 다음 평생 예수회 학교에서 가르치면서 교황과 유럽 전역의 많은 가톨릭 왕자들의 후원을 받기도 했다. 키르허는 믿을 수 없을 만큼 다양한 관심사에 매진했다. 폭발하는 화산의 분화구에 올라가 무슨 일이 일어나고 있는지 살펴보았으며, 천문학 이론을 개발하고 이를 많은 사람들에게 설명하기 위해 공상과학 소설을 썼다. 또한 전염병 피해자를 연구해서 질병이 어떻게 전염되는지 알아내고(심지어 그 원인이 미생물에 의한 것이라는 과학적 진실에 매우 근접한 결론을 얻었다), 음악에 관심이 많아 자동 오르간과 작곡 기계를 만들기도 했다. 모든 일에 진취적이었던 17세기 학자에게는 당연한 일상의 작업이었다.

예수회의 교육적 성과는 유럽 너머로 퍼져나갔다. 실제로 예수회는 세계 최초로 문맹이 없는 사회를 만드는 데 기여했다. 사회 공학 영역에서 그들이 주도한 대담한 실험은 큰 성공을 거두었지만 결국 사라져 오늘날에는 대부분 잊혔다. 남아메리카에서는 식민지 시대에 예수회 수사들이 원주민의 삶을 개선하기 위해 매우 적극적으로 활동했다. 대부분의 경우 그들은 토지 소유주들의 원성을 샀지만 파라과이에서는 자유롭게 일할 수 있었다. 1609년에 예수회는 이 지역(아르헨티나, 브라질, 볼리비아의 상당 부분 포함)을 장악하고 원주민인 과라니족이 자유와 계몽을 누리며 살 수 있는 완전히 자유로운 사회를 운영하기로 결정했다. 그들은 수많은 "전도소"(Reductions) 또는 개종한 과라니족의 공동체를 세워서 유명한 예수회 교육을 도입하였으며 기독교와 학문을 전파하고 파라과이 사람들을 돕기 위해 최선을 다했다. 이 마을들은 인구가 20,000명에 달할 정도로 꽤 큰 규모였고, 이 모든 것은 공식적으로 예수회가 스페인 국왕의 허가를 받아 과

17세기 아메리카 원주민들의 상형문자로 기록된 기독교 신앙고백. 지금의 파라과이와 볼리비아에 해당하는 차코 지역의 원주민들을 위해 예수회 수사들이 새겨넣은 것이다.

라니족을 대상으로 수행한 선교 활동이었지만 실제로는 거의 개별적인 국가처럼 운영되었다. 그 넓은 지역에 문명과 문화가 번성했다는 점에서 예수회 수사들의 노력은 성공적이었다. 예수회는 과라니족을 유럽인의 판박이로 만들려고 하기보다는 그들 고유의 문화에 내재된 잠재력을 실현하도록 돕고자 했다. 그리고 예수회의 도움으로 사형 제도를 폐지하고 가난한 사람들을 위한 무료 서비스를 제공했으며 학교와 병원을 짓고 노동의 결실을 모두와 함께 나누기도 했다. 역사상 처음으로 모든 사람들이 글을 읽을 수 있는 사회가 탄생했다. 놀라울 정도로 유토피아적인 세상이 거의 150년 동안이나 지속되었다. 하지만 그 꿈은 1750년에 무참히 깨졌다. 스페인은 과라니족 영토의 일부를 포르투갈에 넘겼고 그들은 과라니족 영토 내의 전도소를 장악하고자 했다. 과라니족은 반란을 일으켰으나 전쟁에

패했고, 예수회는 그들을 도왔다는 이유로 추방당했다.

150cm짜리 벌레를 교육하기: 개신교 계몽주의

가톨릭 예수회가 최첨단 교육과 기독교적 전통 가치를 결합하는 모델을 제시했다면, 개신교도들은 재빨리 이에 대응했다. 이냐시오 로욜라와 그의 친구들이 예수회를 세우고 있을 때 마르틴 루터는 가톨릭교회의 오래된 패권을 허물고 있었는데, 이는 부분적으로는 인문주의 운동(humanist movement)과 관련된 것으로서 보다 더 비판적인 학문에 대한 새로운 요구에 근거한 항의였다. 1장에서 살펴본 것처럼 그가 성경을 독일어로 번역하게 된 이유는 평범한 사람들에게도 지식이 전달되기를 바라는 열망 때문이었다. 종교개혁이 진행됨에 따라 그 기세는 루터나 독일어권 국가에서 장 칼뱅(John Calvin)으로 넘어갔다. 장 칼뱅은 다소 마른 체형의 금욕주의적인 프랑스 학자였는데, 처음에 인문주의 운동으로 시작했다가 나중에는 개신교 운동의 유명한 지지자로 변모했다. 1536년에 제네바를 지나던 칼뱅은 그 지역 개신교인들을 만나 그곳에 머물면서 운동을 도와달라는 요청을 받았다. 칼뱅은 (일부 주요 제네바인들이 그를 싫어해 잠시 망명한 기간을 제외하고는) 여생을 줄곧 제네바에서 보내면서 자신의 삶을 통해 그곳을 개신교 신앙과 생활양식의 본보기로 만들었다.

장 칼뱅. 16세기 개혁자들 사이에서 긴 턱수염을 기르고 납작한 모자를 착용하는 것이 엄격한 의무는 아니었지만 나름 유행했던 패션인 것처럼 보인다.

인간의 본성에 대해 다소 비관적인 관점을 갖고 있던 칼뱅은 인간이 가치 있는 일을 성취하기 위해서는 하나님이 필요하다고 강조한 것으로 잘 알려져 있다. 그는 인간을 "150cm짜리 벌레"(당시 사람들은 요즘 사람들보다 키가 약간 작았다)라고 표현했고, 우리가 이루어낸 모든 선한 것들은 우리의 노력이 아닌 하나님이 우리를 통해 일한 결과라고 믿었다. 생각이 조금 부족한 사람들은 이런 사고방식으로 인해 "만약 모든 것이 다 하나님이 하는 일이라면 우리가 왜 무언가를 해야 하는가?" 같은 병적이고 마비된 결론을 내렸을지도 모른다. 그러나 일 중독자인 칼뱅은 가만히 앉아서 하나님이 모든 것을 하도록 내버려 둬야 한다고 생각하진 않았다. 이와 반대로 하나님은 인간의 노력을 통해 공동의 이익을 위해 일한다고 믿었고, 그의 관심사는 인간을 더 나은 존재로 만드는 것이었다.

따라서 칼뱅의 가장 중요한 공헌 중 하나는 교육 시스템을 개편한 것이다. 그는 새로운 학교를 설립하고 싶었지만 자금이 부족했기 때문에 집집마다 다니며 직접 기금을 모았다. 그 결과 1559년 제네바에 무료로 입학이 가능하며, 고전과 신학에 대한 인문학적 연구 및 과학에 중점을 둔 교과과정을 갖춘 아카데미를 열었다. 이 아카데미는 종합 대학으로 승격되었다. 칼뱅은 또한 대학에 진학한 학생들을 교육하기 위해 4개의 학교를 설립했다. 그가 죽은 후 제네바의 후임자인 테오도르 베자(Theodore Beza)는 학생들이 이 학교에 무료로 입학할 수 있도록 했다. 이는 사실상 근대 최초의 무료 통합 교육 시스템이었다.

칼뱅과 그의 동료들은 집필해야 할 신학 서적과 논쟁을 벌여야 할 가톨릭 신자들을 놔두고 왜 그런 문제에 관심을 두었을까? 이냐시오 로욜라처럼 칼뱅 역시 한편으로는 이것이 자신의 신념과 믿음을 전파하는 데 더없이 좋은 방법이라고 생각했다. 예를 들어 스코틀랜드 출신의 존 녹스(John Knox)라는 학생은 제네바에서 공부를 마치고 고향으로 돌아가 그곳에 칼뱅주의 교회를 설립하는 일을 도왔다. 처음에는 아카데미에 입학하는 학생들에게 칼뱅주의 신앙고백을 요구했지만 몇 년 후에는 가톨릭 신자를 포함한 모든 사람이 동참할 수 있도록 이 조건이 철회되었다. 칼뱅은 이것이 사람들을 돕는 탁월한 방법이라고 생각했기 때문이다. 칼뱅의 아카데미에서 교육을 받은 젊은이들은 근대 세계가 그들에게 요구하는 것이 무엇이든 간에 이에 대한 준비를 갖출 뿐만 아니라 인간으로서 자신의 잠재력을 최대한 실현할 수 있는 신념, 즉 다른 사람을 돕고 하나님을 섬기는 신념을 이해하고 익혔다. 그리고 이 아카데미로 사람들이 몰려들었다. 개교 첫해에 유럽 전역에서 900명의 학생이 몰려들었다. 예수회와 마찬가지로 아카데미는 철저히 국제적인 성향을 띠고 있었기 때문에 교육의 폭이 넓었을 뿐만 아니라 전 세계에 동문들이 포진해 있었다.

예수회가 가톨릭 교육의 새로운 정신을 이끌고 제네바 아카데미가 칼뱅주의 또는 개혁주의를 대표하는 동안, 루터교도 비슷한 활동을 적극적으로 펼쳤다. 루터 자신이 성경을 훌륭하게 번역해냄으로써 읽고 쓰는 능력을 향상시키는 데 일조한 장본인이었기 때문이다. 새로운 루터교 교육의 핵심 인물 중 한 명인 아우구스트 프랑케(August Francke)는 칼뱅의 한 세기 뒤에 살면서 엄격한 루터교 정통주의 교육을 받았다. 그러나 프랑케는 자신의 신앙적인 성장 배경에 반기를 들고 경건파(Pietists)에 합류했다. 이들은 그리스도에 대한 헌신과 선한 삶을 사는 것이 개인의 믿음보다 더 중요하다고 보았고, 그 결과 루터교 정통주의자들과 다른 기독교 교회 신자들이 중점을 두었던 올바른 교리에 대한 강조를 피하려고 노력했다. 프랑

"교육은 한 세대에서 다른 세대로 전해지는 사회의 영혼이다."

_ G. K. 체스터턴, *The Observer*, 1924년 7월 6일

케에게 기독교는 단순히 동의해야 하는 신념 체계가 아니라 세상을 뒤집어엎고 인간으로서의 잠재력을 실현할 수 있는, 우리가 살아야 할 새로운 삶이었다.

1692년에 프랑케는 2년 후 새로운 할레 대학의 전신이 되는 학교의 교수진에 합류해서 새 대학의 설립뿐만 아니라 도시의 전체 교육 시스템을 전면적으로 개편하는 일을 감독했다. 프랑케는 칼뱅처럼 한 사람을 형성하는 핵심은 대학뿐만 아니라 현재 우리가 생각하는 초중등 교육에 있다고 생각했다. 그래서 도시의 전체 교육 시스템을 통합하는 데 각별한 노력을 기울였다. 예를 들어 대학생이 초등학교와 중학교에서 가르칠 수 있는 길을 열었고, 출생이나 부가 아닌 개인의 능력에 따라 발전할 수 있도록 최선을 다했다. 그는 저명한 철학자이자 법률 이론가인 크리스티안 토마시우스(Christian Thomasius)의 도움을 받았으며, 둘은 프랑케의 독실한 루터교적 이상과 전인교육의 가치에 대한 신념을 공유했다. 특히 토마시우스는 법과 도덕에는 차이가 존재하며 법이 간섭할 권리가 없는 사적 도덕의 영역이 있다고 주장한 것으로 유명하다. 이것은 과거에 인정받지 못했던 새로운 생각이었다. 실제로 1650년대 영국의 올리버 크롬웰을 위시한 일부 기독교 정권은 정반대의 노선을 취하여 사적인 죄를 범한 사람들까지 처벌했다. 그러나 토마시우스의 대안적 견해는 훗날 법의 역할과 도덕의 본질에 대한 현대적인 개념의 중심이 되었다.

프랑케와 토마시우스는 할레를 독일 최고의 대학으로 만드는 데 성공했다. 당시 라틴어가 여전히 대학에서 일반적으로 사용되었음에도 토마시우스는 라틴어보다 독일어로 학생들을 가르치는 데 헌신했다. 이런 점을 고려할 때 당시 할레 대학은 가장 **독일적인** 대학이었다. 할레의 또 다른 기독교 사상가이자 유명한 철학자인 크리스티안 볼프(Christian Wolff)도 모두가 이해할 수 있는 언어로 배움에 접근할 수 있게 하자는 이상을 공유했다. 볼프는 하나님의 존재와 기독교의 진리가 수학 이론만큼이나 확실하게 증명될 수 있다고 믿었는데, 이는 오늘날 기독교인들조차도 일반적으로 받아들이지 않는 생각이다. 그러나 현대인의 입장에서 볼 때, 그는 철학이 지금까지 가지고 있었던 다소 기술적인 성격에서 탈피하고 싶어 했다. 당시 철학자 무리는 큰 가발을 쓰고 딱 부러지는 논리로 편지와 에세이를 주고받는 똑똑한 사람들(주로 귀족들)로 구성되어 있었다. 반면 볼프는 모든 사람이 자신의 책을 읽기 바라는 소망을 담아 독일어로 출판했고, 그 결과 그가 저술한 『독일 논리』(*German Logic*) 또는 『인간 이해의 힘에 대한 이성적인 사고』(*Rational Thoughts on the Strengths of the Human Understanding*) 같은 책은 독일 전역에서 베스트셀러가 되었다. 독일 계몽주의 운동은 프랑케나 토마시우스를 위시한 루터교 교육자들이 품은 기독교적 이상에서 많은 힘을 얻었으며, 힐레는 이 운동의 중심지였다.

What Has Christianity Ever Done for Us?

5장
개인, 사회 그리고 세계

1987년 당시 영국 총리였던 마거릿 대처(Margaret Thatcher)는 세 번째 선거에서 승리한 지 몇 달 후 “사회라는 것은 없다”고 말했다. 자신의 생각을 거리낌 없이 말했던 한 공인의 악명 높은 발언 중 하나였다. 많은 이들은 이 말을 주변인과 연결되어 있지 않은 채 본질적으로 고독한 삶을 사는 냉정한 현대 서구 사회의 전형을 표현한 것으로 받아들였다. 물론 대처는 이와 정반대로 사람들이 사회나 국가에 지나치게 의존하여 문제를 해결하려는 경향을 공격한 것이었다. 이는 개인과 사회의 균형을 어떻게 맞출 것인가에 관한 오랜 딜레마였다. 사람들은 어느 정도까지 스스로를 책임져야 하고, 어느 정도까지 다른 사람들을 돌봐야 할까? 서구 사회에서 이 문제는 대부분 기독교가 규정한 방식에 따라 발전해왔다.

387년에 한 젊은이가 밀라노의 한 정원에 앉아 괴로워하고 있었다. 그는 여러 해 동안 철학, 종교, 과학의 문제들과 씨름해왔지만, 탐구한 어떤 내용으로도 평화를 얻을 수 없었다. 그러다가 갑자기 옆 정원에서 "집어 들고서 읽어라, 집어 들고서 읽어라"라는 음성을 들었다. 몹시 괴로운 상태였던 그는 그 음성을 하나님의 명령으로 받아들였고, 그렇게 해서 집어든 사도 바울의 서신에서 간절히 찾던 것을 발견했다.

아우구스티누스가 기독교로 개종한 것은 서구 사상사에서 가장 중요한 사건 중 하나였다. 아우구스티누스는 신약성경 저자들 다음으로 가장 중요한 기독교 저술가가 될 운명이었지만, 그 이상으로 광범위한 주제를 다룬 주요 사상가였다. 기독교에 대한 그의 이해는 향후 모든 서구 기독교뿐만 아니라 서구 사상 자체에도 깊은 영향을 미치게 된다. 탈 기독교 세계(post-Christian world)에 접어든 오늘날에도 사람들은 아우구스티누스가 처음으로 제시한 사상에 따라 사고하고 있다.

어떤 면에서 밀라노의 그 정원에서 아우구스티누스가 개종한 이야기는 그가 후대에 미친 영향력의 중요한 측면 하나를 보여준다. 우리가 이 이야기를 아는 이유는 아우구스티누스가 직접 그렇게 이야기를 했기 때문이다. 그는 그때 자신이 들은 신비한 목소리가 옆 정원에서 게임을 하고 있던 아이의 목소리였다는 설명을 덧붙였다. 『고백록』(*Confessions*)은 최초의 자서전으로서, 아우구스티누스의 삶과 그가 기독교인이 된 과정을 감동적으로 서술한 기록이다. 이 책은 하나님께 드리는 기도의 형식을 취하고 있지만, 그는 이 기도를 자신의 삶에 대한 기록으로 제시함으로써 근본적으로 새로운 일을 하고 있었다. 아우구스티누스는 하나님이 세상에서 일하는

아우구스티누스가 밀라노에 있는 자신의 정원에서 번뇌하며 앉아 있는 모습을 그린 그림(도미니크회 수도사 안젤리코, 1387-1455년)

동안 그분이 가장 극적으로 활동하는 곳은 신사(혹은 그의 경우처럼 곧 신자가 될 사람) 개개인의 영혼이라는 사실을 인식하고 있었다. 더욱이 그는 자신의 이야기에 뭔가 특별한 것이 있음을 깨달았다. 그래서 자신의 영적인 여정을 서술하고 그것을 세상에 발표함으로써 처음으로 자아(self)의 중요성을 인정했다. 이 책은 즉각적으로 큰 성공을 거두었는데, 그것은 아마도 그의 영적 여정에 대한 사색의 대부분이 학교와 청년 시절 카르타고에서 저지른 다양한 죄에 관한 것이었기 때문이다.

이와 동일한 기본적인 접근법은 아우구스티누스의 정신(mind)의 본질에 대한 분석에서도 나오는데, 이것은 그의 논문인 「삼위일체론」(*On the Trinity*)의 많은 부분을 형성하고 있다. 아우구스티누스는 삼위일체에 대한 그의 가르침을 인간의 본성과 비교하여 설명한다. 예를 들어 그는 인간의 영혼이 기억, 지성, 의지의 세 가지 능력을 포함하는 것처럼, 하나님도 성부, 성자, 성령의 세 인격으로 나타난다고 주장한다. 하지만 놀라운 점은 아우구스티누스가 여기서 다시 한번 자신의 경험에 호소한다는 것이다. 그는 다른 정신적 능력에 대해 논하면서 우리가 그것들을 직접 경험했기 때문에 그것들에 대해 알고 있다고 말한다. 실제로 그는 1인칭을 사용하여, 이 문제에 대해 생각하고 있는 "나"는 "나"에 대한 경험을 가지고 있다고 지적한다. 이는 인간의 본질에 대한 이전의 저술과 뚜렷한 대조를 이룬다. 예를 들어 플라톤의 『파이돈』(*Phaedo*)을 생각해보자. 이 글은 소크라테스가 죽기 전 친구들과 나눈 토론 형식으로 제시된다. 주어진 상황에 적절하게도 소크라테스는 죽음 이후의 삶과 영혼의 본질에 대해 이야기하고, 육체가 죽은 후에도 영혼은 살아 있기 때문에 친구들이 곧 닥칠 그의 죽음으로 인해 속상해하지 말아야 한다고 설명하면서 마지막 시간을 보낸다. 그러나 플라톤은 소크라테스가 인간의 본질이 무엇인지에 대한 그의 개인적 경험을 주장한 것으로 묘사하지 않는다. 오히려 소크라테스는 인간의 본질 전체에 대해 일반적인 용어로 말한다.

아우구스티누스가 개인적인 경험을 강조한 것은 그의 기독교 신앙과 밀접한 관련이 있었다. 자서전의 제목이 암시하듯이 아우구스티누스는 자신이 살아온 삶에 대해 전적으로 긍정적인 견해를 제시하지는 않았다. 그의 고백록의 내용이 믿을 만한 것이라고 가정하고 그의 생을 재구성해보면, 그는 대부분의 시간을 이런저런 죄책감에 사로잡혀 보낸 것 같다. 아우구스티누스의 글에는 자신의 죄에 대한 끔찍한 자각이 반영되어 있다. 동시에 그는 죄악으로부터 자신을 구해주신 하나님의 은총을 인식하고 있었다. 기도로 표현된 고백록의 경건한 어조에서 알 수 있듯이, 하나님께 드리는 감사의 기도로 자신의 인생 이야기를 보여준 것이다.

아우구스티누스는 서구 사상에 동양 철학을 비롯한 다른 것에서는 찾아볼 수 없는 특징적인 구분을 드러나게 했다. 그는 후대 철학과 과학의 기초가 되는 주관과 객관, **내면**과 **외면**, **나**와 **타인** 사이의 구분을 명확히 했다. 또한 외적이고 공적인 삶과는 질적으로 다른 내적이고 사적인 삶이라는 기본적인 개념을 부여했다. 아우구스티누스는 이런 구분을 통해 자신을 돌아보고 성찰하는 기독교 영성의 측면을 처음으로 소개했다. 그러나 이보다 더 중요한 점은 자아와 비자아(not-self) 사이의 근본적인 차이를 누구보다도 더 명확하게 표현함으로써 현대 서구 세계관의 기초를 마련했다는 것이다.

17세기의 가장 중요한 철학자이자 근대성을 이끈 르네 데카르트(René Descartes)는 주관과 객관의 구별을 사상의 핵심으로 삼았다. 데카르트는 세상을 물질적인 세계와 정신적인 세계로 명확히 구분했는데, 이 둘은 서로 협력할 수는 있지만 결코 만날 수 없는 별개의 영역이다. 데카르트는 예수회에서 교육을 받은 가톨릭 신자로서, 아우구스티누스의 언어와 사상을 상당 부분 차용해서 자신의 철학의 기본 사상을 제시하는 『성찰』(*Meditation*)을 저술했다. 아우구스티누스와 마찬가지로 데카르트는 자신의 철학적 여정을 자기 본질과 주관적인 경험에 집중하는 성찰의 과정으로 제시하며, 실제로 이런 경험 밖에 있는 것은 무엇이든 그 존재를 의심하는 정도까지 나아간다. 그러나 데카르트는 이런 접근법을 새롭고 현대적인 방식으로 과학에 적용했다. 단순한 철학자가 아니라 물리학자이자 과학 실험자였던 데카르트는 "정신"(mind)은 능동적으로 생각하는 반면 "물질"(matter)은 타성적으로 그냥 거기에 머물러 있다는 기본 개념을 갖고 있었는데, 이는 그가 과학이란 정

근사한 모습의 르네 데카르트
(프란스 할스, 1640년경)

신을 통해 물질을 능동적으로 조사하는 행위라고 인식하고 있었음을 의미했다. 즉 정신은 연구하기 위해 존재하고 물질세계는 연구되기 위해 존재한다는 것이다. 실제로 데카르트는 사람과 동물의 몸을 포함한 물질세계는 다른 형태와 크기의 작은 볼 베어링이 서로 기계적으로 반응하는 "미립자"(*corpuscles*)로 구성되어 있다고 주장했다. 데카르트의 물리학은 그가 죽은 지 50년 만에 폐기되었지만, 주체와 객체 그리고 면밀히 관찰하는 과학자와 그렇게 관찰되는 대상 사이의 근본적인 구분은 현대 과학 프로젝트의 핵심으로 남아 있었다.

그러나 개인에 대한 강조가 아우구스티누스 이래 서구 기독교의 중심이었다면, 이에 상응하는 집단에 대한 강조는 훨씬 이전부터 중요하게 여겨졌다.

모두를 위한 하나, 하나를 위한 모두: 하나의 육체, 하나의 영혼

초기 기독교인들은 사회 같은 것은 없다는 마거릿 대처의 말에 절대 동의하지 않았을 것이다. 오히려 그들은 자신을 실질적인 한 사람으로 생각했다. 사도행전 4장에는 초기 기독교인들이 사회를 묘사하는 유명한 부분이 있다. 그들은 모든 것을 공유했으며 각자 자신의 소유를 지도자들에게 주어 필요에 따라 그것을 재분배하도록 했다. 이는 다소 이상주의적인 묘사일 수도 있지만(어쨌든 사도행전은 수십 년 후에 쓰인 책이다), 사도행전이 암시하는 연대의식은 분명 현실적이었다.

실제로 1세기의 가장 중요한 신학자인 바울은 (그 안에 있는 모든 사람이 함께한다는) 연대의 개념을 핵심으로 삼았다. 바울은 교회 구성원마다 각기 다른 은사와 능력을 갖고 있으며 모두의 이익을 위해 그것을 합쳐야만 성

"그중에 가난한 사람이 없으니 이는 밭과 집 있는 자는 팔아 그 판 것의 값을 가져다가 사도들의 발 앞에 두매 그들이 각 사람의 필요를 따라 나누어 줌이라."
_ 사도행전 4:34-35

공할 수 있다는 것을 알았다. 그는 고린도 교회에 보낸 첫 편지에서 교회를 사람의 몸에 비유하면서 그 몸에는 다양한 부위가 있고 신체의 안녕을 위해 그 모두가 다 필요하다고 말한다. "만일 한 지체가 고통을 받으면 모든 지체가 함께 고통을 받고 한 지체가 영광을 얻으면 모든 지체가 함께 즐거워하느니라."

하지만 거기에는 이보다 더 많은 의미가 있다. 바울의 생각에는 서로 다른 기독교인들은 실제로 모두 한 몸, 즉 그리스도의 몸의 일부다. 그는 로마에 있는 그리스도인들에게 쓴 편지에서 "우리가 한 몸에 많은 지체를 가졌으나 모든 지체가 같은 기능을 가진 것이 아니니 이와 같이 우리 많은 사람이 그리스도 안에서 한 몸이 되어 서로 지체가 되었느니라"고 말한다. 바울의 신학은 이처럼 그리스도인들은 그리스도와 연합함에 따라 서로 연합하게 된다는 개념을 중심으로 전개된다. 로마에 있는 기독교인들에게 보낸 같은 편지에서 그는 그리스도에게 연합함으로써 어떻게 구원을 얻게 되는지를 다음과 같이 설명했다.

> 무릇 그리스도 예수와 합하여 세례를 받은 우리는 그의 죽으심과 합하여 세례를 받은 줄을 알지 못하느냐? 그러므로 우리가 그의 죽으심과 합하여 세례를 받음으로 그와 함께 장사되었나니 이는 아버지의 영광으로 말미암아 그리스도를 죽은 자 가운데서 살리심과 같이 우리로 또한 새 생명 가운데서 행하

게 하려 함이라. 만일 우리가 그의 죽으심과 같은 모양으로 연합한 자가 되었으면 또한 그의 부활과 같은 모양으로 연합한 자도 되리라(로마서 6:3-5).

이 언어는 분명히 특이하다. 바울은 기독교인과 그리스도의 연합이 너무나 강해서 그리스도에게 일어나는 일이 기독교인에게도 일어난다고 말하는 것이 합리적이라고 주장하는 것처럼 보인다. 그리스도는 죽었다. 그리고 이와 마찬가지로, 우리의 죄 많은 예전의 삶도 그와 함께 죽을 수 있다. 그리스도는 다시 살아났다. 그리고 이와 마찬가지로 그리스도인들은 새롭게 다시 살아날 것이다(바울에게 구원은 항상 미래에 일어날 일이었다). 바울은 종종 "그리스도 안에서"라는 흥미로운 표현을 사용했는데, 그 어구는 기독교인들이 너무 자주 써서 평범해진 표현이지만 바울의 편지를 처음 읽는 사람들에게는 매우 특이하게 보였을 것이다. 그리스도는 사람들이 그 안에 들어갈 수 있는 일종의 상자 같은 존재인가? 그 "안", 그에게 "연합"하는 것, "그의 죽으심과 합하여 세례를 받는 것"이 실제로 무엇을 의미하는가? 바울은 그런 질문에 대답하지 않았고, 그 질문들은 수 세기 동안 신학자들을 괴롭혀왔다. 그러나 기독교인들은 모두 그리스도와 연합되어 있기 때문에, 그들 사이에는 매우 밀접한 관계가 있으며 이는 겉으로 보이는 다른 모든 분열을 허물어뜨리는 것처럼 보인다. 그는 갈라디아 교인들에게 보낸 편지에서 "너희는 유대인이나 헬라인이나 종이나 자유인이나 남자나 여자나 다 그리스도 예수 안에서 하나이니라"는 유명한 표현을 사용했다. 바울은 특이할 정도로 그 견해를 밀어붙였다. 고린도전서 1장에서 그는 불신자와 결혼한 사람에게 이혼하지 말라고 권면했다. 그리스도인과 결혼한 불신자는 그리스도와 연합한 그리스도인과 결합했기 때문에 "거룩하게 된다"는 게 그 이유였다.

“테베레강이 범람하거나 나일강이 들판에 물을 흘려보내지 않는다면, 하늘이 비를 내리지 않는다면, 지진이 일어난다면, 기근이나 페스트가 발생한다면, 즉시 ‘그리스도인들을 사자의 밥으로 던져라!’라고 소리칠 것이다. 뭐라고? 사자 한 마리에게 그 모든 사람을 던진다고?”

_ 테르툴리아누스, 『호교론』 40, 197년

바울이 편지를 쓴 직후 기독교는 로마의 전통신을 부정했다는 이유로 비애국적이고 심지어 반역적인 신앙이라는 평가를 받아 금지된 종교가 되었다. 베드로, 야고보, 바울을 포함한 1세대 기독교 지도자들은 모두 사형을 당했다. 기독교인들이 더 큰 연대감을 갖게 된 것은 당연한 결과다. 그들은 이 모든 일에 함께했기 때문이다. 고대의 우정 이론에는 다소 유쾌한 전통이 있었는데, 바로 친구는 어떤 의미에서 두 번째 자아, 즉 자기 영혼의 연장선상에 있는 존재라는 것이다. 마르쿠스 미누키우스 펠릭스(Marcus Minucius Felix)라는 멋진 이름을 가진 2세기 기독교 작가는 죽은 친구 옥타비우스에 대해 언급하면서 이 개념을 사용했다. 그는 친구에 대한 친밀감이 너무 컸기 때문에 자신의 친구를 기억할 때 단순히 과거를 기억하는 것이 아니라 실제로 과거를 되새기는 것 같았고, 둘 사이에는 하나의 마음만 있었다고 생각될 정도로 서로 닮아 있었다고 기록했다. 그리고 기독교인들도 같은 방식으로 자신들의 공동체에 대해 이야기했다. 미누키우스 펠릭스와 동시대를 살았던 최초의 위대한 라틴 신학자인 테르툴리아누스는 기독교인들을 대적하는 자들이 퍼뜨린 비방을 공격하고 그들의 삶의 방식과 사상을 긍정적으로 제시하기 위해 그 유명한 『호교론』(*Apology*)을 썼다. 그에 따르면 이교도들은 놀라움을 금치 못하면서 “그들이 얼마나 서로 사랑하는지 보라!"고 말하곤 했다. 이교도들은 기독교인들이 형제가 아닌데 왜 서로를 "형제"라고 부르는지 이해할 수 없었다. 테르툴리아누스는 동일한 무지 속에서 태어나 한 하늘 아버지에 대한 동일한 지식을 갖게 된 기독교인들은 혈연으로만 맺어진 사람들보다 서로를 더 형제처럼 여길 이유가 많다고 언급했다. 그리스도인들은 서로를 부정하지 않았고 모든 것을 공유했다. 그들은 모두를 묶는 한 마음과 영혼을 소유했다고 말할 수 있다.

따라서 적어도 초기 교회에서는 기독교인이 된다는 것이 단지 어떤 것을 믿고 특정한 방식으로 행동한다는 뜻이 아니었다. 그것은 단순히 공통점을 가진 사람들이 모인 공동체의 일원이 아니라, 그들 사이의 유대가 그 어떤 것보다 더 중요한 공동체의 일원이라는 의미였다. 19세기 러시아의 기독교 시인이자 발명가, 정치 사상가인 알렉시스 호먀코프는 이렇게 말했다. "우리 중 한 명이 넘어지면 그 사람 혼자 넘어진다는 것을 알고 있지만, 그 누구도 혼자의 힘으로는 구원받지 못한다. 그는 교회 안에서, 교회의 일원으로서, 교회의 다른 모든 구성원과 연합하여 구원받는다."

이는 항상 기독교의 핵심으로서 종교가 지닌 사회적 영향력의 일부를 형성해온 사상이었다. 결국 믿음이 개인의 장벽을 뛰어넘는다면 국적, 인종, 성별, 사회적 지위의 장벽도 초월하는 것이다. 11세기의 주요 인물인 피에트로 다미아니(Peter Damian)는 이 개념을 잘 표현했다. (학비를 지불해준 형에게 경의를 표하기 위해 "다미아니"라는 이름을 사용한) 피에트로는 이탈리아를 비롯한 전 세계를 돌아다니면서 교황의 명령에 따라 성직자 학대 문제를 대처하는 데 헌신한 열정적인 개혁가였다. 그는 은퇴하고 수도원으로 돌아가기를 갈망했지만 이것은 결코 허락되지 않았다. 그럼에도 불구하고 피에트로는 편지를 쓸 시간이 많았고, 그 시간을 이용해 쓴 편지 중에는 "은둔자 레오"라는 사람에게 매우 특이한 문제에 관해 상담하는 내용이 담겨 있다. 레오는 성직자였고 다른 많은 은둔자처럼 사람이 없는 교회에서 혼자 예배드리는 습관이 있었던 것 같다. 그렇다면 기록된 말씀에 따라 "주님이 당신과 함께하시기를"과 같은 구절을 말할 때는 어떻게 해야 했을까? 누구에게 말했을까? 그 방의 벽에 있는 벽돌을 향해 말해야 했을까? 피에트로는 만약 레오가 기독교인이라면 결코 혼자 있는 게 아니라고 답했다. 교회 전체가 영으로(in spirit) 그와 함께하고 있기 때문이다. 한 명의 기독교인이 있는 곳에는 모든 기독교인이 그곳에 영으로 함께 있는 것이다. 따라서 레오는 그곳에 있는 모든 기독교인에게 말하는 것이므로 "주님이 함께하시기를"이라는 말을 해도 어색하거나 부적절한 일을 한 게 아니다.

현대에 이런 일반적인 관점을 대표하는 중요한 인물은 케이프타운 성공회의 전 대주교인 데스몬드 투투(Desmond Tutu)다. 그의 사상은 아프

데스몬드 투투가 넬슨 만델라의 석방을 축하하기 위해 1990년에 남아프리카에서 열린 레인보우 콘서트에서 연설하고 있다.

리카의 공동체 개념을 따서 "우분투 신학"(ubuntu theology)이라고 불리기도 한다. 투투는 기독교는 공동체, 즉 서로 다른 파벌 간의 장벽을 초월해 함께하는 연대의식에 관한 것이라고 주장하며, 이런 개념이 기독교뿐만 아니라 아프리카의 전통적인 가치에도 깊이 내재되어 있다고 말한다. 그는 평화로운 공동체 안에서만 진정한 인간이 될 수 있다고 믿었기 때문에 남아프리카공화국의 불의한 인종 차별 정책에 맞서 싸웠다. 그는 흑인을 억압한 사람들에 대해 적대적인 태도를 조장하기보다는 항상 중재하고 화해시킴으로써 그 누구도 배제되지 않고 모든 사람이 포함될 수 있도록 애썼다.

1장에서 살펴본 과거와의 연관성을 일깨우는 데 도움을 준 것이 바로 이런 기본적인 태도다. 기독교인들은 과거와 현재 구성원이 모두 똑같이 중요한 공동체를 형성한다고 본다. 앞으로 7장에서 살펴보겠지만 친밀함에 대한 기독교인 사이의 이런 개념은 윤리와 도덕에 대한 기독교적 이해에 중요한 영향을 끼쳤다.

음악을 만들어내는 양파: 조화로운 세상

그렇기 때문에 기독교 내에서는 사람들을 분리하기보다는 그 사이의 연결고리를 강조하는 강력한 **연대**(solidarity)의 전통이 강했던 것 같다. 이는 우리가 3장에서 기독교인과 장소에 관해 살펴본 내용과 일치한다. 중세 시대에는 영적·물질적 영역이 긴밀하게 조화를 이루며 작동하고, 영적 존재이자 물질적 존재인 인간이 그 사이에 존재한다는 사상이 발전했다. 20세기의 기독교 작가 C. S. 루이스는 인간을 "양면적"(amphibious)이라고 묘사했는데, 이는 동일한 개념을 표현하는 멋진 방법이다. 오늘날 과학자들은 평균적인 별 크기의 질량을 만드는 데 평균적인 인간을 만드는 원자(atoms) 수만큼 많은 인간이 필요하다고 이야기한다. 우리는 원자와 별의 중간쯤에 있다. 그리고 중세 기독교인들에게 인간은 신과 악마의 중간쯤에 있었다. (고대 천문학자의 이름을 딴) 프톨레마이오스적 세계관에 따르면, 지구는 하나의 구체(球體)이며 지구를 중심으로 그 주위를 달과 태양과 다른 행성들이 각각의 궤도를 따라 공전하고 있다고 한다. 그들 너머에는 항성이 있었다. 이 체계는 일련의 동심원을 그리는 유리 구체 또는 양파의 층과 같았다. 가장 바깥쪽의 구체 밖에 있는 하나님이 모든 것을 둘러싸고 그것을 계속 움직이게 했다. 하나님의 손은 가장 바깥쪽 구체를 움직였고, 그 움직임이 안쪽의 모든 층으로 전달되었다. (최대한 하나님으로부터 멀리 떨어져 있지만 여전히 하나님에 의해 둘러싸여 있는) 중앙에는 지옥이 있는데, 그것은 지구의 중심에 자리한 일종의 동굴이었다. 하늘과 지옥 중간에는 인간이 사는 세계가 있었다.

이런 세계관은 우리에게 독특한 인상을 준다. 이론적으로 땅을 파서 지옥으로 갈 수 있다고 믿는 현대 기독교인은 거의 없을 것이다. 이 세계가 기념품 가게에서 파는 유리돔 오르골처럼 일종의 눈보라 거품으로 뒤덮인 장난감 같은 곳이라고 믿지 않는 것처럼 말이다. 그러나 이 세계관에서 중요한 것은 천문학적인 세부 사항이 아니라 그 밑바탕에 깔린 원리인 유기적 통일성이다. 세상을 이루는 체계 안의 모든 요소는 그 유명한 "우주의 음악"(music of the spheres)으로 대표되는 아름다운 조화를 이루며 존재했다. 이 개념은 기원전 6세기에 살았던 그리스의 철학자이자 신비주의자이며 수학자인 피타고라스(Pythagoras)로 거슬러 올라간다. 피타고라스는 알려진 바가 거의 없는 다소 특이한 인물로, 자신을 현자 또는 종교적인 인물로 여겼으며 당시 유행했던 얇은 천을 몸에 걸치는 대신 바지를 입는 이상한 습관을 갖고 있었다. 피타고라스는 일종의 종교 단체 비슷한 것을 시작했는데, 구성원들은 그가 가르친 숫자 신비주의(number mysticism)를 중심으로 삶을 영위했다. 그들은 세상이 본질적으로 숫자로 이루어져 있기 때문에 수학 연구가 세계를 이해하는 열쇠가 된다고 믿었다. 특히 피타고라스 학파는 음악이 수학과 같다는 발견에 매료되었다. 서로 다른 음률 사이의 관계가 비율로 표현될 수 있다. 따라서 음악은 그들에게 매우 중요한 것이었고, 그들은 음악이 이 세상에도 내재되어 있다고 믿었다. 그들은 또한 우주가 지구를 중심으로 일련의 동심원을 그리고 있는 행성들로 구성되어 있으며, 이것들은 수학적으로 알맞은 비율에 따라 서로 간격을 두고 있어야 한다고 믿었다. 피타고라스 학파의 설명에 따르면 행성들이 회전할 때 그 행성들 사이의 비율이 일종의 우주 음악을 만들어내고 있는데, 이 음악은 일반인의 귀에는 들리지 않지만 온 세상에 퍼져 있고 신비주의적인 성향의 사람들만 그것을 들을 수 있다고 한다.

따라서 질서와 조화의 개념은 완벽과 세계가 어떻게 작동하는지에 대한 고대의 이해의 핵심이 되었다. 이 개념은 기독교인들에 의해 열광적으로 받아들여졌다. 예를 들어 아우구스티누스는 서로 다른 숫자 사이의 비율이 하나님의 완전성을 나타내는 메아리라고 여겼다. 그래서 이런 비율을 음악이나 예술에 구현함으로써 하나님의 영광을 매우 실제적인 방법으로 표현할 수 있다고 봤다. 12세기에 샤르트르의 티에리(Thierry)는 이 생각을 매우 강하게 받아들인 나머지 신학을 기하학으로 바꿔버렸다는 비난을 받기도 했다!

조화의 개념은 르네상스 시대에 더욱 두드러지게 나타났다. 15세기부터 17세기 초까지 사람들은 의식적으로 고대 사상을 되살리기 위해 노력했다. 그들은 고대 사상을 중세에서 물려받은 사상과 결합하여 기독교

> **"세상에 대한 사색은 마음을 넓혀주고, 하나님의 섭리와 심판에 관한 생각은 마음을 고양시킨다. 영적인 것에 대한 지식은 정신을 고양시키고 그것을 성삼위일체 앞에 내보인다."**
>
> _ 에바그리오스 폰티코스, *To the Monks* 135-136, 390년경

와 신비주의적인 이교도 신앙의 묘한 혼합물을 만들어냈다. 르네상스 시대의 현자들은 우주의 만물이 다른 모든 것과 연결되어 있다고 믿었다. 특히 그들은 모든 인간이 우주의 축소판 같은 존재라는 "소우주" 교리를 주장했다. 이것은 물리적 차원에도 적용된다. 예를 들어 정맥은 강과 같고, 폐의 호흡은 대기와 같다. 이보다 더 심오한 점은 그것이 영적으로도 적용된다는 것이다. 르네상스 철학자들은 만물을 알기 위해서는 우리 자신의 마음속을 탐색하면 된다고 주장했다. 만물이 거기에 반영되어 있기 때문이다. 위대한 플라톤주의 철학자이자 기독교 설교자인 마르실리오 피치노(Marsilio Ficino)는 인간의 영혼이 우주의 중심이라고 가르쳤다. 우주에는 매우 질서정연하고 교감적인 공명이 그 사이에 스며들어 있기 때문에 우리가 오직 자신에게 집중할 때 모든 것을 이해할 수 있다.

비록 피치노와 같은 생각을 지닌 사람들은 이교도의 것이라고 알고 있었던 신비주의적인 플라톤의 철학에 의해 영감을 받았지만, 보다 정통한 기독교 전통을 활용하기도 했다. 초기에 중동의 기독교인들은 인간의 영혼과 그 깊이에 초점을 맞춘 일종의 신비주의를 개척해왔다. 아이러니하게도 이 신비주의자 중 가장 중요한 인물들이 쓴 작품이 잘못된 이름으로 보존되어오는 바람에 실제로 누가 저자인지 아무도 모른다. 4세기 이집트에 살았던 금욕주의자인 마카리우스의 작품으로 보인다는 이유로 단순

히 "위-마카리우스"(Pseudo-Macarius)로 알려진 사람도 있다. 사실 그 글은 이집트보다 시리아 지역에서 더 흔했던 영성을 반영하고 있기 때문에 시리아에서 나온 것으로 보인다. 위-마카리우스의 영성은 인간 영성의 중심인 "마음"을 중심으로 전개된다. 그가 이런 글을 쓰고 있을 때 플라톤의 영향을 받은 많은 기독교인들은 영혼과 육체의 구분을 강조하고 있었다. 그들은 영혼이 본래 영적인 것으로서 육체와 상당히 다르며, 가능한 한 육체적인 것보다는 하나님께 초점을 맞춰야 한다고 믿었다. 그러나 위-마카리우스는 "마음"에 대해 말하면서 영혼을 육체로부터 분리하여 이해할 수 없다고 강조했다. 더욱이 플라톤 학파의 기독교인들은 영적인 삶을 이성의 관점에서 생각하면서 하나님을 어떻게 이성으로 이해할 수 있는지에 관심을 가졌던 반면, 위-마카리우스는 훨씬 더 감성적으로 접근했다. 그는 영적인 진보에 마음뿐만 아니라 감정과 전 인격이 포함된다고 보았다. 플라톤 학파의 기독교인들은 영혼이 본질적으로 육체에서 분리되어 하나님을 찾아야 한다고 믿었지만, 위-마카리우스는 하나님을 찾기 위해 자신의 내면을 들여다보아야 한다고 가르쳤다. 인간의 마음속에서 선과 악의 끊임없는 싸움이 벌어지고 있고, 하나님은 인간의 마음 안에서 역사한다. 왜냐하면 마음은 무수히 많은 방이 있는 저택이나 끝없는 동굴처럼 무한한 깊이를 갖고 있기 때문이다. 위-마카리우스는 43번째 강론에서 다음과 같이 말했다.

> 마음 자체는 작은 그릇일 뿐이지만, 거기에는 용과 사자도 있다. 그곳에는 독이 있는 짐승들과 악마의 모든 보물이 있다. 그리고 거기에는 험하고 울퉁불퉁한 길이 있다. 거기에는 절벽이 있다. 그러나 또한 하나님과 천사들과 생명과 하나님 나라와 빛과 사도들과 은총의 보물들이 있다. 거기에는 모든 것이

있다.

고대 그리스의 철학자 프로타고라스(Protagoras)는 "인간은 만물의 척도"라고 말했다. 그가 무슨 뜻으로 한 말인지는 확실하지 않다. 그러나 위-마카리우스 같은 기독교 신비주의자들은 이 사상에 급진적이고 새로운 기독교적 관점을 부여했고, 이는 르네상스 시대에 중요한 사상이 되었다. 인간은 세계를 특징짓는 질서와 조화의 필수적인 부분이며, 세상을 창조하고 지탱하는 하나님으로부터 비롯되었다. 우주에 만연한 조화와 연결성에 대한 르네상스 시대의 믿음은 셰익스피어의 『트로일러스와 크리세이스』(*Troilus and Cressida*) 1막 3장에 나오는 율리시스의 유명한 연설에 잘 표현되어 있다. 그 내용은 다음과 같다.

> 천체 자체도, 행성도, 우주의 중심인 지구도
> 위계질서, 우선순위, 지위,
> 규정, 방침, 균형, 계절, 형식,
> 직무와 전통에 따라 질서를 지키고 있죠.
> 그러기에 장엄한 태양은
> 다른 행성들 가운데 왕좌를 차지하고,
> 그 치유의 빛으로
> 사악한 행성들의 나쁜 영향을 바로잡고
> 마치 왕의 명령처럼 망설임 없이
> 그게 선이든 악이든
> 순리를 따르게 하죠.

요하네스 케플러의 초상(한스 폰 아헨, 1612년 이전)

이 우주적인 조화에 관한 개념은 옛 중세 우주론보다 오래 지속되었다. 근대 과학의 출현에 기여한 가장 중요한 인물 중 하나는 요하네스 케플러(Johannes Kepler)였다. 16세기 후반에 살았던 케플러는 특별히 행복한 삶을 살지 못했다. (목욕을 싫어한 것이 그 이유는 아니었겠지만) 그는 자신이 매우 못생겼다고 생각했고, 똑똑하다는 이유로 어릴 때 괴롭힘의 대상이 되었다. 10대 때는 아버지가 그를 버렸고 어머니는 사악한 주술 행위를 하다가 투옥되었다. 그는 결국 가난에 찌든 수학 선생이 되었다. 그럼에도 불구하고 케플러는 수업을 준비하기 위해 칠판에 몇 개의 도표를 그리던 중 위대한 계시를 받았다. 그는 태양이 지구 대신 우주의 중심에 있으며 지구와 다른 모든 것들이 태양의 주위를 공전한다는 코페르니쿠스 이론의 지지자였다. 이 이론은 천체의 조화로운 상호 작용을 포함하여 우주에 대한 오래된 이해를 무의미하게 만드는 것처럼 보였다.

그러나 케플러는 만약 삼각형 하나를 그리는데, 원 하나를 그 삼각형 안에 그리고 다른 원 하나를 그 삼각형 밖에 그린다면 두 원 사이의 관계는 코페르니쿠스 체계 안에 있는 목성과 토성의 궤도 사이의 관계와 같다는 것을 알아냈다. 즉 기하학적인 단순성과 아름다운 비율에 대한 오래된 이상을 이 새로운 사고방식을 통해 보존할 수 있다고 본 것이다.

실제로 케플러는 지구 대신 태양을 중심에 놓으면 이 체계가 기하학적으로 아름답다는 사실을 깨달았다. 관측 결과의 불일치로 말미암아 프톨레마이오스는 그의 체계에 몇 가지 복잡한 요소를 더 추가하게 되었다. 첫째, 각 행성은 지구 주위를 회전하는 유리 구에 붙어 있지만, 행성들은 더 큰 구에 부착된 작은 원 주위를 회전하기도 한다. 둘째, 더 충격적인 사실은 큰 구체들의 공전 궤도가 실제로 지구 중심에 완벽하게 위치하지 않는다는 것이다. 각 구체의 궤도는 지구 내부 어딘가 약간 다른 위치에 각기 다른 중심을 가지고 있었다. 따라서 지구는 중심에 있었지만 모든 행성 궤도의 정확한 중심에 있는 것은 아니다. 가설과 관찰 결과를 일치시키기 위해서는 이런 복잡한 요소들이 추가될 필요가 있었지만, 일부 사람들은 이 가설이 그다지 깔끔해 보이지 않는 것을 우려했다. 케플러는 일단 태양을 중심에 놓으면 모든 것이 훨씬 더 명확해진다는 것을 깨달았다.

케플러는 여기서 더 나아갔다. 오래된 예전 가설에서는 모든 행성이 원을 그리며 지구 주위를 공전했다. 코페르니쿠스는 이 생각을 그의 가설에 그대로 유지하여, 모든 것이 완벽한 원을 그리며 태양을 공전한다고 주장했다. 그러나 케플러는 이것이 정확하지 않음을 깨달았다. 실제로 모든 것은 타원형 궤도로 태양을 공전하는데, 이는 일종의 찌그러진 원이다. 하지만 타원은 원보다 덜 만족스런 모양이 아닐까? 그렇다면 우주의 음악은 어떨

코페르니쿠스가 상상한 태양계의 모습. 모든 것이 태양 주위를 원을 그리며 회전하고 있다. 사실 케플러가 알고 있었던 것처럼, 행성과 달의 궤도는 모두 타원형이다.

"위험 없이는 믿음도 없다. 정확히 말하면 믿음은 개인 내면의 무한한 열정과 객관적인 불확실성 사이의 모순이다. 만약 내가 객관적으로 하나님을 이해할 수 있다면, 나는 하나님을 믿는 것이 아니다. 그러나 정확히 내가 이것을 할 수 없기 때문에 나는 믿어야 한다."

_ 쇠렌 키르케고르, 『철학적 단편에 부치는 비학문적인 해설문』

까? 케플러는 각각의 타원도 수학적으로 정확한 모양이라고 답했다. 행성이 타원의 한 부분에서 다른 부분으로 이동할 때 그 행성들의 속도는 변한다. 태양에 가까이 있을 때는 더 빠르게, 멀어질 때는 더 느리게 움직인다. 그리고 그 속도의 차이는 케플러가 음계의 음정에 해당한다고 믿었던 단순한 비율로 요약될 수 있다. 즉 각각 단일 음을 연주하는 유리구 몇 개가 아니라 전체 음계를 연주하는 여러 개의 다양한 악기가 있다는 뜻이다. 케플러는 실제로 이것이 어떻게 작동하는지를 보여주기 위해 악보를 썼다. 그의 가설에서 행성들은 완벽한 조화를 이룬 하나님을 찬양하는 천상의 합창단인 것이다.

오늘날 과학자들은 케플러를 천문학에 선구적인 업적을 남긴 위대한 인물 중 하나로 여긴다. 동시에 그들은 우주의 음악과 모든 행성이 하나님을 찬양하며 함께 노래하고 있다는 케플러의 신비로운 생각에 다소 당황하고 있다. 그러나 케플러의 시대에는 수학적 과학과 신플라톤주의적인 기독교 신비주의의 결합을 전혀 이상하게 여기지 않았을 것이다. 사실 케플러 시대에는 "신앙"과 "이성" 사이의 현대적 구분, 즉 종교적 열정을 근본으로 하는 활동과 냉철하게 과학적인 증거를 수집하는 일을 구분하는 방법이 아직 발달하지 않았다.

기독교인들은 종종 "맹신"한다는 비난을 받아왔다. 증거가 없는데도 특정 신념을 고수한다는 의미로 그렇게 평가되는 것 같다. 그런 사람들과 논쟁하는 것은 불가능하다. 예를 들어 그들에게 하나님이 존재하지 않는 이유를 말하면 "음, 그냥 믿음으로 받아들여야만 한다"라고 말하면서 대충 넘어갈 것이다. 그들은 비이성적일 뿐만 아니라 상대하기도 엄청나게 힘든 사람들이다.

하지만 이건 일종의 풍자적인 묘사다. 의심할 여지 없이 그런 노선을 취하는 기독교인들이 지금도 있고 항상 존재해왔지만, 그것은 전통적으로 기독교 내에서 소수의 접근 방식이었고 주류에서도 그런 태도에 대해 줄곧 눈살을 찌푸려왔다. 증거나 이성에 관계없이 모든 것을 믿음으로 믿어야 한다는 이런 "신앙주의"(fideism)의 극단적인 형태는 이단으로 간주된 적은 없지만 기독교 내에서 존경받을 만한 입장도 아니었다. 아마도 이런 종류의 기독교를 가장 잘 아는 사람은 19세기 초의 덴마크 철학자 쇠렌 키르케고르(Søren Kierkegaard)라 할 수 있는데, 그는 다소 불행하고 고립된 삶을 살았던 독특한 인물이다. 키르케고르는 삶이란 본질적으로 좋든 싫든 우리가 직면하는 선택이라고 믿었다. 우리는 추상적인 이유가 아니라 현 시점의 즉각적인 경험을 바탕으로 결정을 내릴 수밖에 없다. 예를 들어 즐거운 삶을 살 것인가, 아니면 사람들에게 도움을 주는 삶을 살 것인가? 우리는 어떤 것을 선택하든 계산된 이유 때문이 아니라 우리가 처한 현재 상황에 대한 반응으로 그것을 결정한다. 마찬가지로 과연 우리는 자신을 의지하는 것을 넘어 하나님을 의지하는 데까지 나아갈 수 있을까? 키르케고르는 이를 위해 합리주의적인 걱정을 접어두고 단순히 하나님의 빛 속에

현존하는 쇠렌 키르케고르를 그린 그림 대부분은 특징만 잡아 그린 캐리커처이거나 그를 이상화한 것이지만, 큰 코와 멋진 구레나룻은 빠지지 않는다. 연대 미상의 이 스케치는 루플라우 얀센이 그렸다.

서 살아가는 "신앙의 도약"을 해야 한다고 믿었다.

많은 사람들이 그의 기독교적 견해에 동의하지 않더라도 키르케고르의 고뇌에 찬 실존 철학을 매우 매력적으로 평가했으며, 오늘날 그는 근대 신학 사상가이자 "실존주의"의 대부로 여겨진다. 실존주의는 우주에 존재하는 것이 어떤 것인지 분석하고 그것이 우리에게 던지는 선택에 직면하고자 했던 20세기의 가장 중요한 지적 운동 중 하나다. 키르케고르의 신앙주의를 매력적이라고 생각하는 사람만큼이나 불합리하다고 비난하는 사람도 많다. 만약 "신앙의 도약"을 하는 것이 합리적이지 않다면 왜 그것을 하는가? 더 정확하게 묻는다면 왜 다른 것이 아닌 "신앙의 도약"을 해야 하는가? 왜 다른 신들, 이를테면 이슬람교의 하나님이 아닌 기독교의 하나님을 믿는가? 이와 같은 주장은 극단적 신앙주의가 주류 기독교에서 여전히 소수의 입장에 불과하다는 것을 여실히 보여준다.

키르케고르 자신은 일부 사람들처럼 극단적인 신앙주의자가 아니었다. 그가 말하는 "신앙의 도약"은 이성에 반하는 것이 아니라, 말하자면 이성이 바닥났을 때 하는 것이다. 즉 이성은 우리에게 어느 정도까지만 도움을 줄 수 있고, 그 이후에는 오직 믿음에만 의존해야 한다. 그는 신앙주의에 반대되는 "이성주의"를 비판하고 있었다. 이 접근 방식을 취하는 사람들은 기독교인이라면 아무것도 믿어서는 안되고 오직 진리라고 증명될 수 있는 것만 믿어야 한다고 주장한다. 이런 사고방식은 17-18세기에 대중화되었다. 17세기 케임브리지 대학의 철학자 모임인 케임브리지 플라톤주의자 같은 일부 이성주의자들은 정통주의자였다. 그들은 이성적인 것과 영적인 것은 완전히 같은 것이라고 주장했다. 그러나 이성이 증명한 것만 믿기로 결심한 다른 사람들은 전통적인 기독교 교리 중 상당수가 기대에 미치지 못한다는 결론에 도달하여 삼위일체나 성육신 같은 개념을 버리고, 불필요하다고 생각되는 모든 것을 제거한 이신론으로 알려진 다소 무기력한 기독교의 한 형태를 결론으로 제시하게 된다. 이신론은 18세기에 잠시 유행했지만 논리적 후손인 무신론에 자리를 내주었다.

그렇다면 진정한 기독교적 접근법은 무엇일까? 철학적 입장으로서 유신론이 실제로 기독교보다 앞서 존재했었다는 사실을 고려하면 그 답을 얻을 수 있다. 그리스의 철학자 소크라테스는 자신이 아무것도 모른다는 사실 외에는 아무것도 모른다고 말한 바 있다. 그의 제자 플라톤도 대화 형식으로 쓴 작품에서 이와 비슷하게 의문을 제기하는 태도를 묘사했는데, 그 작품 속에서는 등장인물마다 다른 생각을 표현하고 종종 확고한 결론에 도달하지 못하는 경우가 많았다. 그러나 플라톤의 전통을 물려받은 사람들은 훨씬 더 독단적이 되어 확고한 교리들을 스승의 것으로 귀속시키고, 이를 더욱 명확하고 고착화된 방식으로 가르쳤다. 플라톤이 죽은 지 약 한 세기가 지난 후 아카데미의 수장이었던 아르케실라오스는 그동안 전개되어온 방식에 불만을 품게 되었다. 그는 의문을 제기하는 소크라테스의 태도로 돌아가길 원했고, 그래서 인간은 실제로 아무것도 모른다고 주장했다. 사실 그는 소크라테스가 안다고 주장한 단 한 가지, 즉 자신이 아무것도 모른다는 사실조차 부정했다! 아르케실라오스는 불확실성에 너무 집착한 나머지 그마저도 의심했던 것이다. 하지만 이런 회의주의는 그다지 건설적이지 않았다. 특히 우리가 아무것도 모르는데 어떻게 무엇을 할 수 있겠냐는 지적이 많았다. 아르케실라오스는 우리 모두를 불확실성의 상태

"현자가 배에 탈 때, 확실히 그는 마음속으로 이미 이 배를 이해하고 그가 원하는 대로 이 배가 출항할 것인지 알 수 없을 것이다. 어떻게 그럴 수 있겠는가? 하지만 지금 그가 선원과 전문 항해사와 함께 여기서 떠나 6킬로미터쯤 떨어진 푸테올리로 출발한다면, 이렇게 날씨가 좋은 상황에서는 그가 보기에 그곳에 무사히 도착할 가능성이 크다."

_ 키케로, *The Academics*, 45년경

에 놓음으로써 아무것도 성취하지 못하게 할 것이다.

따라서 아카데미의 후임자인 카르네아데스는 이 일반적인 접근법을 택하여 더 흥미로운 방향으로 전개해나갔다. 그는 우리가 아무것도 알 수 없고 진리를 말해주는 우리의 감각을 결코 신뢰할 수 없지만 사실**처럼 보이는** 특정한 것들이 있다고 주장했다. 예를 들어 나는 내가 이 테이블에 앉아 있다는 사실을 절대로 의심할 수 없다. 만약 그것이 내가 하고 있는 일이라면 말이다. 카르네아데스는 이런 생각이 "설득력"이라고 말하면서 어떤 생각이 다른 생각들보다 더 설득력 있게 만드는 다양한 특성을 나열했다. 따라서 확신을 가질 수는 없지만 우리는 여전히 여러 진술 사이에서 판단하고, 어떤 진술이 다른 진술보다 더 사실일 가능성이 높다고 결정한다. 이를 통해 우리는 세상의 질서를 세울 수 있는 일관된 신념의 틀을 갖게 되고, 그것에 기초하여 합리적으로 행동할 수 있다.

초기 기독교인들이 아카데미에서 진행된 이런 종류의 철학을 좋아하지 않았다는 것은 다소 아이러니한 일이다. 위대한 신학자인 히포의 아우구스티누스는 기독교인이 되자마자 가장 먼저 그들의 사상을 공격하는 책을 썼다. 그는 이런 종류의 철학적 불확실성이 진리를 말하는 기독교와 반대된다고 생각했다. 만약 진리를 알 수 없다면 기독교는 어떻게 되는 것인가? 그러나 사실 카르네아데스 같은 철학자들의 절제된 회의주의는 상당히 합리적일 뿐만 아니라 훗날 기독교인들이 자신의 신앙에 대해 취하게 될 접근 방식과 매우 유사했다.

적어도 현대에는 이런 접근법이 기독교의 주류가 되지만 과거에는 다소 달랐다. 기독교가 진리 곧 확실성의 문제라는 아우구스티누스의 신념은 교회 역사의 초기 몇 세기 동안 대부분의 기독교인과 이교도 철학자 모두가 공통적으로 가졌던, 하나님의 존재를 아주 쉽게 증명할 수 있다는 믿음에 잘 반영되어 있었다. 중세의 기독교 사상가들은 그들의 종교를 이성적으로 증명해보이기 위해 더욱 야심찬 시도를 했다. 예를 들어 11세기 후반에 캔터베리의 대주교였던 안셀무스를 예로 들어보자. 안셀무스는 그다지 유능한 대주교가 아니었고, 정치적 음모에 대해 불쾌감을 느끼는 다소 감정적이고 비현실적인 인물이었다. 이런 성격은 중세 영국에 살면서 별 도움이 되지 못했기 때문에, 그는 왕에 의해 쫓겨나 유배시에서 대부분의 시간을 보냈다. 그렇지만 왕의 사망 소식을 들었을 때 울음을 터뜨렸을 정도로 왕에게 악감정을 품지는 않았다. 다행히도 안셀무스는 글을 쓰면서 마음을 가다듬었고, 그의 작품에는 극도로 강인한 철학적 정신(그리고 동시대의 로스켈리누스 같은 지적 상대를 거칠게 대할 수 있는 정신)이 반영되어 있다. 그는 수학적인 방법으로 하나님의 존재를 증명할 수 있다고 믿었으며("신"이라는 단어의 의미를 분석함으로써 하나님이 존재함을 보여주고자 한 유명한 "존재론적 증명"), 더 나아가 하나님이 인간이 되어 인류를 구원하기 위해 죽었다는 기독교의 중심 교리를 증명하는 일이 가능하다고 믿었다. 그는 『왜 신은 사람이 되었는가?』(*Why God Became Man?*)에서 성경이나 교회의 권위에 의존하지 않고 이성의 힘만으로 이 사실을 증명하고자 했는데, 이는 이런 권위들을 받아들이지 않을 비기독교인들을 설득하는 것이 그의 목표였기 때문이었다.

보다 지속적인 시도는 2세기 반 후에 토마스 아퀴나스에 의해 이루어졌는데, 그는 여러 면에서 중량감 있는 중요한 사상가였다. 그는 외적으로도 체격이 크고 무게가 꽤 나가 보이는 사람이었다. 그럼에도 불구하고 중세의 가장 뛰어난 사상가로서 오늘날에도 여전히 큰 영향력을 미치고 있다(2장에서 살펴보았듯이 5행 희시를 발명했기 때문만은 아니다). 19세기에 그의 신학은 가톨릭교회의 공식 신학으로 부상했고, 이는 모든 가톨릭 신자들이 그의 견해를 받아들여야 함을 의미했다. 1960년대에는 이런 특권적 지위를 잃었지만 아퀴나스가 가톨릭 사상에서 여전히 매우 강력한 목소리를 내고 있는 것은 사실이다. 이런 "공식적인" 지위 때문에 근대 가톨릭교회 내에서 아퀴나스는 모든 것에 대한 해답을 가진 인물로 신격화되었다가, 이와 반대로 유통기간을 훌쩍 넘긴 끔찍한 죽은 권위로 폄하되기도 했다. 물론 진실은 그 중간 어딘가에 있다. 아퀴나스는 하나님과 세계가 본질적으로 서로 조화를 이룬다는 가톨릭의 기본 신앙을 상징한다. 진실은 진실이며 "자연적" 진리와 "종교적" 진리 사이에는 명확한 경계가 없다. 따라서 우리가 과학이나 수학 같은 비종교적인 활동과 연관시킬 수 있는 연구 방법은 이론적으로는 종교적인 영역이라고 여겨지는 것에 적용될 수 있다. 예를 들어 하나님의 존재를 증명하는 것은 물론 하나님을 찾는 것이 만족스러운 삶을 사는 비결이라는 사실도 증

풍문에 따르면 토마스 아퀴나스는 이 그림보다 더 뚱뚱했다고 한다.

명할 수 있다. 그러나 아퀴나스는 이성이 틀릴 수도 있기 때문에 이와 같은 것을 증명할 수 있다고 믿지 않았다. 게다가 모든 사람이 철학적 사색에 시간을 할애할 능력이나 여유, 의지를 갖고 있는 것은 아니다. 아퀴나스는 상아탑에 있는 지식인보다는 평범한 사람들에게 기독교가 어떤 의미를 갖는지에 대해 항상 염려했지만, 자신도 그런 지식인 중 한 명이었다.

아퀴나스는 우리가 아무리 지성이 뛰어나다고 해도 하나님은 우리의 지적 능력보다 훨씬 더 뛰어난 존재이기 때문에 그분을 이해할 수 없다고 말했다. 예를 들어 하나님이 삼위일체라는 것을 이성적으로 증명할 수는 없다. 그러기 위해서는 계시가 필요하다. 다행히도 하나님은 성경과 교회의 가르침이라는 형태로 우리에게 그런 계시를 주었다. 그러나 왜 우리는 이런 계시를 믿어야 하는가? 한편으로 만일 그것들이 진짜 하나님의 계시라면, 하나님은 결코 거짓말을 하지 않기 때문에 그 계시들은 사실일 것이다. 그러나 아퀴나스는 그것들이 참된 계시라는 것을 보여줄 때 약간 더 불확실한 입장에 서게 된다. 앞서 언급한 이유로 그는 그 계시들이 참이라는 것을 **증명**할 수 없다. 하지만 비록 증명할 수는 없어도 어느 정도의 개연성을 시사하는 주장은 할 수 있다. 더 나아가 상대에게 이의를 제기할 수 있다. 예수가 실제로 하나님이 아니었다고 주장하는 사람이 있다면, 아퀴나스는 그 입장에 반대하는 주장을 할 수 있다. 예수가 하나님이었다는 것이 정말 사실이라면 "예수는 하나님이 아니었다"는 말은 거짓이며, 거짓 진술은 적어도 이론적으로는 언제나 반증할 수 있기 때문이다.

따라서 아퀴나스는 이성이 우리에게 확실하게 말해줄 수 있는 실제의 그림을 제시하고, 그 설명을 완성하기 위해 계시의 길을 가리킨다. 이런 식으로 그는 자신보다 앞선 안셀무스의 "이해를 추구하는 신앙"이라는 유명한 원칙을 따른다. 믿음과 이성은 둘 다 신학에서 필수적이지만, 결국 믿음

> **“우주의 존재, 질서에 대한 우주의 순응, 동물과 인간의 존재, 지식을 습득하고 우주를 형성하는 데 협력할 수 있는 큰 기회를 가진 인간들, 역사의 패턴과 기적의 증거가 존재하는 것, 마지막으로 종교적인 경험의 발생은 모두 신이 있다면 우리가 기대할 이유가 있고, 그렇지 않다면 기대할 이유가 적다.”**
>
> _ 리처드 스윈번, 『신의 존재』, 1979년

이 더 중요하다.

그러나 근대에 이르러 종교적인 사고에서 이성이 맡은 역할이 오히려 더 논란이 되었다. 18세기 후반 독일의 철학자 임마누엘 칸트(Immanuel Kant)는 이성은 종교와 같이 우리의 경험 밖에 있는 것들에 대해 확실하게 말할 수 없다고 주장함으로써 낡은 구시대의 접근법에 치명적인 타격을 입혔다. 즉 당신은 하나님의 존재 또는 그와 비슷한 것을 **증명**할 수 없다는 것인데, 칸트는 하나님에 대한 안셀무스의 “존재론적” 주장을 집요하게 공격했다. 가톨릭교회는 1870년 이후 이 입장을 공식적으로 거부하고 이성만으로는 하나님의 존재를 증명할 수 없다는 생각을 비난하고 있지만, 그후로 많은 기독교인들이 이 낡은 사고방식을 수정해왔다. 그들은 극단적인 이성주의나 신앙주의보다는 이성이 비록 확실히 증명할 수는 없더라도 기독교적인 관점 쪽으로 우리의 마음이 기울게 할 수 있다고 제안한다. 오늘날 이런 접근법을 가장 잘 보여주는 사람은 옥스퍼드의 철학자 리처드 스윈번(Richard Swinburne)일 것이다. 그는 이성과 종교가 어떻게 작동하는지에 대한 현대적인 사상과 조화를 이루는 일종의 “오늘날을 위한 아퀴나스” 철학을 창조하기 위해 의식적으로 노력해왔다. 스윈번은 우리가 하나님의 존재나 그 본질에 대한 어떤 것도 증명할 수 없지만, 그것에 대해 생각한다면 하나님의 존재 가능성을 높이는 여러 고려 사항이 있다고 주장한다. 예를 들어 세상이 존재한다는 사실이 하나님이 세상을 창조했다는 것을 증명하지 않지만, 하나님은 세상의 존재에 대한 훌륭한 설명이 될 수 있다. 기독교 신비주의자들이 하나님에 대한 경험을 말한다는 사실이 그들이 하나님을 경험했다는 것을 증명하지는 못하지만, 하나님은 그들의 경험에 대한 하나의 좋은 설명이 될 수 있다. 그리고 만약 우리가 이런 고려 사항과 다른 많은 것들을 함께 생각한다면, 하나님이 존재할 가능성이 그렇지 않을 가능성보다 더 높다는 결론이 나온다. 이런 기본적인 결론을 바탕으로 스윈번은 하나님이 존재할 가능성이 있다면, 그 하나님이 세 지체로 구성된 사랑의 공동체(삼위일체)에 존재할 가능성이 있으며, 우리를 구원하기 위해 인류 역사에 개입할(성육신) 가능성도 있다고 주장했다. 그러나 그는 마지막까지 이성적으로 이런 결론이 애초에 하나님의 존재보다 다소 개연성이 낮다는 것을 인정한다. 스윈번은 권위주의나 독단이 아닌 사려 깊고 설득력 있는 상식적인 기반을 바탕으로 자신의 종교적 견해를 세우고자 한 것이 분명하다. 카르네아데스는 아마도 이런 생각에 크게 공감을 했을 것이다.

토마스 아퀴나스와 리처드 스윈번은 분명히 매우 다른 사상가이며(무엇보다 스윈번은 매우 마른 체구였다) 많은 점에서 서로 의견을 달리한다. 하지만 그들은 역사적으로 종교는 본질적으로 합리적이라는, 주류 기독교가 갖고 있던 보편적인 생각을 반영하고 있다. 이는 합리적인 철학이 기독교 교리를 다룰 수 있다는 아퀴나스의 저작과 상식적이고 "가능성 있는" 논증을 사용한다는 스윈번의 저작에서 잘 드러난다. 다른 방법을 사용하는 기독교인도 있다. 17세기 프랑스의 수학자 블레즈 파스칼(Blaise Pascal)은 젊었을 때 상습적인 도박꾼이었다. 그는 기독교가 이성적이라는 것을 보여주려고 내기를 했다. 당신은 하나님을 믿거나 믿지 않을 것이다. 만약 그분을 믿는다면 당신은 더 행복한 삶을 살 수 있는 혜택을 얻을 것이다(왜냐하면 그것이 당신에게 의미가 있기 때문이다). 게다가 만약 그분이 존재한다면 사후에 보상을 받을 수 있을 것이고, 반대로 그분이 존재하지 않는다면 당신은 결코 그분이 존재한다는 것을 알 수 없을 것이다. 그분을 믿지 않으면 덜 행복한 삶을 살 가능성이 높고, 그가 존재한다는 것이 밝혀지면 큰 곤경에 처할 수 있다. 다시 말해 하나님을 믿지 않는 것보다 믿는 것이 더 낫다는 얘기다. 파스칼은 이런 주장을 통해 사람들이 하나님을 믿게끔 설득하려 한 것이 아니다. 그는 일부 철학자들이 마치 연구해야 할 수학 법칙과 이론처럼 하나님의 존재를 주장하려고 했던 방식을 싫어했고, 도리어 하나님을 믿는 것이 비합리적이지 않다는 것을 보여주고 싶어 했다. 하나님을 믿기로 선택한 사람들에게 그것은 합리적인 선택이다.

믿음과 이성이 본질적으로 대립한다는 일반적인 믿음과는 반대로, 믿음은 때때로 꽤 이성적일 수 있다. 적어도 기독교인들은 그렇게 주장해왔다. 이뿐 아니라 기독교는 역사적으로 매우 합리적 세계관을 형성해왔다. 고대와 중세에 기독교는 총체적이고 체계적이며 이성적인 세계관을 제공했다. 기독교는 세계가 본질적으로 질서를 이루고 있으며 이성적으로 이해될 수 있다는 두 가지 개념을 갖고 있었다. 2장에서 살펴본 단테 알리기에리는 이런 기본 접근법을 가장 잘 표현한 인물이다. 단테의 『신곡』(*The Divine Comedy*)은 토마스 아퀴나스가 묘사한 질서정연하고 체계적인 우주와 동시에 그가 대표했던 이성에 대한 믿음을 반영한다. 이 시에서 단테는 인간이 지닌 이성과 철학 능력을 상징하는 로마의 시인 베르길리우스에 의해 지옥과 연옥을 안내받는다. 그는 자연철학(natural philosophy)을 통해 지옥에서 연옥으로 이동하는데, 이때 안내자는 베르길리우스에서 단테가 사

"'하나님은 있거나 없다'고 가정해보자.…하나님이 있다는 패를 택한 다음 득과 실을 저울질해보자. 다음의 두 경우를 생각해보자. 만약 당신이 이긴다면 모든 것을 얻게 되고, 지면 아무것도 잃지 않는다. 그러니 주저하지 말고 '하나님이 있다'에 걸어라."

_ 블레즈 파스칼, 『팡세』 418

랑했던 젊은 여인 베아트리체로 바뀐다. 마지막으로 천국에서 그를 담당하는 안내자는 위대한 신학자이자 신비주의자인 클레르보의 베르나르다. 이것이 전하는 메시지는 분명하다. 두뇌를 사용하면 진리에 도달할 수 있고, 그다음에는 사랑과 기독교의 거룩함의 힘이 당신을 그 진리 안으로 데려갈 것이다. 2장에서 살펴본 것처럼 단테의 작품은 (우리 자신에 대한 무언가를 말해주는) 위대한 이야기를 담은 종교적 신화의 주요한 예다. 어떤 면에서 보면 위대한 신화와 철학의 결합은 기독교가 성공한 이유의 상당 부분을 차지한다. 유럽에서 기독교에 의해 대체된 이방 종교들은 강력한 신화를 내세웠지만, 합리적이거나 포괄적인 세계관을 제시하지는 않았다. 기독교는 신화적 요소를 유지하되 그것을 고전 세계로부터 물려받은 과학적이고 철학적인 접근 방식과 결합함으로써 훨씬 더 만족스러운 세계관을 내놓았고, 그 세계관은 사람들의 머리와 가슴을 동시에 사로잡았다.

사실 세상에 본질적인 합리성이 있다는 생각은 처음부터 기독교 안에 내재되어 있었다. "태초에 말씀이 계시니라. 이 말씀이 하나님과 함께 계셨으니 이 말씀은 곧 하나님이시니라." 이것은 요한복음의 유명한 첫 구절이다. 여기서 "말씀"은 "말씀", "생각"(thought) "합리성"(rationality), "원칙"(principle)등을 의미하는 그리스어 "로고스"(Logos)로서, 신이 우주를 운

단테를 낙원으로 데리고 가는 베아트리체(지오반니 디 파올로의 채색 필사본, 1438년경)

영하는 방식을 묘사하기 위해 스토아 철학자들이 사용한 철학 용어였다. 그들은 로고스가 모든 것에 스며들어 있는 위대한 우주의 정신 같은 세상의 기본적인 합리성이라고 생각했다. 사실 인간 이성의 능력은 이 우주적 이성의 일부에 지나지 않는다. 요한은 요한복음 서두에서 예수에게 이 용어를 적용함으로써 예수가 누구인지를 대담하게 진술한 것이다.

그리고 로고스 개념은 후대 기독교인들 사이에서도 큰 인기를 끌었다. 신약 시대 이후 최초의 진정한 기독교 신학자로 여겨지는 2세기의 저술가 유스티누스를 예로 들어보자. 유스티누스는 플라톤주의 철학자였는데, 그의 이야기에 따르면 자신이 해변에서 구약성경 예언서를 읽으라고 권유한 신비한 노인을 만난 후 기독교로 개종했다고 한다. 비록 기독교의 스승이 되었지만 유스티누스는 항상 자신을 철학자라고 생각했고, 철학자들이 일종의 유니폼으로 사용했던 독특한 망토를 계속 입고 다녔다. 유스티누스는 이성의 설득력에 큰 믿음을 가졌다. 그는 기독교를 옹호하는 설득력 있는 변론문 두 편을 써서 로마 황제에게 줬는데, 그 글에서 기독교인들이 무차별적으로 고문당하거나 처형당해서는 안 되며 독자들이 공감하는 마음을 갖고 기독교인들의 이야기를 들어야 한다고 주장했다. 그는 또한 트리폰이라는 유대인 철학자와의 긴 대화를 통해 이성적인 토론이 결국 기독교의 진리를 증명한다고 말했다. 그러나 유스티누스는 로고스 사상을 사용하면서 이성에 대한 자신의 믿음을 가장 분명하게 표현했다. 그는 종종 그리스도를 로고스라고 불렀는데, 그에게 로고스는 일종의 제2의 신(secondary god)으로서 세상에 스며들어 이성적인 토대를 마련하고 세상과 신 사이의 중재자 역할을 하는 존재였다. 스토아 학파처럼 유스티누스도 모든 인간은 이 로고스를 어느 정도 공유하고 있기 때문에 이성적이라고 믿었다.

따라서 유스티누스 같은 초기 기독교 철학자들에게 세상은 본질적으로 합리적인 곳이다. 또한 세상의 합리성과 인간의 합리성 사이에는 기본적인 유사성이 있다. 이 개념은 중세 기독교의 토대가 된다.

날씨의 마법에서 책의 무용론에 이르기까지: 질문과 답

기독교가 이성적이라는 기본적인 사상은 때때로 세상에 대해 상당히 의문을 제기하는 접근 방식을 조장하기도 했다. (대중들이 지닌 고정관념을 그대로 받아들여) 종교가 합리주의와 자유로운 사고를 방해했다고 간주되는 중세에 비슷한 이름을 가지고 살았던 세 사람을 살펴보면 기독교의 합리성에 대한 생각을 잘 이해할 수 있다.

첫 번째는 리옹의 아고바르드(Agobard)다. 그는 9세기 암흑시대의 유럽을 앞으로 다가올 고 중세 시대(high Middle Ages)에 맞게 세워나가기로 결심했던 명석하고 성실한 카롤링거 왕조의 학자였다. 그런 시대와 장소의 배경을 갖고 있었음에도 그는 어떤 면에서 매우 현대적인 사람이었다. 스페인 태생인 아고바르드는 고향의 무슬림을 피해 샤를마뉴의 왕국으로 피신한 후 그곳에서 리옹의 주교가 되었다.

리옹은 8세기 사라센이 침공하기 전까지는 어느 정도 위엄과 지위를 갖춘 도시였다. 사람들은 도시를 다시 세우는 일과 더불어 한때 매우 확고해 보였던 질서 의식을 재건하는 데 필사적이었고, 아고바르드는 이 와중에 겁에 질리고 불안에 떠는 사람들을 돌봤다. 샤를마뉴의 새로운 제국이 정치적 질서를 회복하는 큰 역할을 한 덕분에, 주민들은 외부의 공격으로부터는 안전했지만 새로운 환경이 초래한 사회적 불안정성에 대처해야 했다. 현재 프랑스 중부의 동쪽에 위치한 리옹은 카롤링거 세계의 자연스러운 교차로에 있었기 때문에, 다양한 국가와의 무역과 이국적인 철학이 리옹의 문을 통해 유입되었다.

아고바르드는 리옹 사람들이 미신을 통해 질서 의식을 회복하려 하는 것을 보고 격분했다. 전쟁의 결과에 따라 정치적·사회적 상황이 아무런 예고 없이 바뀌는 시대에 살던 사람들은 오히려 자연을 통제하려고 했다. 리옹에는 날씨를 전문적으로 조종하는 마법 사업이 성행했고, 이들은 돈을 받고 기꺼이 마법을 행했다. 아고바르드가 길거리에서 사람들이 굶주리고 있는 때에 이런 돌팔이들에게 그토록 많은 돈이 간다는 사실에 충격을 받고 이런 미신적인 관행에 분노한 것은 상당 부분 그의 정의감 때문이었다. 이는 또한 그가 지닌 근본적인 합리성에서 비롯된 것이기도 하다. 그는 날씨가 비교적 예측 가능하다는 사실을 다 알고 있는데 어떻게 마법사들이 날씨를 조종할 수 있냐고 반문했다. 날씨의 규칙성은 날씨가 우리의 변덕에 좌우되지 않는 자연 현상임을 보여준다. 아고바르드는 글로 자신의 주장을 밝히는 데 만족하지 않고, 마법이 작동하는 것을 보았다고 주장하는 사람들을 찾아냈다. 그는 그들을 찾아간 다음 논쟁을 통해 그들이 그런 것을 본 적이 없다는 것을 보여주고자 했다. "너무 많은 어리석음이 이미 비참한 이 세상을 억압해왔고 이제 기독교인들은 터무니없는 것들을 믿기 때문에 이제 아무도 이교도들로 하여금 믿도록 설득할 수 없다"는 그의 말을 들으면 미신적인 세대에 대한 그의 괴로움과 곤혹스러움을 쉽게 이해할 수 있다.

매년 태양이 통과하며 지나가는 별자리를 나타낸 황도대(zodiac, 1000년경 제작됨). 대부분의 고대 및 중세 황도대와 마찬가지로 이 천상의 지도 역시 일간지의 별자리 운세에 자주 나오는 12개의 별자리로 되어 있으며, 어떤 이유에서인지 13번째인 뱀주인자리가 없다.

아고바르드가 이런 미신적인 믿음과 관습 및 월식 때 달을 보고 환호하는 옛 풍습에 분노한 것은 부분적으로 이 관습이 이교도적 기원을 갖고 있으며, 기독교 주교라면 원칙적으로 이에 반대했을 것이라는 사실 때문이었다. 그러나 아고바르드는 이성적인 것, 특히 세상의 합리성에 대한 그의 감각에 불쾌감을 느꼈기 때문에 그런 관행에 반대했던 것 같다. 실제로 아고바르드는 자신의 종교를 이런 잣대에 기꺼이 적용하고자 했다. 예를 들어 그는 그림에는 영혼이나 실체가 없다고 주장하면서 예배에서 에이콘이나 기타 성상을 사용하는 것을 거부했다.

아고바르드는 세계가 질서정연하고 적어도 이론적으로 이해될 수 있다는 인식을 보여준다. 이는 사람들에게 한 번쯤은 뇌를 가동시켜서 실제로 자신이 무엇을 믿고 행동하는지 생각해보라는, 때로는 성급해 보이는 요구와 일치하는 인식이다. 그러나 아고바르드의 합리주의가 그의 기독교에 부수적인 것이 아니었음을 이해하는 것이 중요하다. 성경에 계시된 하나님의 행동의 질서정연함과 이해 가능성(comprehensibility) 및 하나님에 대한 그의 믿음은 세상이 어떻게 돌아가는지에 대한 그의 생각과 비합리적인 미신에 대한 그의 비판에 토대가 되는 확실한 근거를 제공했다. 그렇게 함으로써 그는 기독교 미신을 타파하는 오랜 전통의 일부가 되었다. 아우구스티누스는 다양한 자료에서 추려낸 합리주의 논거를 사용하여 점성술의 관행에 반대했다. 예를 들어 한 개인의 출생 시간이 인생의 행로를 결정한다면 성경에 나오는 쌍둥이 형제인 에서와 야곱은 왜 그렇게 다른 삶을 살게 되었을까? 그리고 만약 점성가들이 출생 사이의 몇 초 또는 몇 분 차이가 그런 다양한 삶의 방향과 진로를 설명할 수 있다고 주장한다면, 어떻게 해야 정확한 판독을 얻을 수 있는가? 그러려면 초까지 정확한 출생 시간을 알아야 할 것이다.

무엇이 진짜인지 알아내는 데 있어서 이성의 역할에 대한 강조는 중세 시대에도 강하게 유지되었다. 비슷한 이름의 두 번째 인물인 피에르 아벨라르는 잘 알려진 중세 철학자 중 한 명이다. 그는 뛰어난 토론자들이 오

"지혜의 열쇠는 바로 끊임없이 그리고 계속 질문하는 것이다.…우리는 의심함으로써 질문하고, 질문함으로써 진리에 이르게 된다."

_ 피에르 아벨라르, *Yes and No*

늘날 최고의 스포츠 스타들처럼 높은 지위를 누릴 수 있었던 12세기에 철학자, 신학자, 작곡가로 활동한 유럽의 유명인사였다. 그의 연인인 엘로이즈의 친척들은 그녀에 대한 그의 모욕적인 대우를 문제 삼아 둘의 교제를 가로막기 위해 그를 거세해버렸고, 그로 인해 아벨라르는 불운한 연인의 대명사로 세간에 오르내렸다. 그럼에도 불구하고 아벨라르가 파리의 거리에서 보여준 위풍당당한 모습은 동시대인들과 심지어 그의 스승들이 보인 상대적인 둔함에 대한 짜증에서 비롯된 진정한 광채 및 오만과 어우러졌다. 아벨라르는 위대한 권위자들이 한 말이 사실이라고 가정하는 것은 만족스럽지 않은 행위임을 인식하고 있었는데, 이는 그들도 서로 의견이 다를 수 있기 때문이었다. 그는 이것을 증명하기 위해 『긍정과 부정』(*Yes and No*)이라는 제목의 책을 썼다. 이 책은 교부들이 쓴 글로 구성되어 있는데, 각 구절의 내용이 서로 모순되도록 배치되어 있다. 아벨라르는 그 모순을 어떻게 해결해야 하는지 분명히 밝히지 않아서 곤경에 처하기도 했지만, 그 책을 통해 독자들이 스스로 생각하도록 유도하기 위해 의도적으로 그렇게 한 것이다.

아벨라르의 동시대인들은 권위에 맹목적으로 의존하는 행위에 대한 그의 불신을 공유했고, 그것을 과학적 배움에 대한 열망과 결합했다. 바스의 아델라드(Adelard)는 12세기의 영국인으로, 학문을 찾아 지중해와 이슬람 지역을 여행하는 이례적인 행보를 보였다. 말할 필요도 없이 고귀하고 경건한 유럽인들이 많은 무슬림을 죽이려는 꿈을 갖고 십자군 전쟁에 나선 시기였기 때문에, 이런 활동은 논란의 여지가 많았다. 그럼에도 불구하고 아델라드는 귀국 후 해외에서 배운 것을 다른 사람들에게 알리는 데 상당한 시간과 노력을 들였고, 프랑스의 여러 대학에서 가르치면서 천문학과 수학을 전파했다. 그는 여행길에 기독교인이든 무슬림이든 대부분이

> **"가장 위대한 발명품들은 나침반, 화약, 인쇄술처럼 무지의 시대에 만들어졌다."**
>
> _ 조나단 스위프트, *The Battle of the Books*, 1710년

큰 권위가 있는 사람들로부터 어떻게 생각해야 할지를 듣는 것에 만족하는 모습을 보고 인상적이라고 생각했다. 그가 유럽에 있는 친구들에게 지적한 바와 같이 그들은 기독교 책에서 읽은 내용을 그대로 믿었지만, 그가 해외에서 만난 사람들은 이슬람 저자들이 쓴 다른 내용을 믿었다. 누가 옳은 것일까? 실제로 아델라드의 관찰에 따르면 수완이 좋은 작가가 옛 쓰레기를 가지고 몇 가지 글을 쓰면 사람들은 그것이 글로 쓰였다는 이유만으로도 그 내용을 믿을 정도로 권위가 떠받들어지고 있었다. 대신 아델라드는 하나님이 다양한 주장을 합리적으로 생각하고 자신의 판단력을 사용하여 분별할 수 있는 힘을 각 개인에게 주었다고 가르쳤다. 그는 조카에게 이렇게 말했다. "네가 나한테 무언가 듣고 싶은 말이 있다면 너는 반드시 이유를 제시하고 그것을 받아들여야 한다."

불꽃놀이와 안경: 질서, 연금술, 과학

따라서 기독교는 두 가지 기본 개념을 서양에 제공했다. 첫째는 우주의 질서정연한 상태와 둘째는 그것이 지닌 기본적인 합리성 및 이해 가능성이다. 물론 이 두 가지 모두 고전 세계로부터 전해져 내려왔으며 유스티누스, 아우구스티누스, 토마스 아퀴나스 같은 인물들이 기독교적 해석을 가한 것이었다. 그리고 이런 세계관은 근대 과학이 발전할 수 있는 일종의 상황과 배경을 제공했다.

서양의 과학을 아시아 특히 중국의 과학과 비교하면 이를 더욱 명확하게 이해할 수 있다. 중국은 대부분의 역사에서 유럽보다 기술적으로 앞서 있었다. 예를 들어 비록 유럽이 중국보다 먼저 철을 발견했지만, 중국은 기원전 5세기경에 유럽보다 앞서 주철 기술을 발전시켰다. 유럽인들은 훨씬 후에 인쇄기, 나침반, 화약 등 르네상스 시대의 세 가지 놀라운 발명품들을 만들어냈지만, 사실 이 모든 것들은 중국이 먼저 발명했다. 중국이 뛰어난 과학 기술력을 갖게 된 데는 많은 이유가 있었지만 세계를 이해 가능한 토대 위에 놓고자 했던, 안정적이고 널리 수용되며 설득력 있는 철학을 갖고 있었다는 것이 그중 하나다. 그것은 유교 철학(Confucianism)이었는데, 16세기 후반에 마테오 리치와 다른 예수회 수사들이 중국에 도착했을 때 유교 철학은 물리적 세계의 근간을 이루는 원리를 포괄적으로 설명하는 신유학/성리학(neo-Confucianism)이 되어 있었다. 수 세기 동안 중국 철학자들은 세계가 본질적으로 조화를 이루고 있다고 가르쳐왔다. 우주 전체에 "기"라는 것이 흐르고 있는데, 이것은 초기 기독교 사상의 로고스처럼 모든 곳에 존재하는 통합의 생명력이다. 이와 동시에 음과 양이라는 이중성의 원리가 존재한다. 음은 어둠, 차가움, 여성성을, 양은 밝음, 따뜻함, 남성성을 나타낸다. 두 가지 상반된 요소의 균형이 우주에 다양성을 제공하며, 이는 불, 흙, 쇠, 물, 나무로 된 "오행" 또는 원소로 표현되기도 한다. 중국 철학자들은 이 원소들이 고정되어 있지 않고 서로 변화하면서 우주에 역동성과 변화의 느낌을 부여한다고 믿었다. 고대 그리스 철학자들과 마찬가지로 중국 유교 철학자들도 세계가 어떻게 돌아가는지를 설명하고 종교적 욕구를 만족시키는 두 가지 기능을 성취하는 철학에 대한 이상을 가지고 있었다. 12세기의 철학자 주희(朱熹)는 모든 것을 기와 더 근본적인 원리인 "이"(理)의 관점에서 체계적으로 설명하기 시작했다. 주희의 생각으로 "이"는 단순히 "원리" 그 자체로서, 형태가 없고 혼란스러운 세상에 질서를 부여한다. 그리고 존재하는 모든 것에는 일종의 형태나 질서가 있기 때문에, 주희는 "이"가 모든 곳에 존재하며 현실 자체에 내재되어 있다고 믿었다.

고대 중국의 철학자 공자(익명의 중국 예술가가 그린 그림). 정치 이론가치고는 꽤 즐겁고 행복해 보인다.

이런 생각들은 서양보다 훨씬 이전에 중국에서 많은 과학 기술이 발전했음을 의미했다. 예를 들어 2세기경에 쓰인 중국 최초의 의학서인 『신농본초경』은 각기 다른 약초와 약재를 음양의 관계 측면에서 질서 정연하게 정리해놓은 것이다. 그 뒤로 수 세기 동안 많은 의사와 과학자들이 영생을 찾는 데 집착하면서 연금술은 중요한 학문이 되었다. 그러나 이런 연구는 종종 역효과를 냈는데, 이는 부분적으로 납과 수은에 대한 지나친 호기심 때문이었을 것이다. 이 두 가지는 수명을 연장시키는 효과를 지닌 것으로 알려져 있었지만, 사실은 정반대였다. 당 애제(哀帝)는 생명을 무기한 연장하려다가 25세의 나이에 독극물 중독으로 사망했다. 적어도 세 명의 당나라 황제가 이와 같은 방식으로 사망한 것으로 추정된다. 실제로 연금술사들은 영생을 추구한다는 목적 아래 독한 약을 만들곤 했는데, 이로 인한 수많은 불의의 죽음이 중국 과학을 상당히 후퇴시켰을 것이다.

그럼에도 불구하고 중국 과학은 발전했다. 연금술사들은 승화와 증류 같은 정교한 기술을 개발하고 이를 실험할 장비를 발명함으로써 그들이 사용한 화학 물질에 대한 지식을 발전시켰다. 이런 진보는 모두 오행에서 음과 양을 거쳐 기에 이르기까지 현실의 본질을 추적하려는 기본적인 이상, 즉 현실 통합이라는 본연의 순수성으로의 회귀에 의해 주도되었다. 그러나 중세 후반에 이르러서는 불로장생 특효약을 섞어 먹는 관행이 다소 줄어들고 연금술은 "내면화"되었다. 그걸 마신 자들에게 무슨 일이 일어났는지를 깨달은 사람들이 늘어났기 때문이다. 연금술은 일종의 명상 수행이 되었고, 연금술사들은 비커가 아닌 자신의 영혼 속에서 현실을 되짚어보려고 노력했다. 그런데 이미 10세기 초에 연금술사들은 화약 제조법을 우연히 발견하게 되었다. 처음에는 그 기술을 불꽃놀이 같은 재미를 위해 사용했다가 점차 암석 폭발 등 가치 있는 공학 프로젝트에 적용했다. 그러나 얼마 지나지 않아 "불화살"과 "불창"으로 적을 공격하는 데 사용했다. 13세기 무렵 중국 군대는 자신들의 영토를 침략한 몽골군을 향해 화포를 쏘기 시작했고, 전쟁의 양상은 새롭게 바뀌었다. 몽골군은 총기 사용법을 재빨리 터득해서 이슬람교와 기독교의 영토를 침공할 때 사용했다. 이런 식으로 그 기술은 전 세계로 빠르게 퍼져나갔다.

"믿지 못하는 일반 사람들이 묘약을 비웃고 모독하게 해서는 안 된다. 그렇지 않으면 당신은 성공할 수 없다. 쩽(Zheng) 사부님은 이 위대한 묘약을 준비하는 데는 희생이 뒤따른다고 말씀하셨다.…약을 만드는 사람이 은둔과 고독을 위해 일상의 삶을 떠나지 않고, 대신 일반인들이 도교의 고전을 얻거나 연금술의 과정을 지켜볼 수 있게 허락한다면, 영혼들은 그 연금술사를 처형한다."

_ 갈홍, *The Inner Chapters of the Master who Embraces Simplicity*, 315년경

초기 과학은 포괄적인 철학 세계관으로부터 발전한 것으로 보인다. 중국의 경우 유교 철학은 조화와 질서가 지배하는 이치에 맞는 세계를 제시했다. "기", "이", "음", "양"의 세계에서는 체계적이고 점점 더 정교한 실험이 가능했다. 연금술사들은 그들이 갖고 있는 물건들을 납, 진사, 초석 등 서로 관련 없는 물질의 무작위적인 집합으로 보지 않고, 이 세상의 질서를 확립한 근본적 원리의 작용과 소통에 대한 또 다른 표현으로 보았다. 연금술사들은 원소를 조작함으로써 이런 질서 원리를 직접 수정하고 새로운 물질을 창조해 자신의 수명까지 연장하기를 원했다. 물론 그들의 시도는 실패로 돌아갔지만, 그 과정에서 배운 것이 바로 과학의 시작이었다.

중세 유럽과 이슬람이 지배하던 영토에서도 같은 일이 벌어지고 있었다. 이곳의 질서를 세우는 세계관은 고대로부터 이어진 것이었다. 그 세계관은 유럽에서는 기독교 전통을 통해, 이슬람 국가에서는 중동의 기독교인들을 계승한 이슬람 철학자들을 통해 이어져왔다. 중국과 마찬가지로 세계 질서에 대한 이해는 세상에 존재하는 원소 사이의 조화로운 관계를 파악하고 조작하려는 시도인 연금술의 발전으로 이어졌다. 아르테피우스(Artephius)는 유럽 최초의 연금술사로 알려져 있다. 그의 말에 따르면 자신이 불로장생 묘약을 성공적으로 만들어내서 천 년을 살았다고 하는데, 안타깝게도 지금은 살아 있는 것 같지 않다. 가장 유명한 사람은 아마도 14세기에 살면서 아랍 철학과 연금술 연구에 전념한 레이먼드 룰(Raymond Lull)일 것이다. 그는 바스의 아델라드처럼 무슬림과 직접 토론했을 뿐만 아니라 아랍어로 신학 작품을 썼다. 룰은 불가사의하고 신비로운 모든 것에 열정을 가진 학자이자 기독교 신학자였다. 만약 이 이야기가 사실이라면 정말 놀라운 일인데, 영국의 에드워드 2세는 오로지 십자군 원정을 위한 목적이라고 하면서 룰을 런던탑에 가두고 그의 기술을 이용해 많은 양의 금

> **"가장 강력한 주장은 경험을 통해 그 결론을 입증하지 못하는 한 아무것도 증명하지 못한다. 실험 과학은 과학의 여왕이자 모든 추론의 목표다."**
>
> _ 로저 베이컨, *Third Work*

을 만들라고 강요했다. 그는 나중에 탈출했지만 연금술사치고는 비교적 이른 나이인 150세에 무슬림에 의해 살해당했다. 적어도 우리는 그렇게 단언할 수 있다.

아르테피우스와 룰은 확실히 기이한 인물들이며, 후대의 귀가 얇은 세대들이 그들의 이야기를 정교하게 만들어내기 전부터도 꽤 특이해 보였을 것이다. 하지만 이들의 연구는 현대 과학의 많은 토대를 마련했다. 더 존경할 만한 인물로는 로저 베이컨(Roger Bacon)이라는 사람이 있다(나중에 엘리자베스 1세의 숭배자이자 열렬한 아마추어 과학자였던 프란시스 베이컨[Francis Bacon] 경과 혼동하면 안 된다). 베이컨은 옥스퍼드 대학에 정착하기 이전에 파리에서 공부한 프란치스코회 회원으로 유명했으나, 안타깝게도 피에르 아벨라드처럼 오만함 때문에 곤욕을 치렀다. 토마스 아퀴나스 같은 작가들의 실수와 잘못을 입증해내는 데 재미를 붙였던 그는 친구가 별로 없었다. 또한 프란치스코회의 승인 없이 회원이 책을 출판할 수 없었던 시기에 일했던 것은 큰 불행이었다. 다행히도 베이컨을 좋아한 교황 클레멘스 4세는 그 금지령을 무시해도 좋다고 허락했다.

베이컨은 박학다식한 사상가로서 당시에 흔했던 모든 주제를 다 다뤘다. 그는 하나님과 신학에 대해서도 글을 썼다. 그러면서도 이런 주제를 연금술과 과학으로 통합했는데, 그는 이 분야가 매우 중요하다고 믿었지만 동시대의 대다수는 이를 무시해왔다. 그는 천문학자였으며 달력 개정을 위한 중요한 제안을 하기도 했다. 그는 광학 및 렌즈에 대한 특별한 연구를 통해 망원경이나 현미경 제작법에 관한 이론을 정립했고 안경을 발명했다. 그는 연금술 연구를 통해 다양한 화학 물질의 구성과 증류 같은 과정 속에서 물질이 어떻게 변화될 수 있는지를 탐구했다. 이 과정에서 증기선, 자가 추진 자동차(self-propelled cars), 비행기를 예측하기도 했지만, 2세기 후에 등장한 더 유명한 예언자 레오나르도 다빈치와 달리 어떤 것도 실제로 설계하지는 않은 것으로 보인다.

베이컨은 『실험 과학』(*On Experimental Science*)에서 자연과학을 연구할 때는 실험과 관찰을 사용해야 한다고 열정적으로 주장했다. 그는 이렇게 썼다.

> 지식을 얻는 데는 두 가지 방법이 있는데 하나는 이성을 통한 것이고 다른 하나는 실험을 통해서다. 논쟁은 결론에 도달하여 우리에게 그것을 인정하도록 강요하지만, 우리에게 확신을 주거나 의심을 근절시켜 진리를 직감하는 것을 통해 마음이 평온해지도록 만들지는 않는다. 경험을 통해 이런 확실성을 발견하지 않는다면 이는 불가능하다.…논쟁으로는 충분하지 않지만 경험으로는 충분히 그렇게 될 수 있다.

베이컨은 자신의 저술에서 과학이 실제로 매우 유용하다고 주장하는데, 과학이 가져다준 모든 기술적 혜택에 익숙한 현대인들에게는 다소 이상하게 느껴질 수 있다. 예를 들어 과학이 사기꾼 마술사들의 정체를 폭로하는 데 도움을 준다는 베이컨의 주장은 오늘날에는 필요하지 않다. 비록 심령술사, 텔레파시 능력자, 다른 초자연적인 것에 관심 있는 사람들이 내세운 주장의 오류를 밝히기 위해 헌신하는 제임스 랜디 같은 현대 이성주의자들의 연구물은 리옹의 아고바르드의 정신이 살아 있음을 보여주지만 말이다. 하지만 우리는 현대 서구 과학의 시작을 베이컨이나 그와 비슷한 사람들을 통해 확인할 수 있다. 이런 사람들은 기독교와 세상에 대한 연구를 함께 진행했는데, 이는 하나님이 모든 것을 창조하고 그분의 질서와 조화가 만물에 깃들어 있기 때문이다. 오늘날 과학자들은 우리가 이전에 살펴본 케플러와 갈릴레이의 연구로 근대 과학이 시작되었다고 말한다. 분명 실험 과학이 발전하고 과학자들이 고대의 통념을 뒤집기 시작하면서부터 과거에서 철저히 벗어났다고 볼 수 있다. 그러나 초기 근대 과학자들과 그 이전의 과학자들 사이에는, 조화와 우주의 신성한 질서에 대한 케플러의 강한 흥미에서 알 수 있듯이 연속성이 존재한다. 17세기 최고의 과학자인 아이작 뉴턴(Isaac Newton)도 연금술과 신비주의 연구에 많은 에너지를 쏟았다. 마찬가지로 근대 과학의 출현을 가능케 한 지적 분위기도 중세와 당시 발전한 기독교 세계관에 그 뿌리를 두고 있었다.

What Has Christianity Ever Done for Us?

6장

삶의 방식

위대한 기독교 성인 중 일부는 도를 넘거나 상식에서 벗어나 보이는 행동을 한 적이 있다. 5세기에 수십 년을 기둥 꼭대기에서 지낸 주상고행자 시므온(Simeon Stylites)의 예를 들어보자. 그건 영리한 행동이었다. 기둥 위에 올라가면 아래에 있는 사람들이나 그들과 관련된 유혹으로부터 자신을 보호할 수 있고 동시에 사람들의 시야에 잘 띄어 유명해질 수 있었기 때문이다. 다른 예로 가슴에 예수의 이름을 새긴 17세기의 메리 마가렛 알라코크(Mary Margaret Alacoque) 수녀가 있다. 11세기의 이탈리아 수도사 도미니쿠스 로리카투스(Dominicus Loricatus)는 수도사 복장 아래 철갑옷을 입은 채 시편 전체를 암송하면서 양손에 채찍을 들고 자신을 후려치는 습관이 있었다. 한 번은 긴 시간 동안 자신을 채찍질하면서 150편에 달하는 시편 전체를 8번 암송하고 9번째 암송을 시작하다가 쓰러지기도 했다. 우리는 동굴에서 2년 동안 성경을 외우다가 소화 기능이 망가진 요한네스 크리소스토모스에 대해 이야기했고, 육체의 충동을 거부하고 영적인 것에 몰두한 4-5세기의 사막 교부들에 대해 살펴보았다. 그들 중 한 사람은 제자에게

무서운 표정으로 기둥에 앉아 있는 주상(柱上) 고행자 성 시므온(베네치아 산마르코 대성당 모자이크, 5세기 혹은 6세기 제작). 시므온의 기둥 맨 위에는 (그것을 모방한 다른 사람들의 기둥과 비슷하게) 주변에 난간이 설치된 단(壇)이 있고 거기엔 간단한 가구들이 놓여 있었을 것이다.

이렇게 말했다. "나는 20년 동안 원하는 만큼 빵이나 물을 먹고 잠을 자본 적이 없었다. 남은 빵의 무게를 재고 물의 양을 가늠하면서 벽에 기대어 간신히 잤다."

이런 기행이 육체의 선함을 부정하고 하나님이 몸에 영양을 공급하기 위해 제공하는 것들을 부정하는 병적인 행동으로 보인다는 점에 동의하는 사람이 많을 것이다. 이런 기행을 하는 사람들은 자기 자신에 대한 미신적 증오에 시달리고 있으며 어딘가 비정상적인 인간이라고 생각하기 쉽다. 조금 더 긍정적으로 본다면 그것이 옳은 일이라고 생각했거나, 하나님이 그런 행동을 명령했거나 또는 그것이 천국으로 가는 유일한 방법이기 때문에 고난의 삶을 견뎌내도록 스스로 강제한 결과라고 이해할 수도 있다. 그런데 우리가 좀처럼 인정하기 어려운 것은, 많은 경우 그렇게 하기를 원해서 그런 행동을 했다는 것이다. 키오스의 니케포루스(Nicephorus)는 고행자의 삶을 이렇게 묘사했다.

> 그는 비록 극한 빈곤에 처하게 되고 현실에서 많은 역경과 비참한 상황에 처하게 되더라도 항상 승리자로 남아 있으며, 항상 영광스럽고, 항상 행복하며, 항상 부요하고, 항상 명랑하고, 즐겁다.

그는 전능하신 하나님을 바라보는 만큼 절망하지 않고 미안해하거나 불안해하지도 않으면서 위로부터의 도움을 기대한다.

아시시의 프란치스코와 거꾸로 된 삶

어떻게 그토록 불편해 보이는 삶이 평범한 삶보다 더 좋을 수 있을까? 역사상 가장 사랑받는 기독교 지도자로 꼽히는 아시시의 프란치스코는 이 질문에 가장 유명한 답변을 내놓은 바 있다. 오늘날에도 출판사들은 프란치스코에 관한 책이라면 항상 잘 팔린다는 걸 알기 때문에 여전히 그런 책을 만들고 있다. 그의 인기는 이 정도다. 1182년 이탈리아에서 부유한 상인의 아들로 태어난 프란치스코는 젊은 시절 재치 있는 데다가 옷을 잘 입어 모두에게 인기가 많고 돈도 부족한 적이 없는 삶을 살았다. 그러나 이런 삶에 불만을 느끼기 시작하다가 어느 날 로마로 순례를 가던 중 거지와 옷을 바꿔 누더기를 입고서 구걸을 하며 하루를 보내게 되었다. 프란치스코는 역설적으로 그 어느 때보다 행복하다는 것을 깨달았다. 일상의 압박과 걱정에서 벗어날 수 있었기 때문이다. 그는 기부에 중독되어 아버지의 돈까지 기부하기 시작했고, 격분한 부모는 그를 법정으로 끌고 간다. 가족과 의절한 프란치스코는 한때 자신의 말을 빠짐없이 경청하던 똑똑한 젊은이들에게 조롱을 받게 되고, 아시시를 떠나 청빈한 삶을 사는 데 전념한다. 그는 자신이 입는 소박한 옷 외에는 아무것도 소유하지 않기로 결심했다. 모든 재산을 기부한 그는 빈 지갑까지 내다 버렸다.

아시시의 부유한 중산층의 눈에 그런 생활 방식은 미친 짓이나 다름없었지만, 몇몇 사람들은 영감을 받았다. 그들은 단순히 비참한 삶을 사는 것이 프란치스코의 목적이 아님을 깨닫고 오히려 그가 모든 사람을 가두

"빈곤의 알레고리"(지오토 디 본도네, 1266-1337년경, 아시시의 프란치스코 대성당 하부 예배당에 있는 프레스코화). 중앙에 선 예수는 성 프란치스코와 빈곤의 결혼을 주재하고 있다. 맨 앞에 있는 작은 사람의 역할은 불분명하다.

는 권력과 부의 체계에서 벗어나고 있다는 걸 알아차렸다. 프란치스코는 자신처럼 가진 모든 것을 가난한 사람들에게 나눠주고 재산이나 집 없이 함께 살기로 결심한 추종자들을 모으기 시작했다. 그들은 엄격한 규칙에도 불구하고 실제로 이전보다 훨씬 더 행복하다는 걸 발견했다. 걱정 근심이나 책임져야 할 것이 없었기 때문이다. 하나님을 섬기고 다른 사람들을 돕는 데 방해가 되는 일이 아무것도 없었고, 그들은 이처럼 새롭게 집중할 수 있는 삶으로 인해 이전보다 더 자유로워졌음을 깨닫게 되었다. 프란치스코와 그의 친구들은 신앙심이 깊을수록 삶이 더 음울하고 비참해질 것이라는 일반적인 추측을 뒤집었다. 실제로 이 작은 모임에 속한 사람들은 너무 행복해하고 많이 웃어서 "하나님의 어릿광대들"이라는 별명을 얻게 되었다.

프란치스코는 물질적인 부가 중요하지 않다고 생각해서 그것을 포기한 것이 아니었다. 반대로 물질의 힘을 인정했기 때문에 물질로부터 벗어나고자 했던 것이다. 13세기는 먼 옛날처럼 보일지 모르지만 프란치스코가 자신의 삶을 어떻게 살아야 할지 생각하던 바로 그때 시대가 진화하기 시작했고, 많은 면에서 현대 세계와 크게 다르지 않았다. 과거 중세 세계는 안정적인 계층 구조로 이루어져 있었다. 봉건 제도는 모든 사람이 사회에서 자신의 위치와 역할을 갖고 있다는 것을 의미했다. 사회는 본질적으로 한 지역을 중심으로 돌아갔고, 다른 도시들 사이에는 경제적 교류가 거의 없었다. 대신 사람들은 지역의 봉건 영주를 위해 일하고 이웃들과 물건을 교환했다. 하지만 그 모든 것이 바뀌기 시작하고 있었다. 프란치스코가 태어나기 한 세기 전에는 이슬람을 상대로 십자군 전쟁이 벌어져 수많은 사람들이 중동으로 향했다. 그들을 위해 선박이 건조되고 육로가 개통되었다. 군인들이 돌아왔을 때도 배와 도로는 여전히 존재했고, 사람들은 더 넓은 세상과 여행의 가능성을 새롭게 인식하게 되었다. 또한 십자군이 동양에서 체스나 향신료 같은 온갖 상품과 사상들을 가져오면서 이국적인 취향도 생겨나게 되었다. 한때 군인들을 전쟁터로 실어나르던 배는 이제 화물로 가득 차기 시작했고, 유럽 전역에 무역 네트워크가 생겨나 유럽 대륙과 먼 나라를 연결했다. 베네치아를 비롯한 이탈리아 북부 도시들은 두 대륙의 생산물이 유입되면서 놀랄 만큼 부유해졌고, 상인이라는 새로운 사회 계층이 생겨났는데 이들은 기존의 봉건 제도에 자신을 맞추는 대신 그 제도와 함께 존재하면서 점점 더 힘을 키워나갔다. 이들은 현대 중산층의 조상격으로, 출생이나 사회적 지위가 아닌 돈의 힘으로 인해 강력해진 집단이었다. 단순히 출생이나 사회적 신분에 따라 인생이 정해지던 세상은 점차 자신이 원하는 삶을 살 수 있는 새로운 세상에 자리를 내주고 있었다. 그리고 점점 더 많은 사람들이 부자가 되길 원했다. 과거에는 봉건 영주의 저택이나 교회가 공동체의 구심점이었으나 이제는 시장이 중심이 되었다. 물물교환을 위해 시골에서 상경하는 사람들이 늘면서 시장 도시가 크게 팽창했고, 이젠 노동력이 아닌 현금으로 값을 지불해야 했다. 이것이 현대

12세기 로마네스크 양식의 수도에 있는 향수 가게에 이국적인 동양 향신료를 사기 위해 고객들이 줄을 서 있다.

자본주의 체제의 시작이었다.

북이탈리아의 부유한 직물 상인의 버릇없는 아들이었던 프란치스코가 벗어나고자 했던 세상은 바로 이런 곳이었다. 그는 부와 무역, 권력과 세속적인 영향력의 세계가 갈망할 만한 것이라고 믿지 않았다. 그것은 사람들을 자유롭게 하기는커녕 오히려 노예로 만들었다. 자본주의는 부를 추구할 수 있는 자유가 아니라, 사람들을 함정에 빠뜨리는 부의 자유를 의미했다. 그래서 그는 세속적인 지위를 추구하거나 심지어 물질적 재화나 부를 소유하는 행위 자체를 완전히 거부했다.

이것이 과연 합리적인 목표일까? 우리 대부분은 가진 모든 것을 나눠주고 길거리에서 살 수 있는 선택권이 없다. 우리는 다른 사람과 우리 자신에 대한 책임을 함께 지고 있다. 그럼에도 불구하고 프란치스코의 대안에는 본질적으로 매력적인 점이 있다. 아마도 그 해답은 "돈을 사랑함이 일만 악의 뿌리"라는 디모데전서 6:10에서 찾을 수 있을 것이다. 사람들을 위험한 체제의 올가미에 갇히게 만드는 것은 그 구절이 잘못 인용되는 것처럼 돈 자체가 아니라 돈에 대한 사랑이다. 역사적으로 기독교가 확산되는 과정을 통해 알 수 있듯이 돈에 대한 사랑은 가장 낙관적인 상황조차 오염시킬 수 있다.

유명한 탐험가 마르코 폴로가 베네치아를 떠나는 모습을 묘사한 14세기 그림으로서, 이것은 아마도 1271년에 진행된 두 번째 여행이었을 것이다. 그가 돌아와서 쿠빌라이 칸의 궁정을 여행한 것에 대해 쓴 책은 크리스토퍼 콜럼버스를 비롯해 동양으로 가는 길을 찾는 많은 사람들에게 영감을 주었다. 그러나 동시대인들은 그가 모든 것을 지어냈다고 비난했고, 심지어 오늘날에도 마르코는 역사상 가장 위대한 거짓말쟁이라는 소문이 이어지고 있다. 그러나 마르코 폴로는 죽는 순간에도 자신이 본 불가사의한 것들의 절반도 채 말하지 않았다고 주장했다.

노예와 미사 전서(典書): 음벰바 은징가와 콩고

15세기 후반 (콜럼버스가 아메리카 대륙을 발견하던 시기에) 포르투갈 탐험가들은 아프리카 서쪽 해안을 항해하다가 유럽인들이 알지 못했던 놀라운 새 문명과 접촉하게 되었다. 당시 콩고는 상당한 부와 권력을 가진 나라였다. 수도인 음반자 콩고의 인구는 6-10만 명에 달했고, 국왕은 12명의 고문(4명은 여성이어야 함)으로 구성된 자문 위원회의 결정을 따르는 복잡한 정치 체제를 갖고 있었다.

콩고 사람들은 기독교를 매우 열정적으로 받아들였다. 그들 중 다수는 기독교를 이미 있던 종교에 추가되는 종교로 간주했다. 그들은 다양한 신과 초자연적인 영혼들을 믿었기 때문에 한두 가지 종교가 더해져도 큰 차이가 없었다. 그렇게 하면 기독교와 함께 농작물, 연장과 도구, 무기와 법률 및 정치 제도 같은 유럽 문화의 다양한 이점이 따라온다는 보너스도 있었다. 콩고의 많은 사람들은 포르투갈의 정부와 법 제도에 감탄했고, 기존 제도에 안정성을 더하기 위해 그 아이디어와 관행을 자국에 도입하려고 노력했다.

그중 가장 흥미로운 인물은 1506-43년 사이에 콩고를 통치하고 자신의 권위와 개성을 온 나라에 각인시킨 음벰바 은징가(Mvemba Nzinga)였다. 그는 확실히 유능한 정치인이었다. 기독교인이었던 그는 포르투갈인들에게는 꿈같은 사람으로 보였다. 또한 성실하고 헌신적인 가톨릭 신자로서, 여가 시간에 신학 서적을 읽고 유럽인들보다 성경을 더 잘 아는 아프리카의 강력한 왕이었다. 그는 아폰소(Afonso)라는 세례명으로 더 잘 알려져 있다. 아폰소는 기독교를 콩고의 국교로 정하고 야심찬 교회 건축 프로그램을 시작했다. 그러나 기독교가 단순히 현지 종교를 대체할 수 없음을 인식

> **"맹세코 그런 광경은 전하께 큰 충격을 줄 것입니다. 그는 모든 것들을 너무 잘 표현하고 진실되게 말해서 성령이 늘 그를 통하여 말씀하시는 것처럼 보일 정도입니다. 그는 오직 공부만 하고 책을 보다가 잠이 들기도 하며, 우리 주님의 말씀을 들으려고 먹고 마시는 것도 까먹기도 하고, 책에 사로잡혀서 자기 자신을 잊기도 합니다. 심지어 청중 앞에 서거나 백성들의 말을 들을 때에도 하나님과 성인들에 관한 것 외에는 아무 말도 하지 않습니다."**
>
> _ 루이드 아귀아르, 1516년 콩고의 아폰소 왕에 관해 포르투갈의 마누엘 국왕에게 보내는 편지

하고, 기독교를 새로운 종교가 아닌 전통 종교가 발전된 것처럼 보이게 하려고 애를 썼다. 예를 들어 그는 물을 숭배하는 컬트의 사제에게 세례에 필요한 물을 돌보는 일을 맡겼다. 아프리카 문화와 유럽 사상에 뿌리를 둔 진정한 아프리카 기독교를 창조하는 이런 영리한 방식은 여러 세기에 걸쳐 행해진 기독교 선교사들의 관습을 따른 것이었다. 8세기 독일에 기독교를 전한 영국인 선교사 보니페이스(Boniface)도 현지인들의 관습을 이용해 개종을 도왔다. 그들은 **케겔**(*kegels*)이라 불리는 막대기를 **하이드**(*heides*)라고 불리는 더 작은 막대기에 던지는 게임을 했다. 보니페이스는 게임에 종교를 끌어들였다. 그 결과 **하이드**는 마귀를 상징하는 존재가 되었고, **하이드**를 쓰러뜨리는 것은 순수한 영혼을 드러내는 행위로 받아들여졌다. 물론 이로 인해 게임이 더 재미있어졌는지는 아쉽게도 기록에 남아 있지 않다.

아폰소는 기독교의 교육적인 힘도 인정했다. 콩고는 사회적·문화적 측면에서 고도로 발달한 나라였지만 기술적으로는 포르투갈보다 뒤처져 있었다. 특히 인쇄기가 부족했다. 포르투갈이 콩고에 보낸 최초의 인쇄기는 센세이션을 일으켰고, 선교사들과 식민지 개척자들은 지역 주민들에게 판매하는 종이에 엄청난 금액을 붙일 수 있었다. 아폰소는 신속한 현대

화 프로그램 없이는 자국이 포르투갈과 동등한 위치에서 교류하기 어렵다는 것을 알았다. 그래서 국민들을 유럽식으로 교육시키기 위해 많은 노력을 기울였다. 아폰소는 아들을 포르투갈로 보내 교육을 받게 했는데, 한 명은 북아프리카 우티카의 주교가 되었고 다른 한 명은 리스본 대학의 인문학 교수가 되었다. 동시에 아폰소는 콩고 전역에 새로운 학교를 설립하고 귀족 자녀들도 반드시 학교에 다니게 했다. 그것은 대담한 계획이었고 특히 원주민 주도로 이루어졌다는 점에서 주목할 만한 일이었다. 콩고의 국왕 아폰소는 콩고 전역에 기독교와 교육을 전파하는 데 앞장섰다. 이는 우리가 1장에서 살펴본 것처럼 5세기에 조국 아르메니아에 기독교와 더불어 글을 읽고 쓰는 능력을 전파한 **메스로프 마슈토츠**(Mesrop Mashtotes)**의 시도와 비슷했다.**

안타깝게도 아폰소의 노력은 메스로프에 비해 장기적인 효과를 거두지 못했는데, 포르투갈인들이 그들이 도와야 할 아프리카인들보다 덜 고결했기 때문이다. 아폰소는 교육과 신앙에 대해 진심으로 관심을 가졌던 반면, 포르투갈인들은 아프리카 해안을 탐험하고 선교사와 식민지 개척자들을 콩고로 보내는 데 들어간 막대한 비용을 회수하는 문제에만 더 큰 관심이 있었다. 그들은 콩고에서 금이나 귀중한 광물을 찾으려 애쓰는 동시에 노예에 큰 관심을 보였다. 설탕 산업은 대서양 제도와 남아메리카에 뿌리를 내리기 시작했고 농장에서 일할 사람들에 대해 엄청난 수요가 있었다. 당시 설탕은 금만큼이나 가치가 높았고, 신종 작물이 약속한 엄청난 수익은 포르투갈이 새로 발견한 땅에서 노동력을 징발하는 것에 대해 가졌던 양심의 가책보다 더 컸다. 1516년 무렵 아폰소의 항의와 새로운 무역을 규제하려는 시도에도 불구하고 포르투갈은 매년 4,000명의 노예를 콩고에서 데려갔다. 현지인의 인건비는 낮고 유럽산 종이와 교육 비용은 높았기 때문에 포르투갈인들은 가톨릭 미사 전서 한 권으로 노예 한 명을 살 수 있었다. 기독교 교육을 이용해 백성을 돕고자 했던 아폰소 왕의 희망을 생각하면 아주 끔찍할 정도로 모순적인 거래였다. 결국 유럽과의 접촉이 아메리카 대륙의 아즈텍과 잉카 문명을 종식시킨 것과 마찬가지로 콩고의 문명도 종말을 고했다. 콩고 경제는 노예무역에 점점 더 의존하게 되었는데 다른 아프리카 국가들도 유럽에 문호를 개방함에 따라 콩고인이 제공하는 노동력의 가격은 낮아지기 시작했고 경제는 흔들렸다. 이와 동시에 지방 통치자들을 상대로 한 총기 판매는 권력 분배의 불균형을 야기함

"검은 대륙의 영웅들"(J. W. 뷰엘, 1890년). 오늘날의 말리에 해당하는 지역의 주민들을 노예 시장에서 매매하기 위해 다른 아프리카인이 끌고 가는 모습으로서, 포르투갈 문명이 아프리카에 미친 영향을 잘 보여주는 장면이다.

으로써 궁극적으로 콩고 중앙 정부를 약화시켰다. 콩노는 경쟁하는 수많은 족장을 중심으로 분열되었다. 그러는 동안 주민들은 먼 곳으로 팔려나가고 나라는 사라졌다. 1543년 아폰소가 죽은 지 1세기 반도 채 지나지 않아 그가 통치했던 도시들은 코끼리들만 남아 돌아다니는 황폐한 곳이 되었다.

포르투갈 사람들은 아폰소와 그의 국민들에게 가짜 우상을 전파했던 것일까? 그들의 종교가 한 손으로는 구원을 약속하고 다른 한 손으로는 그들의 생명과 자유를 도둑질한 것인가? 적어도 자신이 기독교인이라고 공언한 사람들이 이런 일을 자행했다. 그럼에도 불구하고 이런 일을 일으킨 근본 원인은 기독교가 아니었다. 콩고의 동력을 끊어놓은 것은 설탕 무역과 포르투갈 상인들과 그곳으로 이주한 개척자들의 탐욕이었다. 무엇보다도 아폰소 왕 역시 포르투갈과 마찬가지로 무역에 의존했기 때문에 이들을 막을 힘이 없었다. 콩고의 왕이 갖고 있던 지위의 많은 부분은 무역 제도를 통제한 것에서 비롯되었고, 만일 그가 왕국 전체의 노예무역을 막았다면 지방의 통치자들은 그에게 반기를 들었을 것이다. 모든 기독교적인 지식에도 불구하고 아폰소 자신도 획득과 탐욕에 기반한 무역 시스템의 일부였다. 그는 노예무역을 규제하거나 심지어 완전히 중단시키려고도 했지만 동시에 영토의 외곽 지역에서 노예무역이 운영되도록 보장했고 그 거래에 막대한 세금을 부과함으로써 그 자체로 수익을 챙겼다. 노예무역은 단기적으로 여러 아프리카 국가 사이에서 콩고의 힘과 부를 증가시켰지만, 장기적으로는 다른 아프리카 국가들이 값싼 노예 노동력을 공급함으로써 콩고의 경쟁력을 약화시키고 경제를 파괴하는 데 일조했다. 그것은 단순히 사악한 유럽인들이 아프리카인들을 착취하는 문제가 아니라 아프리카인들이 서로를 착취하는 문제였던 것이다. 어쩌면 프란치스코가 이

제도 전체를 완전히 거부함으로써 가능한 한 위험으로부터 거리를 둔 것이 더 현명한 일이었을지도 모른다.

기독교는 단순히 도덕적인 삶의 중요성을 설파하는 데 그치지 않고, 항상 권력, 부, 세속적 욕망에 대해 강하게 비판하는 성향을 지녀왔다. 그 전통이 잊혔을 때 콩고의 붕괴 같은 사건이 발생했다. 그러나 기독교가 그 전통을 기억할 때 비로소 지금까지 가르쳐온 것 중 가장 심오하고 호소력 있는 도덕적인 접근법들을 발전시킬 수 있었다. 그것은 바로 예수의 가르침으로 다시 돌아가는 전통이다.

예수와 통념을 뒤집는 윤리

프란치스코는 자발적으로 우리를 행복하게 하는 것에 대한 일반적인 통념과는 완전히 상반된 삶을 살면서 자신이 살던 물실주의 사회에 일격을 가했을 뿐만 아니라 기독교의 핵심 요소라고 믿었던 것을 따르고 있었다. 그는 예수가 질문자에게 "가서 네게 있는 것을 다 팔아 가난한 자들에게 주라"고 한 마가복음 10:21을 보고 자신이 가진 모든 것을 나누어야겠다고 결심했다. 이 말씀은 많은 이들에게 영감을 주었다. 다른 것은 일절 없이 복음서 사본만 갖고 있던 사막 교부 중 한 명이 가난한 사람을 돕기 위해 그 책을 팔면서 "내가 가진 것을 다 팔아서 가난한 사람들에게 주라고 권

> **"너희 중의 누구든지 자기의 모든 소유를 버리지 아니하면 능히 내 제자가 되지 못하리라."**
>
> _ 누가복음 14:33

하는 이 책을 나는 주었다"라고 말했다는 일화가 있다.

예수로부터 이 말을 들은 젊은이는 재물이 많은 부자였기 때문에 슬픈 기색을 띠고 근심하며 돌아갔다고 한다. 실제로 초기 기독교인 일부도 이 말씀을 별로 달가워하지 않았다는 증거가 있다. 마태복음은 부분적으로 마가복음을 기초로 한다고 여겨지고 있는데, 상대적으로 더 부유한 독자층을 위해 쓰인 것으로 보인다. 마가복음 12장에는 예수가 성전의 헌금함에 돈을 넣고 있는 부자들의 행렬을 보았다고 기록되어 있다. 가난한 과부가 작은 동전 두 개를 헌금하는 것을 보고 예수는 제자들에게 그녀가 다른 사람들보다 더 많이 드렸다고 말한다. 비록 적은 액수였지만 그녀가 가진 전부였기 때문이다. 그러나 마태는 그 이야기를 자신의 복음서에 넣지 않기로 결심했다. 예수는 누가복음 6장에서 다시 "너희 가난한 자는 복이 있나니 하나님의 나라가 너희 것임이요"라고 선언한다. 많은 학자들은 이것이 "**심령**이 가난한 자는 복이 있다"라는 마태복음의 구절보다 더 오래된 형태의 어록이라고 생각하는데, 마태복음의 구절은 의심할 여지 없이 가치 있는 정서지만 누가복음의 어록과 완전히 같지는 않다.

마태는 이 가르침에 "영적인 의미를 부여"하고 싶었던 것 같다. 마태가 보기에 가난한 사람들이 복을 받는다는 예수의 말은 실제로 돈이 없는 가난한 사람들을 의미한 것이 아니다. 그는 가난하다고 "**느끼는**" 사람들, 즉 우울하거나 희망이 없는 사람들 또는 하나님과 동떨어져 있다고 느끼는 사람들을 가리킨다고 본 것이다. 마태복음에서 예수는 애통하는 자, 온유한 자, 긍휼히 여기는 자 등을 축복한다고 말한다. 그렇다고 해서 예수가 이런 말을 하지 않았다는 뜻은 물론 아니다. 단지 마태가 강조하고 싶었던 바가 이런 것이라는 뜻이다.

그럼에도 불구하고 프란치스코의 마음을 그토록 사로잡았던 통념을 뒤집는 사고방식은 복음서 전반에 걸쳐 예수의 윤리적인 가르침을 통해 다시 나타난다. 윤리는 올바르게 살려고 노력하는, 즉 행동이나 삶의 방식을 올바르게 만드는 것을 알아내려고 노력하는 기술이다. 윤리는 다른 종교와 마찬가지로 기독교의 핵심 관심사로서, 기독교의 경우 이 문제에 대한 생각은 무엇보다도 이타심(selflessness)이라는 원칙에 기초한 예수의 가르침에서 시작된다. 복음서 전반에 걸쳐 예수는 기회가 있을 때마다 자기 자신을 돌보려는 인간의 본성을 뒤엎거나 반대한다. 사도행전 20:35에 따르면 예수는 자신의 추종자들에게 받는 것보다 주는 것이 더 복이 있다고 말했으며, 마태복음 5-7장에 나오는 유명한 산상수훈에서는 모든 지혜를 의도적으로 뒤집어 놓는 윤리를 가르친다. 예를 들면 다음과 같은 말이 나온다.

> 악한 자를 대적하지 말라. 누구든지 네 오른편 뺨을 치거든 왼편도 돌려대며 또 너를 고발하여 속옷을 가지고자 하는 자에게 겉옷까지도 가지게 하며 또 누구든지 너로 억지로 오 리를 가게 하거든 그 사람과 십 리를 동행하고 네게 구하는 자에게 주며 네게 꾸고자 하는 자에게 거절하지 말라(마태복음 5:39-42).

모든 기독교인들이 이 가르침을 좋아한 것은 아니었다. 3세기의 위대한 신학자 오리게네스는 이 구절을 문자적으로 이해해서는 안 된다고 주장했다. 그의 논리는 아무도 상대방의 오른쪽 뺨을 때리지 않는다는 것이다. 왜냐하면 당신이 오른손으로 상대방의 뺨을 때리면 그 사람은 왼쪽 뺨을 맞게 되기 때문이다! 분명 오리게네스는 오른손잡이였고 사람들이 손등을 사용해 때릴 수 있다는 가능성을 고려하지 않은 것 같다. 복음서에 따르면 예수의 제자들 또한 이런 예수의 생각들을 그대로 받아들이길 꺼렸

"산상수훈을 전하는 예수"(J. 제임스 티소, 1899-1900년)

다. 마가복음 10장에는 하늘나라에서 예수의 옆자리에 앉게 해달라고 부탁한 야고보와 요한 형제의 이야기가 나온다. 다른 제자들이 이에 대해 화를 낸 것은 자연스러운 일이었지만, 예수는 그들에게 "너희 중에 누구든지 크고자 하는 자는 너희를 섬기는 자가 되고 너희 중에 누구든지 으뜸이 되고자 하는 자는 모든 사람의 종이 되어야 하리라"고 말했다.

사실 이 가르침은 우리가 다른 사람들과 관계를 맺고 살아가는 방식을 넘어선다. 예수가 윤리에 관심을 가졌던 것은 그 자체를 위해서가 아니라 이 땅에 현존하는 하나님 나라와 미래에 올 하나님 나라가 어떤 관련이 있는지에 마음이 쓰였기 때문이다. 그 나라에서는 일반적이고 세속적인 가치관이 뒤바뀐다고 한다. 마가복음 10:25에서는 낙타가 바늘귀로 나가는 것이 부자가 하나님의 나라에 들어가는 것보다 쉽다고 한 반면, 마가복음 10:31에서는 "먼저 된 자로서 나중 되고 나중 된 자로서 먼저 될 자가 많으니라"고 신인한다. 아마도 가장 불길한 것은 마가복음 8장에 나오는 말일 것이다. "누구든지 나를 따라오려거든 자기를 부인하고 자기 십자가를 지고 나를 따를 것이니라. 누구든지 자기 목숨을 구원하고자 하면 잃을 것이요 누구든지 나와 복음을 위하여 자기 목숨을 잃으면 구원하리라."

예수의 가르침은 고대의 많은 윤리적 가르침과 확실히 대조된다. 그러나 일부 접점이 있다. 예를 들어 예수가 남긴 가장 유명한 말은 산상수훈에서 나온 마태복음 7:12이다. "그러므로 무엇이든지 남에게 대접을 받고자 하는 대로 너희도 남을 대접하라. 이것이 율법이요 선지자니라." 이 가르침은 당시 유대교 선생들뿐만 아니라 그리스 철학자들에게도 알려져 있었다. 복음서보다 4세기 전에 쓰인 『국가론』(*The Republic*)에서 플라톤은 자신이 만든 등장인물들로 하여금 정의(또는 의로움[righteousness])의 본질에 대해 토론하도록 했다. 등장인물 중 한 명이 정의란 친구를 돕고 적을 해치

"짐작건대 행복이 가장 중요한 선이라고 말하는 것은 진부해 보이고, 행복이 무엇인지에 대한 더 명확한 설명이 여전히 필요하다. 만일 우리가 인간의 기능을 먼저 알아낼 수 있다면, 이에 대한 설명이 가능할지도 모르겠다. 플루트 연주자, 조각가, 예술가같이, 그리고 일반적으로 기능을 갖고 있거나 활동하는 모든 것들의 경우와 같이, 선한 것과 '좋은' 것은 그것이 지닌 기능에 존재한다고 여겨지기 때문에, 만약 인간이 기능을 가지고 있다면…만약 이것이 사실이며 사람의 기능이 모종의 삶이라고 우리가 말할 수 있다면, 그리고 이것이 이성적인 원리라는 의미에서 영혼의 활동이나 행동이며 선한 사람의 기능이 이런 것들을 행하는 선하고 고결한 행위라면, 인간의 선은 탁월함을 드러내는 영혼의 활동이 된다."

_ 아리스토텔레스, 『니코마코스 윤리학』 1

는 것이라고 말하자, 소크라테스는 그에 대한 응답으로 누군가를 현재 상태보다 더 나쁘게 만드는 것은 결코 좋은 일이라고 할 수 없지만 우리가 적을 해친다면 바로 그 일을 하는 것이라고 반박한다. 그러므로 우리는 상대방이 친구든 아니든 모두에게 좋은 일을 하도록 노력해야 한다. 그는 다음과 같이 결론을 내린다.

> 그러므로 만약 어떤 사람이 자신이 진 빚을 모든 사람에게 갚는 것이 정의롭다고 말한다면, 그리고 만약 그것을 정의로운 사람은 적들을 해치고 친구들을 도와주어야 한다는 의미로 이해한다면 그는 현명하지 않다. 그가 말하는 것은 사실이 아니다. 왜냐하면 우리는 누군가를 해치는 일이 절대 옳지 않음을 깨달았기 때문이다.

다시 말하지만 부와 사회적 지위가 도움이 되지 않을 것이라는 예수의 가르침은 도덕 윤리학으로 유명한 철학자들의 모임인 스토아 학파의 마음을 사로잡았을 것이다. 스토아 학파는 행복이 미덕과 정확히 같은 것이라고 가르쳤다. 따라서 덕이 있다면 물질적인 지위와 상관없이 행복할 수 있다. 그들은 일반 상식과는 달리 궁궐에 사는 나쁜 사람보다 구걸하는 착한 사람이 더 행복하다고 믿었다.

우리를 행복하게 하는 것은 다름 아닌 선이다. 이것이 오늘날에도 우리가 고난을 기꺼이 참아내는 사람을 "금욕주의자"라고 묘사하고, 무언가를 잃어버린 사람이 화를 내지 않을 때 "철학적인" 태도를 갖고 있다고 말하는 이유다.

그러나 일부 스토아 학파의 철학자들은 이런 방식이 통할 것 같지 않다는 것을 깨닫고 생각을 약간 수정했다. 그들은 돈이나 잘생긴 외모가 우리를 진정으로 행복하게 만들지는 않지만, 그래도 없는 것보다는 있는 것이 낫다고 말했다. 그들이 이렇게 말할 수 있었던 것은 본질(nature)이라는 그리스 윤리의 근본적인 개념 때문이었다. 스토아 철학자들은 어떤 물건이든 그 본질에 충실할 때 가장 잘 작동한다고 믿었다. 우리는 자동차가 특정한 종류의 연료로 인해 작동하고 특정한 방식으로 운행되도록 설계되었다고 말한다. 잘못된 종류의 연료를 탱크에 붓고 기어를 바꾸면서 달리면 자동차는 망가질 것이다. 마찬가지로 인간은 본질적으로 특정한 조건 아래서, 구체적으로 적절한 음식을 먹고 알맞은 운동을 할 때 가장 잘 기능한다.

이런 종류의 윤리에 대한 가장 유명한 진술은 플라톤의 제자이자 역사상 가장 위대한 철학자라고 할 수 있는 아리스토텔레스가 한 말이다. 지금까지 쓰인 가장 중요한 저서 중 하나인 그의 『니코마코스 윤리학』(*Nicomachean Ethics*)은 본질적으로 인간의 행복이 인간의 잠재력을 실현하는 데 있다는 기본적인 생각을 풀어낸 책이다. 아리스토텔레스에게 **선한** 삶을 사는 것은 **건강한** 삶을 사는 것과 정확히 같은 종류의 것이었다. 식습관, 운동 등을 통해 건강을 유지하는 다양한 방법이 있다. 이런 방법을 실행하지 않거나 너무 지나치게 몰아붙이면 병이 날 것이다. 왜냐하면 뭐든 적당히 해야 건강을 얻을 수 있기 때문이다. 마찬가지로 어떤 상황에서든 이성에 의해 확립된 올바른 행동 방식이 존재한다. 올바르거나 혹은 도덕적인 방식으로 행동하는 것, 즉 합리적으로 행동하는 것은 아리스토텔레스가 내린 행복에 대한 정의다. 그리스어로 "미덕"(*arete*)을 나타내는 단어가 "탁월함"을 나타내는 단어와 동일하다는 점이 중요하다. 우리는 덕스럽게 행동할 때 훌륭한 인간이 된다.

아리스토텔레스의 윤리 이론들이 복잡하고 미묘하며 오늘날에도 여전히 연구되고 있지만, 그런 사례 중 일부는 다소 기이하게 느껴지기도 한다. 본질적으로 위대한 미덕을 상징하는 "관대한"(문자 그대로 "위대한 영혼을 가진") 사람에 대한 아리스토텔레스의 설명을 예로 들어보자. 그는 지나친 겸손과 허영심이라는 두 가지 악을 멀리하고 있다. 그 위대한 영혼을 가진 사람은 선한 사람이며, 자신이 선하다는 것을 알고 있기 때문에 명예를 누릴 자격이 있는 사람이다. 우리는 그런 이들을 존경하는 경향이 있기 때문에 그는 용감하고 훌륭한 귀족과 부자가 될 가능성이 높지만, 아리스토텔레스는 그것이 도덕적인 것보다 덜 중요하다고 확신한다. 위대한 영혼을 가진 사람은 관대하지만 남에게 무언가를 받기를 좋아하지 않는다. 자신이 베푸는 사람보다 열등해 보이고 남에게 빚지는 것을 싫어하기 때문이다. 그는 자신이 사람들을 어떻게 생각하는지, 좋게 생각하든 나쁘게 생각하든 그들에게 그 사실을 알리는 것을 두려워하지 않는다. 비록 다른 사람들을 존경하는 것은 그들이 자신보다 더 위대하다는 것을 암시하기 때문에 다른 사람들을 존경하지 않겠지만 말이다. 무엇보다도 위대한 영혼을 가진 사람은 자급자족하며 자신의 행복을 다른 사람에게 의존하지 않도록 조심한다. 또한 그는 너무나 위대해서 어떤 것으로 인해서도 흥분하지 않기 때문에, 굵고 분별력 있는 낮은 목소리로 천천히 말하고 걸어다닐 것이라고 한다.

이런 사람은 고대 그리스 사회에서 존경을 받았을 것이고, 오늘날에도 크게 다르지 않다. 그리고 예수의 가르침은 확실히 이런 종류의 이상과 상충한다. 아리스토텔레스가 말한 위대한 영혼을 가진 사람은 무엇보다도 자기 자신에게 관심을 갖는다. 자신이 세상에서 가장 위대한 존재인데, 자신보다 더 중요한 것이 무엇일까? 그는 그 위대함이라는 지위를 유지하기 위해 다른 사람에게 빚을 지거나 다른 사람이 자기보다 우월하게 보이는 행동을 피한다. 반면 예수는 자기 자신보다 남을 먼저 생각하라고 권면한다. 제자들에게 무엇이든지 구하는 대로 다 주고 더 주라고 명령하며, 세상에서 가장 위대하다고 여김을 받는 사람들이 하나님 나라에서는 가장 작은 자가 될 것이라고 말한다. 위대한 영혼을 가진 사람은 전형적인 그리스 귀족이지만, 하나님은 가난하고 온유한 사람들을 축복한다.

하나님 나라에서 목욕법에 이르기까지: 기독교 도덕주의자들

플라톤과 아리스토텔레스의 예에서 알 수 있듯이 윤리적 문제에 대한 철학적 검토는 기독교가 등장했을 때 이미 상당히 진전되어 있었고, 그 이후로도 철학자들의 주요 논쟁 주제로 남아 있었다. 기독교가 윤리를 발명했다고 주장할 수는 없지만, 윤리에 큰 기여를 한 것은 분명하다.

어떤 이들은 예수를 본질적으로 도덕 교사로 여기고 그의 가르침이 어떻게 포괄적인 윤리 "체계"(system)로 작용할 수 있는지를 보여주려고 노력했다. 윤리 체계는 **무엇이** 옳고 그른지뿐만 아니라 **왜** 그것이 옳고 그른지를 보여주려고 한다. 예를 들어 19세기 철학자이자 무신론자인 제러미 벤담(Jeremy Bentham)은 행동은 그 결과에 따라 옳고 그름이 결정된다고 주장했다. 따라서 더 많은 선을 가져다주는 행동이 선을 덜 가져다주는 행동보다 도덕적으로 더 바람직하다. 게다가 벤담은 어떤 행동이 얼마나 많은 선과 악을 가져오는지 측정하는 유일한 방법은 쾌락과 고통을 살펴보는 것이라고 주장했다. 따라서 어떤 상황에서든 도덕적으로 옳은 행동은 가장 큰 쾌락과 가장 적은 고통을 줄 것이고, 도덕적으로 잘못된 행동은 가장 큰 고통과 가장 적은 쾌락을 줄 것이다. 이런 기본 원칙을 바탕으로 벤담은 왜 어떤 행동이 다른 행동보다 더 나은지, 우리가 어떻게 그것을 알 수 있는지를 보여주는 전체 윤리 체계를 고안해낼 수 있었다. 벤담의 윤리 이론은 유명한 결과를 낳았다. 그가 사망한 1832년 당시에는 사람들이 해부를 두려워했기 때문에 의대생들이 실습할 수 있는 시신이 매우 부족했다. 사람들은 시신이 정상적인 방식으로 매장되지 않으면 구원을 받을 수 없다고 믿었다. 벤담은 시신을 그냥 매장하는 것보다 의학에 맡기는 쪽이 훨씬 더 유익하다고 생각해서 시신을 기증했고, 죽은 후 어둡고 폭풍우가 치던 밤 런던에서 공개적으로 해부되었다. 그런 다음 사람들은 그의 유골에 옷을 입히고 박제하여 유리 케이스에 넣어 "오토 아이콘"(auto-icon)이

벤담은 아직도 유리 상자 안에서 영원을 생각하고 있다. 그의 진짜 머리는 너무 끔찍했기 때문에 죽은 직후에 제거되었고 밀랍 복제물로 대체되었다. 진짜 머리는 대학 금고 어딘가에 있는 유리 상자 안에 있다.

라고 불리는 것을 만들었는데, 이는 동상을 만드는 것보다 더 저렴하고 유익하다고 (짓궂은 유머를 섞어) 그가 제안한 결과다. 우리는 런던 유니버시티 칼리지의 복도에 전시된 유리 상자 안에 여전히 앉아 있는 벤담의 모습을 볼 수 있다. 그래서 밤에 술 취한 상태로 방으로 돌아가다가 벤담을 우연히 발견하고 충격을 받았다는 학생들이 많다.

벤담과 그와 같은 사람들의 영향을 받은 19세기 기독교 사상가들은 예수의 가르침에 바탕을 둔 윤리 체계를 세우려고 노력했다. 예를 들어 19세기 최고의 신학자 중 한 명인 독일의 학자 알브레히트 리츨(Albrecht Ritschl)은 기독교는 본질적으로 선한 삶을 사는 것이라고 주장했다. 그는 그리스도의 삶과 가르침을 통해서만 하나님을 알 수 있다고 믿었지만, 하나님에 관한 "지식"은 과학적 사실에 대한 "지식"과 다른 종류의 것이라고 생각했다. 실제로 그는 종교가 "사실"(facts)이 아니라 "가치"(values)에 관한 것이라고 제안했다. 그러므로 그리스도를 통해 하나님을 "아는" 것은 그리스도의 윤리적인 가르침을 따르는 문제, 즉 그리스도의 가치관이 그분에게 그랬던 것처럼 우리 삶의 중심이 되는 문제다. 리츨은 하나님보다는 예수와 그의 윤리적인 가르침 및 그것이 인간에게 미치는 영향에 더 많은 관심을 가졌다. 우리가 5장에서 살펴본 기독교의 "연대"(togetherness)라는 개

"종교적인 지식은 이 세상에 대한 사람의 태도와 연관되어 있는 독립적인 가치 판단에 근접하며 쾌감이나 고통을 초래하는데, 거기서 사람은 하나님이 그에게 준 이 세상에 대한 지배권을 즐기거나 아니면 그 목적을 위한 하나님의 도움이 결여되어 있다는 점을 극심하게 느낀다."

_ 알브레히트 리츨, *The Christian Doctrine of Justification and Reconciliation III*

념은 리츨에게 중요했다. 그는 예수의 윤리가 개인적인 차원보다는 사회적인 차원에서 작동한다고 믿었기 때문에, 교회 공동체와 그 구성원들이 어떻게 상호 작용하는지에 관심을 집중했다. 그 과정에서 예수의 윤리는 언제나 가장 중요했다.

이런 생각들은 20세기 초에 월터 라우셴부시(Walter Rauschenbusch)라는 미국 침례교 목사에 의해 보다 정치적인 차원으로 발전하게 된다. 라우셴부시는 뉴욕의 "지옥의 부엌"으로 알려진 지역에서 가장 가난한 사람들을 섬기면서 기독교가 그들의 삶에 실질적인 영향을 미쳐야 한다고 생각하게 되었다. 그래서 기독교는 그들의 불우한 사회적·경제적 상황을 다루어야 한다고 주장하게 된 것이다. 결국 그는 20세기 초 미국에서 큰 인기를 끌었던 사회 복음 운동의 중심 인물이 되었다. 라우셴부시는 사회의 병폐가 탐욕과 이기주의, 개인주의의 윤리, 개인의 소유 윤리에서 비롯된다고 믿었는데, 이는 아시시의 프란치스코가 그토록 싫어했던 것과 정확히 일치한다. 라우셴부시는 이런 윤리를 대신해서 얻는 것이 아니라 주는 것을 근간으로 하는 예수의 윤리를 발전시키려고 노력했다. 그 윤리들은 개인이 아닌 사회에 대한 관심에 바탕을 두고 있다. 라우셴부시는 예수의 세상에서는 모든 사람이 함께 있다고 믿었다. 리츨과 마찬가지로 그는 예수가 말한 "하나님 나라"는 완전한 사회 즉 교회를 의미하며, 이런 윤리 원칙들이 그 안에서 실현된다고 믿었다.

"가장 철자가 어려운 이름을 지닌 19세기의 신학자"라는 타이틀을 놓고 프리드리히 슐라이어마허와 다투는 월터 라우셴부시

따라서 리츨과 라우셴부시 같은 사상가들에게 기독교는 일반적으로 철학자들의 전유물

"사회 정의를 옹호하는 것은 오늘날 기독교인들이 순교의 왕관을 얻기 위해 남아 있는 거의 유일한 방법이다. 지금은 신학적인 이단들이 거의 박해를 받지 않는다. 하나님의 유일한 라이벌은 맘몬이고, 맘몬의 신성한 이름이 모독당할 때 비로소 사람들은 기독교인들을 사자들에게 던진다."

_ 월터 라우셴부시, *Christianity and the Social Crisis*

이었던 윤리 이론을 구축하는 일에 강력한 영향을 미쳤다. 특히 기독교는 그저 앉아서 생각만 하는 것이 아니라 나가서 행동하는 것이다. 라우셴부시와 같은 사람들은 "사회 복음"이 흥미롭다고 생각해서가 아니라 실제로 나가서 사람들을 돕고 싶어서 책을 썼다. 그리고 그들은 많은 것을 성취했다. 라우셴부시는 우드로 윌슨을 위시한 진보 정치인들에게 영향을 주었고, 마틴 루터 킹 주니어에게도 깊은 영감을 주었다. 우리는 다음 장에서 기독교 윤리의 실질적인 결과를 살펴보게 될 것이다.

하지만 단순히 예수의 가르침을 적용하는 것 이상의 기독교 윤리가 필요해 보였다. 종교적인 맥락에서 도덕성에 대한 질문은 필연적으로 하나님에 관한 질문을 포함한다. 하나님이 이 모든 것과 무슨 상관이 있는가? 결국 예수가 설교한 사랑의 윤리는 겉으로 보기에 반드시 하나님과 관련이 있을 필요는 없다. 예수는 단순히 깨달음을 얻은 인간 선생일 수도 있었다.

우리는 흔히 종교가 윤리에 대해 신뢰할 수 있는 유일한 틀을 제공한다고 말한다. 하나님이 우리에게 살인이 잘못된 것이라고 했기 때문에 살인이 나쁜 것이라고 알고 있다. 만약 하나님이 없다면 도덕성에 대한 믿을 만한 근거가 없고, 우리가 가질 수 있는 것은 인간의 개념뿐일 것이다. "살인은 나쁜 일이다"라는 문장이 "살인은 일반적으로 사회적으로 용납될 수 없는 것으로 간주된다" 또는 "우리는 살인을 좋아하지 않는다"라는 의미에 지나지 않을 수 있다. 그리고 그것은 너무 약하고 상대주의적으로 보인다. 도덕성을 뒷받침하는 하나님의 명령이 없다면 도덕은 영속성이 없고 인간의 기분에 따라 변할 수 있다. 도덕성이 단지 사회적 관습의 문제라고 믿는다고 가정하고, 당신이 극도로 성가신 동료와 함께 무인도에 난파당했다고 가정해보자. 어떤 사회도 존재하지 않고 처벌의 위협이 없는 상황에서 나무 조각으로 그의 머리를 때리고 그를 바다에 던져버리지 않을 이유가 있을까?

물론 그런 이유가 있을 수 있고, 철학자들은 윤리가 **무엇**이고 **왜** 우리가 윤리적인 사람이 되려고 노력해야 하는지에 대한 설명을 찾는 작업을 "메타윤리학"(meta-ethics)이라고 부른다. 이는 윤리적 원칙을 찾는 것을 넘어 실제로 윤리적 원칙이 무엇인지를 진술하는 것까지 포함하는 의미다. 그것들은 사실에 대한 진술인가? 품위에 대한 표현인가? 명령인가? 많은 기독교 사상가들은 신적 존재에게 호소함으로써 이 어려운 질문들에 답할 수 있는 방법을 찾으려고 노력해왔다.

13세기의 가장 중요한 기독교 사상가인 토마스 아퀴나스는 이런 문제에 대해 상당히 많은 생각을 했다. 그는 아리스토텔레스의 이론과 기독교의 이상을 결합해보려 했다. 사실 아퀴나스의 모든 저술은 아리스토텔레스의 영향을 크게 받았고 그는 자신을 단순히 "철학자"라고 불렀다. 아리스토텔레스와 마찬가지로 아퀴나스도 인간이 적절한 기능을 수행할 수 있도록 만들어졌다고 주장했다. 눈이 사물을 볼 때 제 기능을 하고, 나무가 자랄 때 제 기능을 하는 것처럼 인간도 하나님을 관조할 때 제 기능을 한다. 아리스토텔레스는 또한 철학적인 사색의 삶이 인간에게 최선이라고 믿었다. 그리고 심지어 이런 삶은 우리 내면의 가장 신성한 부분인 정신을 사용하는 것이기 때문에 우리 자신을 거의 신적으로 만든다고 말했다. 하지만 아퀴나스는 하나님의 법의 개념을 도입함으로써 이것을 기독교화했다. 만약 하나님이 창조한 존재들이 올바르게 행동하려면 하나님 자신의 행동의 틀 안에서 움직여야 한다. 하나님은 온 우주를 다스리는 지극히 이성적인 존재다. 그러므로 올바른 행동이 이성에 부합하는 행동이라고 말할 때 아리스토텔레스가 의미하는 것은 하나님을 따르는 행동이다. 다시 말해 도덕률을 뒷받침하는 것은 하나님이다. 도덕률은 하나님이 자신의 행동과 계획을 통해 세상에 부과하는 일련의 명령과 금지 사항이다. 하나님은 영원하기 때문에 즉 시간에 갇혀 있지 않기 때문에 그 법은 영원하다.

이 지점에서 합리적인 반대가 있을 수 있다. 단순히 하나님이 그렇게 말하기 때문에 어떤 행동이 도덕적으로 좋거나 나쁘다면, 왜 하나님은 그렇게 말하는 걸까? 즉 살인은 하나님이 금지하기 때문에 나쁜 것이라고 가정해보자. 과연 하나님은 살인을 금지하지 않기로 결정할 수 있었을까? 그분이 우리에게 살인을 명령하고 사람 돕는 것을 금지했다고 가정해보자. 그렇다면 살인은 도덕적으로 좋은 일이고 사람들을 돕는 것은 도덕적으로 나쁜 일일까? 만약 선과 악이 오로지 하나님의 명령에 기초한다고 하면 우리는 앞의 질문에 대해 그렇다고 말해야 하는데, 그것은 이상해 보인다. 게다가 그렇게 함으로써 하나님을 독단적으로 보이게 만든다. 17세기 기독교 철학자 고트프리트 라이프니츠(Gottfried Leibniz)는 이런 사고방식이 하나님을 예측 불가능한 폭군, 즉 자신의 일시적인 기분이라는 것 외에는 아무 정당성도 없는 법을 만드는 존재로 몰고간다고 주장했다. 그 대신 우리는 하나님이 살인을 금지한다면 그럴 만한 충분한 이유가 분명히 있을 것이라고 말해야 한다. 다시 말해 살인은 어차피 잘못된 것이어야 하며, 하나

> **“하나님은 지혜로 만물을 창조하신 창조주이시다. 그분은 만물의 창조자가 자신의 솜씨로 만든 것들과 관계를 맺듯이 그 만물과 동일한 관계를 맺으신다. 그뿐 아니라 모든 생물에서 발견되는 모든 행동과 움직임을 다스리신다. 따라서 영원의 법칙은 모든 행동과 움직임을 지시한다는 점에서 하나님의 지혜의 모형이 된다.”**
>
> _ 토마스 아퀴나스, *Summa Theologiae* I 190

님은 살인이 잘못되었기 때문에 그것을 금지한다. 하나님이 살인을 금지하기 때문에 그 행위가 나쁜 것이 아니다.

하지만 그것 또한 어색해 보인다. 왜냐하면 이제 하나님은 외부에 있는 무언가에 의해 제약을 받기 때문이다. 그리고 하나님이 아니라면 과연 누가 무언가를 옳게 하거나 그르게 할 수 있는가? 아퀴나스는 하나님의 명령이 단순히 독단적인 생각과 순간적인 기분에 의한 것이 아니라는 대답을 내놓았고, 하나님의 법과 자연 법칙의 개념을 결합시킴으로써 이를 보여주었다. 인간 같은 세상의 이성적인 주체들은 어떤 목적을 갖고 행동한다. 즉 우리는 단순히 변덕이나 기분에 따라 행동하는 것이 아니라, 확실한 목적을 달성하기 위해 숙고하고 행동을 계획한다. 게다가 우리가 행동할 때 선한 것, 또는 적어도 우리가 선하다고 생각하는 것을 목표로 삼는다. 그러나 하나님은 세상에 존재하는 가장 큰 선이다. 따라서 우리가 가장 이성적인 방식으로 행동한다면, 항상 하나님과 더 가까워지는 방식으로 행동할 것이다. 그렇기 때문에 하나님을 묵상하는 것이 인간에게 가장 완벽한 삶이다. 하나님을 따라 행동하는 것이 가장 자연스러운 계획이며 가장 선한 것이다. 하나님이 정한 법칙은 자연의 법칙이다. 물론 실제로 사람들은 하나님의 뜻에 따라 행동하지 않는 경우가 많다. 그것은 우리가 세상에 대한 완벽한 과학적 이해를 가지고 있지 못한 것처럼 부분적으로 옳고 그름에 대한 완벽한 이해를 가지고 있지 않기 때문이다. 우리에게 있는 것은 옳고 그름을 이해하는 우리 자신의 지적 능력 곧 우리의 양심이다. 만약 하나님이 이해하는 것처럼 도덕적인 진리가 명확하게 제시되고, 우리의 의지력이 원죄로 인해 타락하지 않았다면, 우리는 본래 선한 것을 원하기 때문에 필연적으로 그 진리를 따르고 싶어 한다. 하지만 우리의 양심이 명확하지 않고 때때로 실수하기 때문에, 원한다면 우리는 양심에 저항할 수 있다. 그리고 아퀴나스의 견해로는 아담의 죄가 우리를 타락시키고 구원을 위해 은혜가 필요하도록 만들었기 때문에, 우리는 종종 그렇게 하고 싶어 한다.

따라서 아퀴나스에게 도덕성이란 하나님이 고안하여 이 세상에 삽입한 것이다. 하나님이 단순히 적절하다고 생각하는 대로 명령을 내리는 것이 아니다. 모세가 율법을 받으려고 거룩한 산에 올랐을 때, 그가 받은 것은 단순히 하나님이 인간에게 내리기로 한 일련의 규칙이 아니었다. 그것은 인간으로서 훌륭하고 가치 있고 성취감을 얻는 삶을 살기 위한 설명서로서, 마치 상품의 제조업자가 직접 만든 지침서와 같은 것이었다. 하나님은 인간을 포함한 세상을 창조했고, 도덕률은 그 세계의 일부다. 따라서 하

"믿음은 이를테면 종교라는 특별한 영역과 관련이 없고, 실제의 삶 전체, 즉 외적인 문제와 내적인 문제, 육신의 문제와 영적인 문제, 우리의 삶 속의 밝고 어두운 것과 관련이 있다. 믿음은 우리가 자신과 타인 및 전 인류를 대신하여 우리를 움직이는 것에 관해 하나님을 의지할 수 있게 되는 일에 대한 것이다. 믿음은 사는 것 그리고 죽는 것 전체와 관련이 있다."

_ 칼 바르트, 『교의학 개요』

나님의 법이 자연법이기도 한 것이다.

아퀴나스는 우리가 5장에서 살펴본 중세의 세계관을 상징하는데, 이 관점은 현실 전체를 유기적이고 전체적인 방식으로 이해한다. 그의 견해에 따르면 자연계와 하나님의 영역 사이에는 모순이 없으며 둘은 서로 매끄럽게 연결되어 있다. 이는 하나님과 세상이 같은 것이라는 뜻이 아니다. 그런 건 아퀴나스에게 혐오감을 주는 생각이었을 것이다. 이 말은 그 둘이 본질적으로 서로 대립되지 않는다는 뜻이다. 다시 말하자면 믿음과 이성은 서로를 보완한다. 하나님이 높은 곳에서 계시한 율법은 인간의 이성 곧 양심이 스스로 깨달을 수 있는 법과 같다. 물론 하나님의 계시를 더 신뢰할 수 있지만 말이다.

현대에 이르러 많은 기독교인들이 이런 사고방식을 비판해왔다. 그 중 가장 유명한 사람은 20세기의 가장 중요한 기독교 저술가인 칼 바르트(Karl Barth)일 것이다. 바르트의 신학은 계시라는 개념을 중심으로 전개되었다. 그는 하나님이 자신을 드러내고 계시하기로 선택해야만 인간이 하나님을 알 수 있다는 것이 기독교의 핵심 원리라고 믿었다. 또한 인간이 이성이나 다른 것을 통해서 자신의 능력으로 하나님과 도덕성을 알 수 있다는 생각을 싫어했다. 그래서 아퀴나스가 하나님의 법과 자연의 법을 동일시하는 것을 거부했다. 사실 바르트는 이성으로만 윤리 체계를 정립하려는 모든 시도는 본질적으로 죄악이라고 말했다. 그것은 인간의 윤리 원칙을 우리의 삶에서 하나님이 있어야 할 자리로 격상시켜버린 것이다. 그가 볼 때 그것은 19세기 기독교 사상가들의 가장 큰 실수였는데, 그들은 하나님에 대한 언급 없이 예수의 가르침을 마치 올바르게 살기 위한 하나의 체계처럼 해석하려고 시도했다. 하지만 사실 윤리는 오직 하나님을 전제해야만 의미가 있다. 이는 아퀴나스가 믿었던 것처럼 하나님이 옳고 그름의 근원이라는 주장보다 더 급진적이다. 또한 이것은 이론적인 주장이다. 우리가 올바른 것을 계속 행하기만 한다면 이론의 수준에서는 확립 가능하지만, (우리가 원하면) 현실에서는 잊어버릴 수밖에 없는 주장이다. 반면 바르트에게 윤리의 개념은 우리가 모든 단계에서 하나님에 대해 적극적으로 생각할 때만 의미가 있다. 예수가 한 청년에게 그의 모든 소유를 팔라고 명령한 마태복음 19장의 이야기는 먼저 그 청년이 예수에게 어떻게 선한 삶을 살 수 있는지 묻는 것으로 시작된다. 예수는 "어찌하여 선한 일을 내게 묻느냐? 선한 이는 오직 한 분이시니라"고 대답한다. 다시 말해 하나님에 대해 이야기하지 않은 채로 어떻게 사는 것이 옳은지를 논해 봤자 아무 소용이 없다는 것이다. 그래서 바르트는 윤리가 하나님의 명령에 기초한다고 말한다. 이것은 하나님이 역사의 어느 시점에 일련의 규칙을 정하고 우리가 그것에 순종하도록 한다는 의미가 아니다. 오히려 하나님의 명령은 하나님 자신이며, 만물의 근간이 되고 그것을 지배하는 하나님의 뜻이고, 우리는 하나님을 따라가며 그것에 순종한다. 그분이 말한 바를 행하는 것뿐만 아니라 우리의 의지를 그분의 의지와 일치시켜 타협 없이 전적으로 그분에게 의지하는 것이다. 결국 도덕적으로 산다는 것은 일련의 도덕 원칙에 대한 지적 성찰이 아니라 하나님을 개인적으로 만나고 그분에게 헌

"우리가 살고 있는 현대 시대에 더욱 많은 사람들이 종교를 갖지 않는 것은 종교가 지식인들의 존경을 받지 못해서라기보다는 문명을 윤리적으로 만들지 못했기 때문이다. 일부 아주 오래된 그리고 수정되지 않은 교의(dogma)들이 사람들의 지성을 격분시키기 때문에 그들은 종교를 부정하고, 또한 종교가 사회적으로 무력하여 그들의 양심을 격분시키기 때문에 몇몇 사람들은 종교를 갖지 않는다."

_ 라인홀드 니부어, *Does Civilization Need Religion?*

신하는 일에 관한 것이다.

그래서 바르트는 윤리 체계에 대한 개념을 완전히 거부했다. 왜냐하면 그 체계들은 하나님의 명령으로 남아 있어야 할 것을 인본주의적으로 해석한 결과였기 때문이다. 이 점에서 그는 아우구스티누스와 약간 비슷했다. 아우구스티누스도 윤리는 본질적으로 하나님의 뜻에 복종하는 것이라고 믿었고, 심지어 하나님은 우리가 할 수 없는 일을 합법적으로 지시할 수 있다고 주장하기까지 했다. 예를 들어 산상수훈에서 예수는 우리에게 완벽한 삶을 살라고 말하지만, 우리 중 누구도 그렇게 할 수 없다. 또한 아우구스티누스는 윤리에 대해 이야기할 때 기독교의 죄의 개념이 유용할 수 있음을 잘 보여준다. 우리는 앞서 철학자 제러미 벤담이 결과에 따라 어떤 행동의 옳고 그름을 판단할 수 있다고 주장한 것을 살펴보았다. 아우구스티누스는 그와 정반대의 주장을 펼쳤다. 그에 따르면 행동은 그 **의도**(*intention*)에 따라 옳고 그름을 판단할 수 있다. 만약 내가 누군가를 속이려다가 실패하면 성공한 경우와 마찬가지로 거짓말을 한 죄가 있는 것이다. 왜냐하면 아우구스티누스에게 있어서 도덕은 전적으로 의지(will)에 관한 것이기 때문이다. 미덕의 본질이 하나님에게 순종하려는 의도인 것처럼 죄의 본질은 하나님을 거역하려는 의도다. 여기서 우리는 행동이나 윤리 체계가 아닌 개인의 내적 관점(internal point of view)에 중점을 둔다. 아우구스티누스는 진정한 악은 외적 행동으로 나타나기보다는 영혼 내부에 존재한다고 보았다. 예를 들어 살인 행위가 아니라 그 동기가 될 수 있는 증오심이나 권력에 대한 욕망이 진정한 악이라는 것이다. 이런 종류의 접근법은 수 세기 후 기독교 내에서 매우 큰 영향을 끼쳤다.

아퀴나스식 윤리 체계에 문제를 제기한 또 다른 신학자로는 라인홀드 니부어(Reinhold Niebuhr)가 있는데, 그는 라우셴부시처럼 중산층 지식인뿐만 아니라 모두에게 기독교가 정치적·사회적으로 영향을 미칠 수 있도록 만드는 데 관심을 가졌다. 19세기 신학자들처럼 니부어는 예수가 가르친 대로 사랑의 윤리를 만들었는데, 이는 그의 윤리의 핵심이었다. 그는 이 윤리가 세상과 옳고 그름에 관한 우리의 일반적인 사고 방식에 대해 급진적이면서도 혼란스러운 논평을 제시하는 견해임을 인식했다.

라우센부시와 마찬가지로 니부어는 사랑의 윤리가 우리 일상의 기본이 되는 이기주의를 압도하기 때문에 혁명적이라고 주장했다. 우리는 자신과 타인 사이에 방어벽을 치고 자기 이익을 지키기 위해 행동한다. 다른 사람들을 도울 수는 있지만 우리는 여전히 정신적으로 타인의 이익과 자신의 이익을 구분하고 가능한 한 나에게 해가 되는 것을 최소화하려고 노력한다. 이는 권력이나 부의 이상을 기초로 울타리를 쌓는 삶의 방식이다. 사실 이것은 아시시의 프란치스코가 절대적으로 거부했던 자본주의 이데올로기의 초기 버전이다. 그러나 예수가 말한 사랑의 이상은 "내 것"과 "네 것"을 나누는 이런 모든 구분을 무시한다. 그것은 인류를 위한 하나님의 사랑에 기초를 두고 있다. 니부어의 말처럼 이는 인간과 다른 인간 사이의 "수평" 관계가 아닌 하나님과 인간 사이의 "수직" 관계에 바탕을 둔 것이다. 그리고 기독교의 기본 메시지는 하나님이 창조주와 피조물 사이의 장벽을 허물고 거리낌 없이 인간 세계에 들어온다는 것이다. 그러므로 사랑의 윤리는 장벽을 제거하고 다른 사람의 관심사 속으로 온전히 들어가는 윤리이며, 이는 하나님이 하는 일이기 때문에 우리도 마땅히 해야 할 올바른 일이다.

그러나 니부어의 요점은 이 접근법을 특정한 규칙을 정하는 하나의 윤리 "체계"로 바꿀 수는 없다는 것이었다. 그런 규칙들은 결국 모든 상황을 포괄하지 못하거나 사회가 발전함에 따라 구식이 될 수밖에 없는, 인간이 만들어낸 산물에 불과하기 때문이다. 물론 동시에 우리는 어떤 종류의 윤리적인 원칙들을 갖고 있어야 한다. 사랑의 윤리는 권위주의와 자유주의라는 양 극단 중간에 있는 길이다. 그것은 상황에 따라 취해야 할 행동의 기초가 되는 원칙을 제시하지만, 그것을 각 상황에 어떻게 적용해야 할지를 명확히 제시하지는 않는다. 이는 아리스토텔레스의 생각과 비슷하다. 다만 각 상황에서 어떻게 행동해야 하는지를 우리에게 말해주는 실천적 이성 대신 세상을 향한 하나님의 사랑으로부터 영감을 얻은 사랑이 우리를 이끌고 있다는 점이 다를 뿐이다.

물론 일상에서 사랑의 규칙이 실제로 어떻게 작용하는지를 밝히려고 했던 기독교인들은 매우 흥미로운 설명을 만들어냈지만, 그것은 아마도 오래 지속되는 윤리 가치는 아닐 것이다. 가장 흥미로운 것 중 하나는 2세기의 기독교 교사였던 알렉산드리아의 클레멘스(Clement)가 쓴 것이다. 클레멘스는 대단히 박식한 사람이었고 그리스 철학자들의 말을 표절한 도덕적 가르침이 담긴 야만적인 종교를 따르는 기독교인은 어리석다는 당시의 일반적인 편견을 뒤집기 위해 노력했던 인물이다. 실제로 클레멘스는 고전 저술에서 따온 많은 인용문으로 자신의 저서를 채웠으며, 이것들은 (그가 아니었으면 사라져버렸을 수도 있을) 작가들의 생각을 재구성하는 데 중요한 자료가 되었다. 그는 『교육자』(*The Instructor*)라는 저서를 통해 그리스도를 인류의 도덕 선생으로 제시한다. 사실 그가 사용한 "교육자"(*paidagogos*)라는 단어는 어린아이들의 가정교사를 지칭하는 것이다. 이 작품은 일상을 위한 다양한 윤리적 격언을 제공한다. 우리는 기독교인들이 농담하고 웃을 수 있지만 과도하거나 부적절한 주제를 입에 담아선 안 된다는 것을 배운다. 또한 소화에 방해가 될 수 있으므로 너무 부드러운 침대에서 자면 안 된다. 여성은 신발을 신을 수 있지만 너무 많은 신발을 가져선 안 되며, 남성은 맨발로 다닐 수도 있고 원한다면 슬리퍼를 착용할 수 있다. 그리고 기독교인은 가능한 한 대중 목욕탕을 피해야 하지만 가더라도 다른 사람들이 자신에게 물을 부어주기를 기대해서는 안 된다.

클레멘스의 가르침은 이교도들보다 더 나은 삶의 방식을 원했던 당시 기독교인들에게 매우 유익했다. 특히 그들은 육적인 것에 지나치게 집착하는 사람들로 여겨지는 것이 싫었다. 따라서 클레멘스는 게으름, 과식, 허영 등을 비난했다. 그러나 오늘날 그의 가르침은 기껏해야 진부하고, 최악의 경우에는 가식적인 경건처럼 보인다. 하지만 그의 가르침들은 그 시대의 사회적 관습에 의해 결정된 것이다. 예를 들어 왜 성관계를 갖는 것이 저녁에만 국한되어야 하고 아침에는 허용되지 않는지, 왜 사람들은 재채기를 삼가거나 다리를 꼬고 앉으면 안 되는지 그 이유가 명확하지 않다. 이와 같은 엄격한 구속과 제한 속에서 클레멘스는 "적절한" 것, 즉 그가 살던 사회에서 일반적으로 허용되거나 바람직한 행동이지만 우리 사회에서는 반드시 그렇지는 않은 것에 호소했다. 과거의 사회적 관습을 비웃기는 쉽고, 미래 사회도 현재 우리가 사회적으로 용인하거나 인정할 수 없다고 여기는 행위들을 비웃을 것은 자명하다. 그럼에도 불구하고 영구적인 도덕 법칙을 세우려는 시도는 필연적으로 당시의 일시적인 문화적 가정(cultural assumption)에 의해 어느 정도 영향을 받을 수밖에 없기 때문에, 영구적인 도덕 법칙을 세우는 것이 위험하다는 니부어의 주장은 좋은 논거가 될 수 있다.

오늘날 그 어느 때보다도 기독교 메시지 안에서 윤리의 역할과 그 해석 방법에 대한 논쟁이 계속되고 있다. 1993년에 철학자로서 상당한 능력을 지니고 있었던 교황 요한 바오로 2세는 "진리의 광채"(*Veritatis Splendor*)라는 제목의 중요한 회칙을 담은 편지를 가톨릭교회 전체에 보냈다. 교황

알렉산드리아의 클레멘스(비잔틴 프레스코화, 12세기). 그림 속에 나타난 후광에도 불구하고 클레멘스는 공식적인 성인이 되지 못했는데, 이는 부분적으로 그의 글에 나타난 일부 생각이 보수적인 사람들에게 상당히 급진적으로 간주되었기 때문이다.

은 이 서한에서 니부어와 관련된 윤리 이론을 비난했는데, 이에 따르면 우리는 명확한 규칙을 정할 수는 없지만 예수가 가르친 사랑의 원칙을 상황에 따라 적용해야 한다. 동시에 교황은 오직 인간의 이성에만 근거하여 윤리 체계를 구축하려는 시도를 비난했다. 대신 그는 자연 세계가 합리적 이성에 의해 접근 가능한 것처럼 세상에는 하나님이 창조한 근본적인 윤리 체계가 내장되어 있다고 보았으며, 윤리는 바르트가 주장한 것처럼 하나님의 빛 안에서만 의미가 있다는 토마스 아퀴나스의 일반적인 입장을 지지했다. 가톨릭교회는 윤리가 단순한 의견이나 선호의 문제가 아닌 진리의 문제이며, 이 진리는 모든 진리와 마찬가지로 하나님으로부터 나온다고 가르친다. 과연 교황의 말은 옳은가? 이런 책에서는 이에 관한 질문에 답할 수 없다. 하지만 자신의 종교적인 견해가 무엇이든 간에 이 문제에 대한 교황의 생각을 읽는 사람이라면, 우리가 여기서 간략히 살펴본 다른 많은 사상가들의 말 속에 들어 있는 지혜와 마찬가지로 교황의 말에도 많은 지혜가 담겨 있음을 깨닫게 된다.

What Has Christianity Ever Done for Us?

7장
세상을 변화시키기

기독교인들은 초기부터 사회적 불평등에 대해 우려해왔다. 최초의 기독교 저술가로 2세기에 기독교를 옹호하는 글을 썼던 유스티누스는 165년경 참수를 당했다. 유스티누스는 다른 사람들의 공격과 반대에 맞서 기독교인들을 옹호했을 뿐만 아니라, 자신을 반대하는 자들의 행위를 비판하면서 그들과 싸웠다. 특히 로마인들이 원치 않는 아기들을 낳아서 산비탈에 버린 후 인정 많은 행인이 아기들을 발견하게 하거나 그냥 죽게 만든 "유기" 행위에 주목했다. 그는 이를 야만적인 관행이라고 비난하면서, 이교도 독자들을 향해 하나님이 모든 사람에게 선한 삶을 살도록 명령했고 각 사람의 행위에 따라 처벌하거나 보상할 것이라고 경고했다. 스토아 학파 같은 일부 철학자들은 우리가 하는 모든 일이 미리 예정되어 있고 결정된 것이라는 운명을 믿었다. 유스티누스는 이 생각을 강하게 거부하면서, 모든 사람은 자신의 행동에 대한 책임이 있다고 주장했다. 수십 년 후에 등장한 로마의 기독교 작가인 테르툴리아누스는 사회 전반의 부도덕에 대한 그의 비판적 시각을 이어받아, 신생아 방치뿐만 아니라 야만적인 검투 경기, 인간을 희생 제물로 드리는 행위, 정치적 암살을 일삼는 관행을 문제 삼아 로마 제국의 지도자들에게 열변을 토했다.

두 도시 이야기: 사회를 전복시키기

물론 유스티누스와 테르툴리아누스 같은 사람들이 사회적 불평등에 대해 실제로 할 수 있는 일은 많지 않았다. 그들은 박해에 시달리느라 정신이 없어서 무언가를 바꿀 수 없는 형편이었다. 그러나 역설적으로 기독교인들은 때때로 권력의 위치에 있지 않을 때 자신들이 더 효과적인 영향을 발휘한다는 것을 발견했다. 기독교가 한 사회의 지배적인 문화나 정치 지도자들과 구별될 때 기독교인들은 반대 목소리를 낼 수 있었다. 이는 우리가 앞서 살펴본 인물들, 구체적으로 가난을 더 풍요로운 삶의 열쇠로 받아들인 아시시의 프란치스코나 실패 속에서 승리를 발견한 엔도 슈사쿠가 추구한 많은 기독교적 가치들과 공명하는 역설이다. 결국 예수 자신도 자신이 속한 사회에서 반대의 목소리를 내다가 유죄를 선고받고 죽었다.

따라서 일부 기독교인들은 자신의 원칙에 따라 행동하면서 상당히 체제 전복적인 성향을 보이기도 한다. 1960년대 베트남 전쟁 반대 운동의 주역이자 가톨릭 사제였던 두 미국인 형제 다니엘(Daniel)과 필립 베리건(Philip Berrigan)을 예로 들어보자. 그들은 1968년 메릴랜드주 캐톤스빌의 징병 기록 보관소에 침입해 기록을 불태운 가톨릭 신자 그룹인 "캐톤스빌 나인"(Catonsville Nine)에 속해 있었다. 그 일로 다니엘은 징역 3년, 필립은 징역 3년 6개월을 선고받았지만, 필립은 결코 싸움을 포기하지 않았다. 그는 전직 수녀와 결혼하면서 사제직을 내려놓았지만, 무엇보다도 현대의 군사 무기 중 특히 핵무기는 본질적으로 악하고 하나님의 뜻에 반한다는 확고한 기독교적 신념을 유지했다. 1973년에 그는 평화의 가치를 전파하는 일에 전념하는 단순한 수도원 스타일의 공동체인 요나 하우스를 볼티모어에 공동 설립했으며, 1980년에는 "무리가 그들의 칼을 쳐서 보습을 만들고 그들의 창을 쳐서 낫을 만들 것이며 이 나라와 저 나라가 다시는 칼을

급진적 평화주의자이며 가톨릭 신부인 다니엘 베리건이 1972년 공문서를 태운 죄로 형기를 마치고 감옥을 떠나는 중이다.

들고 서로 치지 아니하며 다시는 전쟁을 연습하지 아니하리라"는 이사야 2:4을 인용해 평화의 시대를 약속하는 "쟁기날 운동"(Plowshares Movement)의 시작을 도왔다. 이 단체의 회원들은 군사 시설에 침입하여 핵무기를 무력화시키려고 시도했다. 필립 베리건은 부시 행정부의 외교 정책에 반대하며 평화의 메시지를 전하다가 2002년 말에 세상을 떠났다. 예수회 신부이자 저명한 반전 운동가였고 작가이며 시인인 그의 형제 다니엘이 그의 장례식을 집전했다.

당연히 모든 사람이 베리건 형제와 그들의 행동에 찬성하지는 않을 것이다. 여기서 쟁점이 되는 것은 기독교인들이 자신들의 원칙에 따라 행동할 때 법을 준수해야 하는가의 여부다. 로마서 13장을 보면 하나님이 세속적인 권력자들을 세웠기 때문에 그들에게 항상 복종해야 한다는 바울의 말이 나오는데, 이것은 다소 악명 높은 구절이다. 하지만 바울을 죽음에 이르게 한 건 바로 그 권력자들이었다. 이 말은 기독교인이 정치적으로 체제 전복적인 인물로 간주될 가능성이 있었고, 그 권력자들이 기독교인에 대해 얼마나 극단적인 조치를 취할지 아직 명확하지 않았던 당시의 역사적

"각 사람은 위에 있는 권세들에게 복종하라. 권세는 하나님으로부터 나지 않음이 없나니 모든 권세는 다 하나님께서 정하신 바라. 그러므로 권세를 거스르는 자는 하나님의 명을 거스름이니 거스르는 자들은 심판을 자취하리라."

_ 로마서 13:1-2

맥락에서 받아들여져야 한다. 실제로 대부분의 기독교인들은 시민으로서 복종하는 것은 미덕이지만, 당국이 올바르지 못한 행동을 할 때는 이를 무시할 수 있다는 견해를 갖고 있었다.

대표적인 예는 나치 독일로서, 많은 기독교인이 히틀러와 그의 동료들이 추진한 정책에 반대하는 투쟁에 앞장섰다. 나치가 독일의 기존 교회 조직을 통해 자신들의 사상을 침투시키려는 시도에도 불구하고 그렇게 한 것이다. 실제로 히틀러는 죽을 때까지 적어도 명목상으로 가톨릭교회의 일원으로 남아 있었다. 히틀러가 독일 총통이 되던 1934년에 많은 기독교인들이 "고백교회"를 결성하여 기독교인이 그리스도가 아닌 다른 사람에게 충성을 맹세한다는 인식을 불식시키고자 했다. 대표적인 신학자이자 고백교회 배후에 있는 주요 운동가 중 한 명인 칼 바르트(Karl Barth)는 "기독교인들은 한 손에는 성경을, 다른 손에는 신문을 들고 있어야 한다"고 말했다. 한편 신학자 루돌프 불트만(Rudolf Bultmann)은 시민 불복종이 이제 실질적인 미덕이 되었으며, 아무리 무해하더라도 히틀러 치하의 제3제국(Third Reich)의 모든 명령에 불복종하는 것이 기독교인의 의무라고 가르쳤다. 그 누구보다 히틀러에 대항한 가장 유명한 기독교인은 디트리히 본회퍼(Dietrich Bonhoeffer)였다. 바르트나 불트만과 마찬가지로 본회퍼는 지적이고 학문적인 신학자로서, 낡은 종교적 확실성을 거부하는 방법을 습득

중이던 현대 세계와 기독교가 밀접한 연관성을 지닐 수 있도록 하는 방안에 대해 상세히 저술한 바 있다. 그는 많은 미국 신학자들과 긴밀한 관계를 맺었고, 미국에서 얼마간 시간을 보냈다. 그러나 본회퍼는 자신의 조국이 악과 혼란에 빠져드는것을 방관할 수 없다면서 1939년에 미국을 떠나 독일로 돌아갔다. 그는 나치 정권에 저항하는 사람들을 위해 일하기로 결심하고 세계 교계에서 자신이 지닌 명성을 보호막으로 삼아 외국에 있는 동조자들과의 연락을 담당했다. 하지만 나치 당국의 감시를 받다가 감옥에 갇혔다. 1945년 4월에 붉은 군대(Red Army)가 독일 가까이 진입하면서 히틀러가 거의 실성한 상태로 벙커에서 사라졌을 때, 본회퍼와 그의 공모자들은 처형되었다.

본회퍼같이 폭압적인 정권에 맞선 기독교인의 경험은 위대한 신학자인 히포의 아우구스티누스가 제시한 세계에 대한 이해를 반영한다. 그는 붕괴된 정치 체제와 부정부패로 인해 약해진 로마 제국이 북부 황무지 출신의 털옷을 입은 수많은 전사들에 의해 위협받던 과도기와 불확실성의 시대에 살았다. 410년에 비시고트족이 로마를 약탈한 것은 2001년 9월 11일에 미국에서 발생한 테러 공격과 비슷한 것으로서, 세계 질서에 근본적인 변화가 일어났음을 분명히 보여주는 사건이었다. 많은 이들이 로마가 전통적인 신들을 버리고 신흥 종교인 기독교를 받아들인 지 얼마 지나지 않아 이런 일이 일어났다고 지적했다.

논란의 신학자이자 반 나치 음모론자인 디트리히 본회퍼가 맵시 나는 양복을 입고 있다.

아우구스티누스는 처음에 이 문제에 대한 대응책으로 역사상 가장 영향력 있는 책 중 하나인

저 유명한 『**하나님의 도성**』(*City of God*)을 썼지만, 다른 많은 작가들과 마찬가지로 아우구스티누스도 제한된 분량을 초과하는 경향이 있었다. 이 프로젝트는 다소 엉뚱한 방향으로 흘러갔고, 지칠 줄 모르는 이 주교는 약 20년 후 결국 종교 사상과 정치학 분야의 획기적인 저작을 집필하게 되었다. 책의 부피와 범위는 방대했지만 아우구스티누스의 기본 논지는 매우 간단했다. 인류는 지상의 도성과 천상의 도성이라는 두 개의 "도성"으로 나뉜다는 것이다. 아우구스티누스는 인류의 기원을 아담과 하와의 아들인 가인과 아벨에서 찾는다. 가인은 아벨을 죽였고, 구약성경에 따르면 계속해서 도시를 건설했다. 아우구스티누스에게 이 사실은 세상 안에서 안전하게 보장받으며 살아가는 삶을 이상으로 삼는 세속성(worldliness)이 죄와 연관되어 있다는 사실을 상징한다. 반면 천상의 도성은 단지 영적인 실재일 뿐이며, 그곳의 거주자들은 지상의 도성에 사는 사람들과 섞일 수는 있지만 마음을 거기에 두지 않는다. 마치 뿌리가 없고 정치적·사회적 힘이 없는 체제 전복적인 사회가 도시 전체에 뒤섞여 있는 것과 비슷한다.

기독교 제국의 영향력 있는 주교였던 아우구스티누스가 천상의 도성과 지상의 도성을 대립시키고, 정치적 힘과 영적인 힘이 상당히 다르다고 가르치는 세계관을 제시했다는 점은 매우 놀랍다. 하지만 아우구스티누스에게 두 도시는 궁극적으로 하나님의 계획의 일부이며, 그 도시들이 하는 모든 일의 기저에는 하나님의 섭리가 깔려 있다. 그렇기 때문에 두 도시의 대립에도 불구하고 이 이야기는 결국 하나님의 도시에 관한 것이며, 그래서 이 책은 『하나님의 도성』이라는 제목을 갖게 되었다.

책략가로서의 역할과 입법: 주도권 행사

아우구스티누스가 로마의 몰락에 관한 짧은 에세이를 쓰기 시작하기 한 세기 전, 기독교인들은 겉으로 보기에는 그가 묘사하는 것과 정반대의 상황에 처해 있었다. 콘스탄티누스 황제의 개종 이후 기독교는 하룻밤 사이에 신도들이 체포되거나 처형될 수 있는 금지된 종교에서 제국의 총애를 받는 종교로 변했다. 이제 기독교인들은 주류 사회에 막강한 영향력을 행사하게 되었다. 이런 새로운 영향력을 이용해 상황을 변화시킨 가장 중요한 기독교 인사 중 한 명은 밀라노의 암브로시우스(Ambrose) 주교였다.

암브로시우스는 변호사이자 정치인으로 경력을 시작했다. 갈리아 지방 장관의 아들이었던 그는 로마에서 훌륭한 교육을 받았고, 에밀리아-리구리아의 총독이 되어 밀라노에서 거주하며 그 지역을 다스렸다. 그러나 374년에 밀리노의 유명한 주교인 아욱센티우스(Auxentius)가 사망했다. 군중들은 그의 바실리카에 모였고, 암브로시우스는 만일의 사태에 대비해 그들과 함께했다. 그런데 갑자기 한 아이가 "암브로시우스를 주교로 추대합시다!"라고 소리치기 시작했다. 군중들은 이 아이와 함께 외쳤고, 암브로시

> **"왜 불안해하십니까? 만약 그들이 폭력을 사용한다면, 나는 비록 그것을 막을 수는 없겠지만 결코 여러분들을 버리지는 않을 것입니다. 나는 슬퍼하고 함께 울고 신음할 수 있습니다. 무기, 병사들, 고트족들에 대항하는 나의 무기는 눈물입니다. 바로 이것이 사제의 방어 수단입니다. 나는 다른 방법으로는 저항할 수 없고, 또 그래서는 안 됩니다. 하지만 도망치거나 교회를 버리는 것은 내 방식이 아닙니다."**
>
> _ 밀라노의 암브로시우스, "아욱센티우스에게 반대하는 설교"

자신의 권위를 드러내는 예복을 입고 주교의 지팡이를 들고 있는 밀라노의 암브로시우스(안토니 반다이크, 1619년경). 잔인하고 악한 테오도시우스 황제가 교회 안으로 들어오는 것을 저지하고 있다.

우스는 교회에서 일한 특별한 경험이 없음에도 불구하고 밀라노의 주교로 선출되었다. (믿을 수 없을 정도로 긴) 한 번의 교회 예배로 기독교인이 되는 세례를 받고 사제로 서품된 다음 주교에 임명되는 것이 가능했던 그 시대에는 이런 일들이 일어날 수 있었다.

선출 과정에 약간의 변칙이 있었지만 암브로시우스는 매우 헌신적인 주교였다. 신학 공부를 위해 안식년을 보낸 그는 밀라노와 주변 지역의 신앙을 공고히 하기 위해 야심 차게 교회 건축 계획에 착수했다. 동시에 그는 가능한 한 거룩한 삶을 살기로 결심했다. 그는 가난한 사람들을 돕기 위해 교회의 보물들을 녹여버릴 정도로 엄격하고 검소하며 자기 자신을 부인하는 삶을 살았다. 동시에 과거에 경험한 세속적인 경력을 통해 개발해온 예리한 정치 감각을 계속 유지했다. 그는 화려한 암브로시아나 바실리카의 개장식에서 놀라운 여론 조작 솜씨를 보여준다. 암브로시우스는 하나님의 세미한 음성에 감동된 것처럼 새로 지은 성당 경내를 성큼성큼 걸어가 참모들에게 특정 지점의 땅을 파라고 지시했다. 군중이 지켜보는 가운데 두 개의 유골이 나왔는데, 주교는 (특별한 증거가 없음에도) 이 유골이 이전 세기의 두 기독교 순교자의 유골이라고 선언했다. 군중들의 환호 속에 유골은 안으로 옮겨져 암브로시우스의 제단 아래에 다시 묻혔다. 하나님이 대성당과 암브로시우스 그리고 그가 널리 전파한 기독교에 대한 정통적인 이해를 축복했음이 모든 이들에게 명백하게 드러났다.

암브로시우스는 확실히 영리한 사람이었다. 그의 설교를 듣고 크게 영감을 받은 아우구스티누스는 그가 입술을 움직이지 않고도 책을 읽을 수 있을 정도로 똑똑한 사람이라고 말했다! 당시에는 속독법이 아직 발명되지 않았기 때문에 사람들은 혼자 있을 때도 소리 내서 책을 읽었는데, 그래서 현대인들이 책을 읽을 때보다 더 많은 시간이 소요되었다. 암브로시우스의 책에는 윤리적인 권면이 가득했다. 기독교인의 삶을 통해 기독교가 이교도보다 우월하다는 것을 보여줄 수 있다고 믿었던 그는 독자들에게 선한 삶을 살아야 한다고 거듭 간청했다. 실제로 암브로시우스는 엄청난 카리스마를 지닌 뛰어난 연설가였으며, 자신이 옳다고 생각하는 바를 이루기 위해서라면 강경한 전술을 사용하는 것도 두려워하지 않았다. 이 무렵 밀라노는 로마 제국 서쪽을 통치한 황제가 주로 거주하던 곳이었고, 암브로시우스는 도시의 주교로서 황제의 귀 역할을 하고 있었다. 그는 젊고 다소 나약한 그라티아누스 황제의 비공식적인 삼촌이자 조언자 역할을 했고, 나중에는 둘로 나뉜 로마 제국을 다시 통합시켰을 뿐만 아니라 기독교를 공식 종교로 만든 강력한 통치자 테오도시우스 대제의 자문을 맡기도 한다. 테오도시우스와 암브로시우스는 다소 불편한 동반자 관계였는데, 강인하고 카리스마 넘치는 이 두 남자는 서로의 힘과 잠재적 유용성을 인정하면서도 각자의 이상에 대해서는 서로 타협하지 않으려 했다. 그러다가 390년에 데살로니가에서 반란이 일어났을 때 두 사람 사이의 유명한 갈등이 발생한다. 격분한 테오도시우스는 학살을 명령했고 7천 명에 이르는 사람들이 죽었다. 그의 잔혹 행위에 놀란 암브로시우스는 황제가 그의 교회에 들어오는 것을 허락하지 않았다. 그는 이렇게 말했다고 한다. "황제 폐하, 당신은 그 엄청난 학살을 통해 자신이 저지른 죄에 대해 생각하지 않은 것 같습니다. 이제 당신의 분노는 끝났는데도 당신의 죄가 얼마나 큰지 모르시겠습니까? 당신이 입고 있는 자주색 옷의 화려함에 현혹되어서는 안 됩니다.…그렇게 부당한 학살의 피로 얼룩진 손을 어떻게 기도하면서 들어 올릴 수 있습니까? 저리 가십시오. 그리고 다시 죄를 범함으로써 당신의 죄를 무겁게 하지 마십시오."

겁에 질린 황제는 주교에게 자신의 죄를 고백했고, 주교는 그의 범죄에 대해 한 달 동안 공개적으로 참회하라는 벌을 내렸다. 속죄가 끝난 후 그들은 화해했고, 암브로시우스는 테오도시우스를 다시 그의 교회로 받아들였다. 의심의 여지 없이 테오도시우스는 인기 있는 주교의 책망에 굴복하고 자신의 죄를 인정함으로써 인기를 높일 수 있다는 사실을 잘 알고 있었다. 그러나 동시에 암브로시우스 역시 강력하고 전제적인 황제에게 그런 식으로 말할 수 있는 용감한 사람이었다. 수십 년 전 콘스탄티누스와 바로 다음 후계자가 통치하던 시대에는 국가가 교회를 일종의 "종교 부서"(department of religion)로 간주하고 교회에 대해 영향력을 행사하고 싶어 하는 것처럼 보였다. 하지만 이제 암브로시우스는 교회가 국가에 대해 권위를 주장할 수 있다는 새로운 개념을 제시했다. 옳고 그름은 하나님의 계명에 의해 결정되며, 이 계명은 시민의 권위나 정치적 권위가 아닌 도덕적 권위로서, 화려한 자색옷을 입은 황제를 포함한 모든 사람에게 동등하게 적용된다는 생각에서 탄생한 것이었다.

"가난한 사람들은 우리의 형제자매다.…세상 사람들은 사랑과 보살핌을 필요로 하며 세상에 필요한 존재가 되어야 한다."

_ 콜카타의 테레사 수녀, "타임"지 인터뷰에서, 1975년 12월 29일

교회는 국가에 대한 권위를 갖게 되었을 뿐만 아니라 사회에도 급진적인 영향을 끼치고 있었다. 사람들은 사회적인 책임감을 갖기 시작했다. 과거 그리스인과 로마인은 모두 "도시"를 인간 사회의 기본 단위로 이상화했으며 "시민"이 그 사회를 구성한다고 생각했다. 자선가나 다른 부유한 개인 또는 가족은 건물이나 편의 시설의 건축 비용을 지불하기 위해 도시에 기부하곤 했다. 그곳에 존재했던 공식적인 복지는 실제적인 필요에 의해서가 아니라 시민권에 따라 분배되었다. 예를 들어 로마 제국은 "안노니"(annona)라는 제도를 운영했는데, 이는 잉여 식량이 있는 지역에서 식량이 부족한 지역으로 먹을 것을 수송하여 사람들에게 분배하는 방식이었다. 그러기 위해서는 매년 이탈리아에서 2천 톤이 넘는 돼지고기를, 북아프리카에서 18,400톤에 달하는 곡물을 모으는 엄청난 노력이 필요했다. 이집트가 로마 제국의 나머지 지역을 먹여 살렸기 때문에 로마인들에게는 이집트가 매우 중요한 곳이었다. 그러나 현실적 필요와 아무런 관련 없이 배급을 하는 도시의 "시민"인 경우에만 배급된 식량을 받을 권리가 있었다. 빈곤층이 안노나 제도의 덕을 본 것은 틀림없지만, 다른 사람들도 마찬가지였다. 그리고 로마 제국에는 단순히 빈궁하고 굶주린 사람들뿐만 아니라 거처는 있을지 모르지만 하루 벌어 하루 먹고 살기 때문에 경제 변화에 매우 취약한 사람들이 많았던 것 같다. 안노나를 제외하고는 경제적 약자에 대한 국가의 지원이나 복지가 사실상 전무하던 시대에는 이런 사람

들이 쉽게 노숙자가 되거나 굶주릴 수밖에 없었다. 게다가 "시민"에 대한 숭배는 이상적인 "도시" 안에 외국인이 설 자리가 없다는 것을 의미했다. 연극 "욕망이라는 이름의 전차"에서 블랑슈 뒤부아가 그랬던 것처럼 "낯선 사람들의 친절"에 의지해서는 고대 그리스나 로마에서 크게 성공할 수 없었다.

그러나 기독교인들은 이 모든 체계를 바꾸는 데 도움을 주었다. 그들에게 인류는 "시민"과 "비시민"이 아니라 부자와 가난한 자로 나뉘었다. 이런 맥락에서 "가난한 자"에는 극빈자뿐만 아니라 전통적으로 과부와 고아 같이 빈곤에 취약한 사람들, 외국인 또는 기타 이방인이 포함되었다. 기독교인들은 이런 사람들을 돕는 것이 그들의 의무라고 믿었다. 우리는 이미 마태복음 19:21에서 예수가 모든 소유를 팔아 가난한 사람들에게 주라고 명령한 것을 보았는데, 그런 전통과 관습은 구약성경에서도 찾아볼 수 있다. 욥기 29:11-16은 다음과 같이 말한다.

> 귀가 들은즉 나를 축복하고 눈이 본즉 나를 증언하였나니 이는 부르짖는 빈민과 도와줄 자 없는 고아를 내가 건졌음이라. 망하게 된 자도 나를 위하여 복을 빌었으며 과부의 마음이 나로 말미암아 기뻐 노래하였느니라. 내가 의를 옷으로 삼아 입었으며 나의 정의는 겉옷과 모자 같았느니라. 나는 맹인의 눈도 되고 다리 저는 사람의 발도 되고 빈궁한 자의 아버지도 되며 내가 모르는 사람의 송사를 돌보아 주었으며.

이런 이상은 초기 기독교인들에게 깊은 영감을 주었다. 4세기 중반, 머지않아 카파도키아(현재의 튀르키예) 카이사리아의 주교가 될 예정이었던 대 바실레이오스는 "부자들에 대항하여"라는 제목의 설교에서 굶주린 자들과 함께 나누기를 거부하는 부유한 지주들을 신랄하게 비난했다.

> 이 불쌍한 사람들아! 너희는 위대하신 재판관에게 어떻게 대답할 것인가? 너희는 너의 맨 벽을 태피스트리로 덮고, 벌거벗은 자에게는 옷을 입히지 않는다. 너희는 가장 부유하고 비싼 장신구로 말을 장식하고 누더기를 걸친 형제를 경멸한다. 곡식 창고에 있는 옥수수가 썩거나 해충에게 먹히도록 내버려두면서도 빵이 없는 사람들에게는 눈길조차 주지 않는다. 너희는 부를 축적하면서 지치고 억압받는 사람들을 돌보려고 하지 않는다. 너희들은 나에게 이렇게 말할 것이다. "내가 내 소유를 비축해두는 것이 왜 잘못된 행동인가?" 그렇다면 내가 너희들에게 묻겠다. "너희가 생각하는 너희의 소유물은 도대체 무엇인가? 너희는 누구로부터 그것들을 받았는가?" 너희는 마치 극장에 가서 다른 사람들이 앉을 수 있는 좌석에 앉아 다른 사람들이 들어오는 것을 막고, 모든 사람이 사용해야 할 것을 자신을 위해 사용하는 사람같이 행동한다. 부자는 바로 모두가 공유해야 할 것을 가장 먼저 차지한 후 그것을 자신을 위해 보관하고 꼭 쥐고 있는 사람들이다. 만일 모든 사람이 자신이 필요로 하는 것만을 가져가고 필요한 사람들에게 나머지를 준다면, 부자도 가난한 사람도 없을 것이다.

당시 카파도키아에 기근이 발행했는데, 바실레이오스는 이런 방식의 설교를 통해 굶주린 도시인들을 변호했을 뿐만 아니라 암브로시우스가 황제에게 그랬던 것처럼 사회적 정의를 위해 위대하고 선한 일을 하는 구약성경의 예언자 같은 역할을 자처했다. 그는 성공했다. 부자들은 가난한 사람들에게 창고를 개방했고, 바실레이오스 자신도 그렇게 했다. 그는 식량 배급센터를 세웠고 주교로서 "바실레우스"(Basileus)로 알려진 유명한 기관을 설립했는데, 이는 가난하고 굶주린 사람들과 외국인들을 위한 일종의 호스텔이자 병원이었다. 바실레우스는 4세기에 제국 전역에서 생겨나고 있었던 기독교 기관인 호스텔 병원 "크세노도케이온"(*xenodocheion*, 낯선 사람들을 위한 집) 또는 "프토케이온"(*ptocheion*, 가난한 자들을 위한 집)의 대표적인 사례였다. 이들은 매우 성공적이었으며 기독교 이전 시대에는 유사한 역할을 했던 기관이 없었다. 사실 4세기 말에 교회가 맡은 주요 역할 중 하나는 공공 복지 시스템의 역할을 감당하는 것이었다. 62년에 배교자 율리아누스 황제(기독교를 거부하고 제국을 이교도로 되돌리려고 했기 때문에 그렇게 불렸다)는 기독교 모델에 기초하여 이교도 호스텔 병원들(*xenodocheia*)의 설립을 명했다. 그는 기독교인들이 이교도들보다 훨씬 더 자선을 잘 해야 한다는 것이 충격적이라고 생각했다.

물론 기독교인들이 자선 활동을 주도했을 뿐만 아니라 자선이 좋은 일이라는 새로운 관념이 생겨난 데는 기독교인의 역할이 컸다. 그들은 "가난한 사람"을 돕는다는 관점에서 생각함으로써 고전 시대보다 더 도량이 넓고 포용적인 사회를 만들고 있었다. "도시"와 그 "시민"이라는 오래된 이상 대신에, 이제 사회는 가장 소외된 사람까지 모두를 포함하는 폭넓은 곳이 되었다. 이런 포괄적인 관념은 지위 고하를 막론하고 모든 사람이 사회 안에서 각자 자신의 자리를 갖고 있다는 중세 사회관의 기초가 되었다.

그리고 교회와 특히 주교들은 그 사회에서 중요한 역할을 했다. 시간이 지날수록 주교는 가난하고 약한 사람들을 보호하는 일을 주된 임무로 수행해야 했을 뿐만 아니라 사법적인 기능도 실행해야 했다. 콘스탄티누스 황제는 "주교 자문 위원"(episcopal audience)을 세우고, 지역 주교가 소송과 여러 분쟁을 다루는 판사 역할을 하게 했다. 사람들은 주교가 그들의 문제를 중재하는 것에 동의하고, 그의 결정을 최종적인 판결로 받아들여야 했다. 물론 콘스탄티누스 입장에서는 이렇게 하면서 주교들 사이에서 명성을 얻을 수 있었고, 법체계의 일부 책임을 다른 곳으로 이동시킴으로써 법률 시스템의 정체를 일부 해소했기 때문에, 이것은 매우 현명한 조치였다. 결과적으로 이 제도는 큰 성공을 거두었다. 주교들은 대부분의 시간을 지역에서 발생한 법적인 문제를 처리하는 데 사용했는데 그 일을 매우 잘 해냈으며, 이 제도를 이용하기 위해 기독교로 개종하는 사람이 많이 생겼다. 오늘날과 마찬가지로 고대에도 많은 돈을 들여야 변호사를 고용할 수 있었는데, 이 제도에서는 변호사가 관여하지 않았기 때문에 사람들은 무료로 이것을 이용할 수 있었다.

이렇듯 사회와 법의 기독교화는 훗날 큰 결과를 초래한다. 이것은 6세기에 비잔틴 황제 유스티니아누스가 주도한 로마법의 급진적 개편을 위한 기본 원칙 중 하나였다. 과거 로마법은 사례별로 운영되어왔으며 다양한 판례, 판결, 황제의 명령 및 기타 법률로 구성되어 있어서 많은 법 자료들이 혼란스럽고 복잡했다. 유스티니아누스는 『로마법 대전』(*Corpus Juris Civilis*)을 편찬하면서 모든 것을 재구성하고 몇 가지 간단한 원칙에 입각하여 법을 정리하고자 했다. 『로마법 대전』의 일부인 「법학제요」(法學提要, *Institutes*)에는 "법의 가르침과 교훈은 정직하게 살고 아무도 해치지 않으며 모든 사람에게 자신의 몫을 주는 것이다"라고 명시되어 있다. 법전 본문은

"영적·도덕적 유산을 자각한 (유럽)연합은 인간의 존엄성, 자유, 평등, 연대라는 불가분하고 보편적인 가치에 기초한다. 그것은 민주주의와 법치에 기초한다. 또한 유럽연합의 시민권을 확립하고, 자유, 안전, 정의의 세상을 창조함으로써 그 활동의 중심을 개인에게 둔다."

_ 유럽연합 기본권 헌장

이를 모든 사람에게 일관성 있게 적용하고자 했다. 이 제도는 훗날 현대 유럽 법체계의 중심이 되는 "로마법"이었다. 그리고 그것은 하나님이 세상에 확립한 어떤 자연법칙이 있으며, 이 법칙은 계층을 가리지 않고 모든 사람에게 보편적으로 작용한다는 개념에 기초하고 있다. 이런 사상은 서양인의 마음속에 깊이 자리 잡게 된다. 오늘날 영국을 제외한 대다수 서구 국가들은 일련의 기본 원칙에서 법을 도출하는 법체계를 갖고 있다. 미국 독립 선언(American Declaration of Independence)이나 유럽 인권 헌장(European Charter of Human Rights)처럼 중요한 문서도 유스티니아누스의 기독교 법체계의 사상에서 그 기원을 찾을 수 있다.

2세기가 지나고 우리가 4장에서 살펴본 샤를마뉴의 기독교 제국에서도 이와 유사한 근본 원칙에 관한 법률 개편이 있었다. 비잔틴 제국과 마찬가지로 샤를마뉴의 법체계는 즉석으로 제정된 임시 입법의 산물인 데다가, 추가적으로 샤를마뉴가 다스린 다른 민족들이 그들만의 법적 전통을 가지고 있다는 문제가 있었다. 예를 들어 색슨족은 색슨족의 법을 따랐다. 만약 프랑크족의 이상한 외국법에 복종하면 그들은 저주받을 것이다. 에너지가 넘치는 합리주의자였던 리옹의 주교 아고바르드는 특히 이런 상황에 고통스러워했다. 제국의 교차로 같았던 리옹에는 각기 다른 지역에서 온 사람들이 많았고, 모두 끈질기게 자신들의 법을 따랐기 때문에 아무도 무슨 일이 일어나고 있는지 알지 못했다. 어떤 사람이 한 법에 따라 범죄를 저지르면, 다른 법에 따라 기소되고, 제3의 법에 따라 유죄 판결을 받은 후에는 어떤 법을 적용해서 집행해야 할지 아무도 몰랐기 때문에 처벌을 면할 수 있었다.

많은 부족들이 구두로만 법을 보존하고 있었기 때문에, 샤를마뉴는 이 수많은 법적 전통을 기록하는 일부터 시작했다. 그런 다음 제국 전역에

> **"우리의 임무는 하나님의 자비하신 도움으로 그리스도의 거룩한 교회를 두 팔로 지키는 것입니다. 가장 거룩한 아버지인 당신의 임무는 우리 군대를 돕기 위해 모세처럼 하나님을 향해 손을 들고 있는 것입니다."**
>
> _ 샤를마뉴, 교황 레오 3세에게 보내는 편지에서, 796년

걸쳐 이런 지방법의 기초가 되거나 혹은 이보다 더 중요하고 우선되는 황실 규례를 제정하기 시작했다. 이런 "법령집"(capitularies)은 그가 해결해야 할 가장 중요한 법적 문제를 다루었으며, 그것들은 한 주제에 관해 다른 사람들이 가지고 있던 다른 법들을 대체했다. 샤를마뉴는 이런 방식으로 제국 전역에서 민족적 정체성과 연속성을 지켜내고, 사람들을 지탱해온 오랜 전통을 유지하면서 통일성과 명료성을 확보하고자 했다. 802년에 나온 법령집에는 샤를마뉴가 법을 제정한 입법 목적이 다음과 같이 명시되어 있다. "모든 사람은 올바르게 공정한 규칙에 따라 전적으로 하나님의 명령에 따라 살아야 하며, 자신의 직장이나 같은 직업에 종사하는 동료들과 조화롭게 살아야 한다."

정복자와 선교사

아우구스티누스가 인간 사회를 천상의 도성과 지상의 도성으로 나누어 분석한 관점이 옳다 하더라도 둘 사이의 상호 작용은 상당히 복잡해 보인다. 어쨌든 지상의 도성에서 정치적 실세가 기독교인일 때 어떤 일이 벌어질까? 그리고 다른 기독교인들이 그들을 반대하면 무슨 일이 일어날까? 남아메리카에서는 기독교가 권력을 지닌 세력이자 전복적인 요소로서 사회

에르난 코르테스는 부하들을 이끌고 테노치티틀란에서 아즈텍의 전제 군주인 몬테주마와 운명적인 만남을 갖는다(현대 멕시코 채색 필사본).

내에서 강력한 힘을 발휘해온 지지 세력으로 존재해왔다.

신세계 즉 아메리카 대륙을 탐험한 최초의 유럽인 중 가장 잘 알려진 사제는 바르톨로메오 데 올메도(Bartolomeo de Olmedo)인데, 그는 중앙아메리카로 탐험을 떠난 에르난 코르테스의 원정대와 동행했다. 코르테스의 항해는 쿠바 주재 스페인 총독의 의뢰로 진행되었지만, 총독은 코르테스의 준비 규모에 놀라 그를 저지하려고 했다. 따라서 코르테스와 그의 군대가 아즈텍의 강력한 문명을 발견했을 때 그는 엄밀히 말하면 도망자 신분이었고, 쿠바로 돌아가기보다는 그곳에서 발견한 사람들을 정복하고 거기에 정착하는 것 외에는 다른 선택의 여지가 없다고 생각했다. 올메도는 원정대 안에서 코르테스를 저지하기 위해 최선을 다했다. 그는 코르테스가 명령한 대량 학살에 반대했으며, 아즈텍의 우상을 허물고 기독교의 상징으로 대체하려는 코르테스의 시도를 비난했다. 올메도는 아즈텍인들이 스스로 우상을 헐어버리고 싶은 마음이 들 때까지 그들에게 훌륭한 본이 됨으로써 그들을 설득하는 것이 더 낫다고 느꼈다. 안타깝게도 올메도의 영향력은 거의 미치지 못했다. 또한 코르테스의 군대와 수년간 아즈텍을 탄압해온 원주민 집단이 동맹을 맺고, 거기다가 유럽인들이 부지불식간에 들여온 천연두까지 창궐하면서 아즈텍은 대패하고 만다. 코르테스는 비록 보수를 받고 일하는 용병 모험가에 지나지 않았지만, 스페인에서 칭송을 받으며 은퇴한 뒤 부유한 삶을 누리다가 죽는다.

정복자와 스페인 정착민은 아메리카 원주민을 잔인하게 대하는 경우가 많았지만, 그들과 동행한 사제와 선교사는 훨씬 더 인도주의적인 태도를 취했다. 실제로 이들 중 상당수는 원주민들에게 존경받았다. 원주민들 사이에는 신을 섬기기 위해 고통을 감수하는 종교적 전통이 있었기 때문에, 그들은 많은 선교사 중 특히 가톨릭 수사들의 금욕적이고 자기를 부

"(내가 처음부터 그곳에 있었던 경험을 바탕으로 직접 말하는 것인데) 스페인 사람들은 이 사람들을 야생 동물까지는 아니더라도 길에 있는 똥처럼 대하고 조금도 배려하지 않았다. 사실 그들은 내가 하나님 앞에서 동물인 것처럼 느끼듯이 그들을 동물처럼 취급했고 또 그들을 그렇게 여겼다. 이 모든 것 중에서 한 가지는 논쟁의 여지가 없다. 폭압적인 살인자들조차도 그것이 사실임을 인정하기 때문이다. 토착민들은 유럽인들에게 아무런 해를 끼치지 않았다. 반대로 토착민들은 그들이 하늘에서 내려왔다고 믿었는데, 적어도 압제자들이 토착민이나 동료 시민들에게 자행한 강도, 살인, 폭력 및 모든 종류의 고난과 시련을 맛보기 전까지는 말이다."

_ 바르톨로메 데 라스 카사스, 『서인도 제도의 역사』

바르톨로메 데 라스 카사스(작자 미상, 17세기 후반).

인하는 생활 방식에 자연스럽게 감명을 받았다. 또한 많은 수사들이 원주민들을 옹호하고 그들의 편에 서서 정착민들에게 설교했다. 도미니크회 수사인 안토니오 데 몬테시모스(Antonio de Montesimos)는 1511년 히스파뇰라에서 크리스마스를 보내면서 정착민에게 자신들은 기독교인으로서 같은 인간인 아메리카 원주민들을 사랑할 수밖에 없다고 말했다. 비록 스페인 왕을 설득하여 학대를 중단시키려고 했던 몬테시모스의 시도는 수포로 돌아갔지만, 그는 아메리카 원주민들의 권리를 위한 열정적인 운동가로 활동했다. 그는 푸에르토리코에서 생을 마쳤고, 그곳 주민 대다수를 기독교로 개종시켰다.

신대륙에 정착하여 모든 부를 약탈하려 했던 정착민 및 정복자들과 그들이 탐험하고 있는 땅의 민족들에게 진정한 관심을 보였던 기독교 성직자들 사이의 대조는 바르톨로메 데 라스 카사스(Bartolome de Las Casas)의 삶을 통해 가장 강력하게 나타났는데, 그는 남아메리카의 사회 정의를 염려한 첫 번째 기독교인이었다. 라스 카사스의 삶은 초기부터 신대륙을 중심으로 펼쳐졌다. 그가 10대였을 때 군인이었던 그의 아버지는 크리스토퍼 콜럼버스의 첫 번째 아메리카 대륙 항해에 동행했다. 그는 그곳에서 재산을 모아 바르톨로메를 명문 살라만카 대학에 보내 신학과 법학을 공부하게 했다. 라스 카사스는 1498년에 콜럼버스의 세 번째 탐험에 동행했고, 1502년에는 정복자 곤살로 페르난데스 데 오비에도와 함께 여행했으며, 아버지처럼 재산을 모으기를 희망하며 히스파뇰라에 정착했다. 그러나 그는 곧 유럽 정착민들이 그곳에 가둬둔 원주민 노예들이 처한 곤경에 관심을 갖게 되었고, 자신의 노예들을 모두 풀어주었다. 그는 거의 50년 가까운 여생을 노예를 위한 운동을 벌이며 보냈다.

1510년, 라스 카사스는 아메리카 대륙에서 최초로 사제 서품을 받았다. 이듬해엔 쿠바 정복 원정대에 동행했다. 거기서 그는 원주민에 대한 잔혹 행위를 목격했다. 침략자들에 대한 저항을 주도했던 아투에이 추장이 체포되어 산 채로 화형을 당하게 되자, 라스 카사스는 그를 살려달라고 간청했지만 거절당했다. 아투에이에게는 죽은 후 천국에 갈 수 있도록 기독교로 개종할 기회가 주어졌다. 라스 카사스의 설명에 따르면 아투에이는 백인과 영원을 함께하고 싶지 않다는 이유로 이를 거부했다고 한다.

라스 카사스는 1516년 스페인으로 돌아와 아메리카 원주민들을 변호했다. 그는 노예 제도 자체가 아니라 노예들이 대우받는 방식을 우려했다. 그들은 유럽인들에게 땅을 빼앗겼을 뿐만 아니라, 스페인 토지 소유주들이 자신의 영토 안에서 일어나는 일에 대해 전적인 책임을 져야 하는 레파르티미엔토(식민지 시대의 스페인령 아메리카에서 칙허[勅許]에 의해 식민지 입주사가 원주민 노동자를 징발할 수 있는 제도)라는 제도 아래에 있었다. 그것은 사실상 봉건 제도로서 지주가 누구냐에 따라 악용될 여지가 많았고, 그 결과 많은 지주들이 원주민들을 강요하여 헐값의 임금을 받고 채찍을 맞으며 일하도록 만들었다.

스페인을 대신하여 섭정했던 프란치스코 히메네스 이 시스네로스(Francisco Jiménez y Cisneros) 추기경은 라스 카사스의 탄원에 감명을 받아 그를 아메리카 원주민의 보호자로 임명하고 아메리카 대륙으로 돌아가 산토도밍고에 기존의 식민지보다 더 나은 환경의 식민지를 건설하라는 임무를 맡겼다. 하지만 그 임무는 정착민들에 대한 원주민들의 불신으로 인해 실패했다. 실패에 낙담한 라스 카사스는 도미니크회에 합류했다.

그러나 그는 아메리카 원주민을 위한 활동을 멈추지 않았다. 그는 스페인 치하에서 아메리카 원주민들이 당한 고통을 끔찍한 용어로 묘사한 책을 여러 권 저술했고, 영국인들은 이를 반스페인 선전에 사용했다. 그는 아프리카인이 더 강인할 것이라고 믿고, 아메리카 원주민 대신 아프리카인을 아메리카 대륙으로 수입하여 일을 시킬 것을 제안했다. 그 결과 아이러니하게도 아메리카 원주민들을 위한 라스 카사스의 노력은 흑인 노예무역의 발전에 기여하는 요인이 되었다. 하지만 라스 카사스는 아메리카 대륙의 모든 노동자들이 제대로 된 보살핌과 보수를 받기를 원했다. 그는 아메리카 원주민에 대한 학대에 반대한 것만큼이나 아프리카인을 상대로 한 잔혹 행위에도 반대했다.

1540년에 스페인으로 돌아간 그는 1542년에 아메리카 원주민의 권리를 보호하는 새로운 법률을 제정하는 데 큰 역할을 했다. 그는 아메리카

멕시코 여성 엘로이사가 딸 마리솔과 함께 멕시코 마타모로스에 있는 시립 쓰레기장에서 깡통을 모으고 있다. 엘로이사는 이곳에서 시체를 발견하고 난 후 미국에 있는 남편과 합류하기 위해 떠났다(자네 자르만, 1996년).

대륙으로 돌아와 법을 집행하는 일을 도왔는데, 대다수가 그 법을 무시했기 때문에 그것은 매우 어려운 과업이었다. 그곳에 있는 동안 그는 치아파스의 주교가 되었다. 1547년에 스페인으로 돌아간 라스 카사스는 다시는 아메리카 대륙으로 돌아오지 않았다. 그러나 그는 1550년 바야돌리드에서 열린 회의에서 아메리카 원주민의 권리를 옹호함으로써 큰 성공을 거두었다. 이것은 사실상 인권에 관한 최초의 회의였다.

한 세기가 지난 후 라스 카사스의 이상은 무엇보다도 4장의 파라과이 사례에서 살펴보았듯이 남아메리카의 원주민을 위해 열심히 활동했던 예수회에 의해 계속되었다. 포르투갈 태생의 안토니우 비에이라(Antonio Vieira)는 당시 가장 유명한 예수회 수사 가운데 하나였다. 비에이라는 브라질에서 자랐고 그곳에서 놀라운 학문 수준과 명석함을 갖춘 17세기 예수회 수사의 한 사람이 되었다. 그는 외교관, 정치인, 군사 지도자, 설교자, 작가로서 포르투갈에서 많은 시간을 보냈고, 그곳의 모든 시민이 똑같이 세금을 내야 한다고 주장했으며 과도한 종교재판에 대항하는 설교를 했다. 또한 몇 년 간 브라질을 여행하면서 원주민들과 함께 생활하고 그들의 언어로 교리 문답을 번역함으로써 평화와 사랑의 기독교 메시지를 전파했다. 그런 일을 하지 않을 때는 노예의 권리를 위한 활동을 해서 브라질의 노예 소유주들을 격분시켰다. 비에이라는 17세기 가톨릭교회를 이끌었던 주요 인물 중 하나였지만, 그의 이상은 브라질과 포르투갈 양쪽에서 많은 적을 만들었다. 그는 1697년에 브라질에서 불명예스럽게 사망했지만, 포르투갈 역사상 가장 중요하고 존경받는 인물 중 하나로 추앙받아왔다.

라스 카사스나 그와 같은 사람들이 지닌 신념을 물려받은 현대의 후계자는 사무엘 루이즈 가르시아(Samuel Ruiz García)인데, 그는 라스 카사스와 마찬가지로 치아파스에서 주교로 활동했으며 그 교구는 현재 카사스의 이름을 딴 멕시코 남부의 산 크리스토발 데 라스 카사스에 있다. 가르시아는 1959년에 라스 카사스가 직접 설립한 성당의 가톨릭 주교가 되어 40년 동안 주교직을 수행했으며, 그 기간 동안 다양한 방법으로 인권 문제를 옹호했다. 특히 그는 멕시코 남부 원주민들의 곤경에 관심을 기울였는데, 자신이 주교가 되기 전에는 눈을 뜨고 있지만 앞을 보지 못하는 잠자는 물고기 같았다고 회고했다. 많은 부유한 멕시코인과 마찬가지로 그는 원주민을 본질적으로 도움과 교육을 받아야 하는 수동적인 존재로 여겼고, 그들 스스로 문화적으로나 종교적으로 유용한 기여를 할 가능성은 거의 없다고 생각했다. 그러나 그곳의 사제로 임명된 후 원주민들과 상당한 시간을 보내면서, 그가 그들의 눈을 뜨게 하는 것이 아니라 **그들이 그의** 눈을 뜨게 하고 있다는 사실을 알게 되었다. 원주민들 가운데 지혜로운 사람들은 그의 하나님이 단지 영혼에만 관심이 있는지 아니면 육체에도 관심이 있는지 물어봄으로써 그의 마음을 흔들었다. 전체 멕시코인의 3분의 2 이상이 빈곤선 아래에 살고 있었으며, 남부 원주민들의 상황은 특히 심각했다. 가르시아는 원주민의 상황에 대한 인식을 높이고 더 나은 환경을 만들기 위한 활동에 헌신했다. 그는 투쟁 과정에서 폭력 사용을 옹호하는 세속 단체를 비난했지만, 이 지역의 세속 단체들과 협력하여 자신의 사역을 수행했다. 사무엘 루이즈 가르시아는 교회가 단순히 가난한 사람들을 받아들이거나 그들을 위한 특별한 사명을 갖고 있는 것이 아니라고 항상 주장해왔다. 가난한 사람들이야말로 사실상 그들의 사명인 것이다. 교회는 가난한 사람들을 섬기기 위해 있고, 역설적으로 가장 가난한 구성원들이 교회의 가장 중요한 존재다. 그는 멕시코뿐만 아니라 전 세계 원주민에게 관심을 갖고 물질적인 도움은 물론 영적 도움을 주기 위해 끊임없이 일했다.

가르시아가 원주민들을 위해 한 일은 모두의 눈에 띄었다. 1994년에 치아파스의 원주민들은 새로운 북미자유무역협정이 생계에 위협을 주고 그들을 더욱 빈곤으로 몰아넣을 것이라고 여겨 이에 저항하는 무장 반란을 일으켰다. 그들은 가르시아에게 정부와의 협상을 중재해달라고 요청했다. 2000년에 유네스코는 가르시아에게 시몬 볼리바르 상을 수여한다. 이 상은 2년마다 전 세계인의 존엄과 자유에 탁월한 기여를 했다고 판단되는 사람들에게 주어지는 것으로서, 이전에는 넬슨 만델라 같은 인물에게 수여되었다.

사무엘 루이즈 가르시아 같은 수많은 사제와 주교들은 라틴 아메리카의 가난한 사람을 위해 지금까지 일해왔다. 전 세계적으로 가장 유명한 사람 중 하나는 에우데르 카마라(Hélder Camara) 신부다. 그는 1931년 스물두 살의 나이로 첫 미사를 집전하면서 자신이 알고 있는 가장 우아하고 교양 있는 단어로 설교하려고 했는데, 그의 스승 중 한 명이 그에게 바보 같은 짓을 그만두고 이제부터는 사람들을 위해 단순하고 겸손하게 말해야 한다고 조언했다. 그는 사제, 주교를 거쳐 나중에 브라질의 올린다와 헤시피 대주교가 되어서도 평생 그렇게 살았다. 카마라는 인권에 깊은 관심을 갖고 전 세계적인 압

작고 왜소하지만 카리스마 넘치는 "붉은 주교" 돔 에우데르 카마라

제와 탄압, 특히 가난한 나라에 대한 부유한 나라의 억압에 맞서 반대의 목소리를 높였다. 무기 거래와 환경 파괴가 모두 같은 문제의 일부라고 생각한 그는 브라질 정부의 인권 유린에 대해 신랄하게 공격하다가 사람들의 미움을 샀다. 그는 9년 동안 공식적으로 존재하지 않는 사람 취급을 받았다. 모든 언론에서 그를 언급조차 하지 않았을뿐더러, 그를 상대로 암살 시도가 자행되었다. 그를 죽이기 위해 파견된 암살자 중 많은 수가 그를 죽이지 못하고 도리어 모든 것을 자백하면서 용서를 구했다. 정부는 그에게 "붉은 주교"라는 별명을 붙였다. 카마라는 이런 말을 남겼다. "내가 가난한 사람들에게 음식을 주면 그들은 나를 성인이라고 부른다. 그런데 가난한 사람들에게 왜 먹을 것이 없느냐고 물어보면 그들은 나를 공산주의자라고 부른다."

신체적으로 왜소한 주교는 사람들에게 돔(Dom, 수도사에 대한 존칭) 에우데르로 알려져 있었다. 그는 사람들의 소박함을 함께 공유할 정도로 그런 삶에 공감했다. 대주교로서 자신에게 주어진 저택을 포기하고 식탁, 싱크대, 해먹만 갖추어 놓은 교회의 뒷방에서 살았으며, 관용차를 이용하는 대신 자동차를 얻어 타고 시내를 돌아다녔다.

인도의 마하트마 간디처럼 그는 평화적인 시위와 비폭력 운동에 깊이 헌신했고, 이런 이상을 적극적으로 세상에 알리기 위해 정의와 평화 행동(Justice and Peace Action)이라는 운동을 조직했다. 이 운동은 가난한 사람들의 처지를 관찰하고 이해하며 각자의 영역에서 그들을 돕기 위해 노력하는 지역 단위의 소규모 그룹인 "아브라함의 소수 집단"(Abrahamic minorities)이라는 단체를 중심으로 이뤄졌다. 이 단체는 가톨릭교회를 초월하여 휴머니스트와 무신론자를 비롯한 모든 신앙 전통을 배경으로 한 구성원들로 이루어져 있다. 돔 에우데르는 노벨 평화상 후보에 네 차례나 올랐으며, 1999년에 그가 사망하자 브라질 대통령은 3일의 국가 애도 기간을 선포했다.

오스카르 로메로(1979년 촬영한 사진)

이와 비슷한 인권 운동을 했음에도 불구하고 공식적인 애도 기간조차 주어지지 않은 인권운동가가 있었다. 엘살바도르의 수도 산살바도르의 가톨릭 대주교 오스카르 아르눌포 로메로(Oscar Arnulfo Romero)는 용감한 말과 행동 때문에 1980년 3월 미사를 집전하는 중 암살되어, 자신이 그토록 규탄했던 폭력의 희생자가 되었다.

당시 엘살바도르는 그다지 유쾌한 곳이 아니었다. 엘살바도르는 중앙아메리카에서 가장 작고 힘이 약한 나라였고 1930년대 이후 다양한 군부의 지배를 받으면서 수년간 정치적 불안을 겪어왔다. 1970년대는 억압적인 우익 군사정부뿐만 아니라 이에 항의하는 대중적인 좌익 테러가 급부상했다. 정치적 암살과 실종이 난무했으며 1979년 또 다른 군사정부가 정권을 잡을 때까지도 상황은 바뀌지 않았다. 사실상 내전이 벌어진 상태였다. 1980년 무렵에는 매달 3,000명이 사망했다.

오스카르 아르눌포 로메로는 1977년에 산살바도르 대주교로 임명되었다. 그가 대주교로 임명된 이유는 그가 훌륭한 신학자이지만 결코 소란

"나는 사제로서 내가 사랑하는 사람들을 위해 내 삶을 바치라는 하나님의 명령을 받았다. 그들은 나를 죽이려는 사람들까지 포함한 모든 엘살바도르 사람이다."

_ 오스카르 로메로, 죽기 2주 전 진행한 신문 인터뷰에서

을 피울 것 같지 않은 다소 무뚝뚝한 인물로 보였기 때문이었다. 하지만 그가 임명된 지 불과 2주 후에 그의 사제 중 한 명인 루틸리오 그란데(Rutilio Grande)가 살해되었다. 로메로의 절친한 친구였던 그란데는 가난한 농민들을 대신해 지주들을 상대로 반대의 목소리를 높였다. 로메로는 친구의 시신이 안치된 시골 교회로 차를 몰고 떠났다. 그는 가난에 시달리는 신도들을 만나 그란데가 시작한 싸움을 계속하겠다고 맹세했다. 그날부터 로메로는 지속적으로 정부의 정책을 비난하고 많은 사람을 대신해 탄원함으로써 정부 관계자들을 격분시켰다. 그는 엘살바도르에 인권 수호 위원회를 세우고, 미국의 카터 대통령에게 편지를 보내 엘살바도르 정부에 돈과 무기를 보내는 것을 중단해달라고 간청했다. 일부 동료 주교는 그가 정치 선동가라고 로마에 고발했다. 그러나 로메로의 정치 활동은 그가 지닌 기독교 신앙의 직접적인 결과였다. 그는 회의 도중 예배당에 가서 기도하는 모습이 종종 목격될 정도로 독실한 사람이었고, 사무엘 루이즈 가르시아처럼 가난한 사람들을 이해하는 것이 기독교를 이해하는 열쇠라고 믿었다. 우리는 주교와 성직자의 관점에서 교회를 생각하기보다는 교인들 대부분이 평범한 사람들이라는 점을 인식해야 한다. 그리고 가난한 사람들은 수동적으로 도움을 받기 위한 존재가 아니며, 그들이 스스로 통제할 수 있을 때 상황이 더 나은 방향으로 바뀔 수 있다. 로메로는 주변 세상의 죄에 도전하는 것이 교회의 과제이며, 여기에는 죄를 영속화하는 제도에 대한 공격이 반드시 포함된다고 믿었다. 그 죄를 무시하는 것은 그 죄와 공모하여 그 죄를 교회 안으로 갖고 들어오는 것이다.

로메로는 매주 라디오 방송을 통해 정부가 보낸 암살단과 테러 행위를 비난하고, 군인들에게는 부도덕한 명령에 불복종하라고 요구했다. 그의 라디오 방송국은 전국에서 가장 많은 청취자를 확보했고, 그의 설교를 들

> **"복음은 구체적인 필요에 의해 가난한 사람들에게 선포된다. 예수께서 사람을 보게 하시고 걷게 하시고 듣게 하시고, 간단히 말해서 그들에게 생명을 주셨을 때 그는 그 시대를 위한 모범과 인류 역사 전반에 걸쳐 기독교 공동체가 수행해야 할 임무를 제시하신 것이다.…가난한 자들을 위한 실제적인 행동과 조치가 수반되지 않는 진정한 복음화는 없다."**
>
> _ 구스타보 구티에레스, *A Theology of Liberation*

으러 온 사람들로 성당은 항상 붐볐다. 정부에 반대하는 사람들이 언제든 암살당할 수 있는 상황에서, 로메로는 자신이 죽을 수도 있다는 사실을 점점 더 인식하게 되었다. 그러나 그는 자신의 기독교 신앙은 결코 자신이 타협하는 것을 허락하지 않고 자신의 정당성을 옹호할 것이라는 사실을 깨달았다. 한 유명한 행사에서 그는 "나는 기독교인으로서 부활 없는 죽음을 믿지 않는다. 만약 내가 죽는다면 나는 엘살바도르 국민 안에서 다시 나다날 것이다"라고 말했다. 1980년 3월 24일에 그는 고린도전서 15장에 대한 설교를 했는데, 여기서 바울은 육체가 살아나려면 마치 땅에 심은 밀알처럼 그 전에 먼저 육체가 반드시 죽어야 한다고 말했다. 그는 회중들에게 가난한 사람을 위해 헌신하는 사람은 그 밀알과 같아서 풍성한 수확을 약속받게 될 것이라고 말했다. 설교를 마친 로메로가 미사를 집전하기 위해 제단으로 올라간 순간 저격수가 쏜 총알이 그의 심장을 관통했다. 그의 인기가 워낙 높았기 때문에 그 사건은 국민들의 무장 반란을 촉발했고, 1992년에 마침내 평화가 정착될 때까지 전쟁이 계속되었다. 엘살바도르에 사회주의 정권이 집권할 가능성을 우려한 미국은 지난 12년 동안 그 돈이 어떻게 쓰일지 알면서도 60억 달러를 전쟁 자금으로 지원했다.

교황 요한 바오로 2세는 오스카르 로메로의 무덤을 여러 차례 방문했으며, 그를 성인보다 한 단계 아래인 "복자"(Blessed)로 공식 시복하려는 절차가 진행 중이다.

사무엘 루이즈 가르시아, 돔 에우데르, 오스카르 아르눌포 로메로 같은 인물들은 남아메리카의 기독교만큼이나 오래된 전통을 대표하는 현대의 인물들이다. 첫 선교사들이 정복자들과 함께 온 이래로 그 대륙에 살던 사람들은 가톨릭을 받아들였고, 교회는 그들의 삶에서 큰 역할을 했다. 가톨릭교회가 남미 문화에서 중심적인 역할을 했다는 것은 교회가 그 대륙의 혁명과 기타 사회적 격변의 중심에 있었다는 것을 의미하며, 이는 또한 교회가 이 지역에서 자신을 어떻게 바라보는지에 커다란 영향을 미쳤다. 이런 가톨릭 인사들의 활동은 "해방신학"을 탄생시키는 데 도움이 되었다. 이는 이 운동의 가장 유명한 이론가인 구스타보 구티에레스(Gustavo Gutiérrez)가 1971년에 쓴 책의 이름을 딴 것이다. 구티에레스와 그와 같은 사람들은 신학이 (역사적으로 서구에서 그랬던 것처럼) 교리가 아닌 실천에 초점을 맞춰야 한다고 열정적으로 주장했다. 우리가 믿는 것만큼이나 우리의 행동 방식도 중요하기 때문이다. 또한 교회의 사명은 주로 가난한 사람들을 위한 것이며, 하나님 자신도 가난한 사람들의 편이라고 주장했다. 다시 말해 그들은 우리가 앞서 살펴본 것처럼 가난한 사람들에 대한 예수의 가르침을 진지하게 받아들이려고 노력했다.

해방신학을 기독교로 위장한 마르크스주의로 이해하는 사람도 많지만, 해방신학자들은 비록 그들이 내세가 아닌 이 세상에서 하나님의 도움을 구하면서도 구원의 동인(動因)인 하나님에게 늘 초점을 맞추고 있다고 말한다. 반면 진정한 마르크스주의는 오직 물질과 인간 주체(agency of human beings)에만 집중한다. 1970년대 내내 해방신학은 전 세계 기독교에 큰 영향을 미쳤다. 교황 바오로 6세는 1975년에 교회 밖 사람들에게 기독교 메시지를 전하는 것의 중요성을 다룬 "현대의 복음 선교"(*Evangelii nuntiandi*)라는 "교황 권고"(Apostolic Exhortation)를 발표했다. 그 권고문에서 그는 해방신학 문제에 상당한 지면을 할애하여, 사람들의 영적 복지뿐만 아니라 물질적 상황을 돕고자 하는 새로운 시도를 환영하면서도 이 두 가지가 함께 가야 한다고 주장했다. 교황은 교회가 복음을 전하도록 영감을 주는 것이 하나님의 사랑인 것처럼, 교회가 억압받는 사람들을 돕도록 권면하는 것도 하나님의 사랑이라고 가르쳤다. 하나님의 사랑이 주는 영감이 없는 데다가 하나님을 최종 목표로 삼지 않는다면, 사회 변화와 발전을 이루려는 인간의 노력은 궁극적으로 망하게 될 것이다.

기독교와 인종 불평등

해방신학의 이상은 세계의 다른 지역에서도 이와 유사한 운동에 영향을 미쳤다. 예를 들어 그 이상이 북아메리카에서는 "흑인 신학"으로 알려진 운동의 형태로 진행되었는데, 이 운동은 부분적으로 기독교에 막대한 빚을 진 커다란 변화의 시기인 1960년대에 일어난 시민권 혁명(civil rights revolutions)으로부터 생겨났다.

텍사스 출신의 가수인 블라인드 윌리 존슨의 유일한 사진. 존슨은 1947년에 그의 집에 불이 난 후 사망했다. 그는 화재에서 살아남았지만, 화재를 진압하기 위해 사용된 물에 흠뻑 젖은 매트리스 위에서 잠든 후 폐렴에 걸려서 사망했다.

사실 기독교는 수십 년 동안 아프리카계 미국인 문화의 중심에 있었다. 북 아메리카의 노예들은 조상의 종교를 미국으로 가져왔고, 노예 소유주들은 오랫동안 그들이 기독교로 개종하는 것을 꺼렸다. 노예들이 기독교인이 되면 그들을 풀어줘야 할지도 모른다고 걱정했기 때문이다. 그러나 결국 기독교인 노예를 두는 것은 괜찮다는 결정이 내려졌고, 19세기 말에는 미국 전역의 흑인 커뮤니티에 기독교가 확고히 자리를 잡았다. 그러나 흑인들에게 기독교가 가진 의미는 백인들이 생각하는 것과는 전혀 달랐다. 한 가지 예로 그것은 종종 오래된 아프리카 종교의 요소와 혼합되어 부두교(Voodoo) 같은 이국적인 종파를 만들어냈는데, 부두교는 주로 뉴올리언스 지역과 관련이 있지만 20세기 초 미국 남부 전역에 널리 퍼지게 되었다. 마찬가지로 중요한 것은 기독교가 강조하는 해방이었다. 흑인 노예와 삶이 조금 나아진 그들의 20세기 후손들에게 기독교가 전하는 메시지는 미래의 행복에 대한 희망을 상징했다. 그 시대의 복음이나 찬송가에는 천국이나 하나님 나라에 대한 성경적인 이미지가 지배적이었다. 매우 인기 있지만 다소 무서운 인물인 블라인드 윌리 존슨(Blind Willie Johnson)의 작품을 예로 들어보자. 그의 음악은 마치 악마가 겁을 주어 회개하게 만드는 것처럼 들리는 베이스 선율을 놀라운 주법으로 구현해낸다. 1920년대와 30년대에 발표된 그의 노래를 보면 "안녕! 나는 왕을 만나러 간다네"(Bye and Bye I'm going to see the King), "물 위를 운행하시는 하나님"(God moves on the Water), "고통은 곧 끝날 거예요"(Trouble Will Soon Be Over), "당신의 등불을 켜서 밝히세요"(Keep Your Lamp Trimmed and Burning) 같은 제목이 나온다. 이 노래들 중 다수는 하나님 나라의 도래를 고대하는 마음을 노래할 뿐만 아니라 "뿌린 대로 거둔다"는 도덕적인 권면을 담고 있다. 이것은 흑인은 물론 백인에게도 적용될 수 있는 메시지다. 물론 블라인드 윌리 존슨 같은 가수들은 메시지를 상당히 간접적으로 표현해야 했지만, 핵심은 항상 분명하고 똑같았다. 지금은 상황이 비참하지만 언젠가는 하나님이 모든 것을 해결할 것이고 그렇게 되면 상황은 바뀔 것이다. 가사는 이것이 현실이

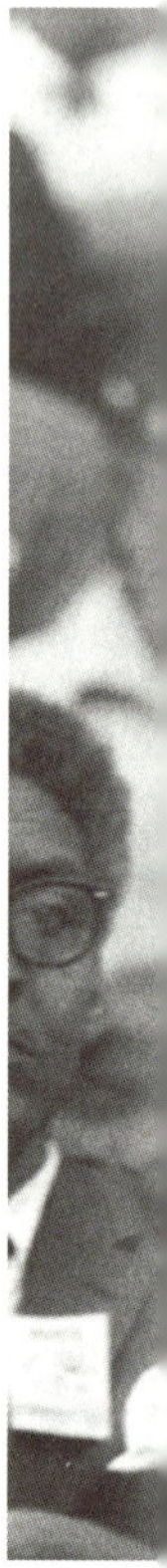

마틴 루터 킹 주니어가 1963년에 링컨 대통령 기념관 앞에서 "나에게는 꿈이 있습니다"라는 제목의 연설을 하고 있다.

되려면 천국에 갈 때까지 기다려야 한다고 이야기하지만, 그 기저에는 이런 일들이 이 세상에서도 일어날 수 있다는 암시가 늘 깔려 있다.

특히 과거에 남부를 중심으로 대부분의 생활 영역에서 흑인과 백인을 분리시켜놓았던 "짐 크로 법"(Jim Crow)이 시행되었던 시절이 있었다. 일부 교회는 흑인 차별 정책에 저항하려고 했다. 예를 들어 20세기 초에 캘리포니아에서 시작된 오순절 운동은 인종 장벽을 극복하고 인종적으로 섞여 있는 회중을 환영하는 것에 자부심을 가졌다. 그러나 대부분의 경우 흑인 교회와 백인 교회가 상당히 분리되어 있었다. 당시에는 흑인 기독교가 백인 기독교와 별개로 발전했다는 인식이 있었다. 설령 흑인들이 기독교인이었다고 해도—20세기에 이르러 기독교가 미국 흑인 문화에 깊숙이 뿌리를 내렸다—그들이 믿었던 것은 강요된 종교가 아닌 **그들의** 종교였다. 이들에게 성경은 억압받는 자의 편에 서는 하나님의 이야기를 말하는 책이었다. 하나님은 히브리인들을 이집트의 노예 생활에서 해방시키고 억압받는 사람들과 함께 고통을 받고 함께 죽은 다음 다시 살아나 부활의 약속을 준 존재다. 흑인 영가에서 모세가 계속 등장하는 것은 당연한 일이다. "모세는 홍해 바닷가에 서서 하찮은 지팡이로 바다를 쳤네. 나도 할 수만 있다면 모세가 섰던 바위 위에 설 거야!"

마틴 루터 킹 주니어(Martin Luther King Jr)는 이런 배경에서 성장했다. 조부와 부친이 조지아주 애틀랜타에 있는 에벤에셀 침례교회의 목사였던 킹은 그 도시의 흑인 학교에서 뛰어난 학생이었고, 신학을 공부하기 위해 펜실베이니아로 가서 주로 백인 학생들과 지냈다. 그는 보스턴 대학교에서 박사 학위를 받은 후 남부로 돌아와 앨라배마주 몽고메리에 있는 덱스터 애비뉴 침례교회의 목사가 되었다.

이런 성장 배경 덕분에 킹은 놀랄 만큼 폭넓은 기독교적 배경을 갖게 되었다. 한편으로 조지아에서 어린 시절을 보내고 앨라배마에서 목회를 했다는 배경은 그의 뿌리가 하나님의 구원에 대한 희망을 강조하는 흑인 남부의 기독교 세계에 있다는 뜻이었다. 그러나 다른 한편으로 대부분의 남부 흑인 목회자들이 받지 못했을 동부 해안 지역 대학에서의 교육은 그를 전통적인 자유주의 기독교로 표방되는 신학과 지적인 문제의 세계에 몰입하게 만들었다. 어린 시절에도 킹은 가족이 전적으로 믿고 있던 신앙에 많은 의문을 품었다. 그는 유럽 신학에 기반을 둔 비교적 자유주의적인 교육을 받은 경험이 사회 정의와 행동주의에 대한 기독교의 기본적인 신

"자유가 조지아주의 스톤 마운틴에도 울리게 합시다. 자유가 테네시주의 룩아웃 산맥에도 울리게 합시다. 자유가 미시시피주의 모든 언덕과 둔덕에도 울리게 합시다. 자유가 모든 산허리에 울리게 합시다. 우리가 자유를 울리게 할 때, 우리가 모든 크고 작은 마을과 주와 도시에 자유가 울리도록 할 때, 하나님의 모든 자손인 흑인과 백인, 유대인과 이방인, 가톨릭교인과 개신교인이 손에 손을 잡고 '마침내 해방되었도다! 마침내 해방되었도다! 전능하신 하나님께 감사하라. 우리는 마침내 해방되었도다!'라는 옛 흑인 영가를 부를 날을 앞당길 수 있을 것입니다."

_ 마틴 루터 킹 주니어, "나에게는 꿈이 있습니다"

념을 비판적으로 성찰하는 데 도움이 되었다고 느꼈다. 동시에 그는 자신이 배우고 있는 학문적인 신학에도 강한 정치적인 요소가 있음을 인식했다. 예를 들어 그는 우리가 지난 장에서 살펴보았던 라인홀드 니부어의 연구를 발견하고 기독교가 사회의 불의를 해결해야 한다는 그의 주장에 빠져들었다.

사회 운동에 헌신하겠다는 열정은 어린 시절부터 그의 안에 있었다. 킹의 할아버지는 전미 유색 인종 지위 향상 협회(NAACP)를 설립한 주요 인물이었다. 그리고 아버지인 마틴 루터 킹 시니어는 자신의 사역이 내세를 강조하는 영성보다 신도들의 현재의 필요에 초점을 맞추어야 한다고 믿어왔다. 그는 가난한 사람들을 돕기 위해 교회 자원을 사용했을 뿐만 아니라 흑인 인권 운동을 활발하게 펼쳤다. 킹 주니어가 앨라배마에서 근무할 당시 그는 전미 유색 인종 지위 향상 협회의 집행 위원으로 활동했으며, 흑인과 백인을 분리하는 규정에 항의하여 앨라배마 버스에 대한 1년에 걸친 대규모 보이콧 운동을 조직하는 데 도움을 주어 결국 인종 분리법이 위헌으로 선언되게 한다. 킹은 시민 평등권 운동의 유명 인사가 되었고,

1958년에는 남부 기독교 지도자 회의의 의장이 되었다.

그 후로 10년 동안 킹은 미국에서 가장 널리 알려진 인물로 자리매김했으며, 인권을 옹호하는 유창한 연설로 세계적인 추종자를 얻었는데, 이는 그가 사용한 "중요 인물"(somebodiness)이라는 개념으로 요약된다. 즉 인종이나 배경이 어떻든 간에 인간은 모두가 가치 있는 "중요 인물"이라는 것이다. 인도의 마하트마 간디로부터 영감을 받은 킹은 시위자들이 목표를 달성하기 위해서는 비폭력적인 수단을 사용해야 한다고 확신했다. 이 점에서 그는 분리된 흑인 국가를 만들기 위해 노력한 네이션 오브 이슬람(Nation of Islam, 미국의 흑인 이슬람교도로 구성된 과격파 흑인 단체)처럼 평등한 권리를 위해 일했던 과격한 운동가들과는 달랐다. 네이션 오브 이슬람의 카리스마 넘치는 대변인 말콤 X(Malcolm X)는 그곳을 떠나 무슬림 모스크라는 단체를 창시하고, 대신 이슬람의 가치가 인종적 경계를 초월할 수도 있다고 설교하며 보다 포괄적인 이상을 지닐 것을 요구했다. 그러나 말콤은 강력한 저항을 통해서만 흑인들이 평등을 이룰 수 있다고 계속 주장했는데, 이런 생각은 스토클리 카마이클(Stokely Carmichael)이 주도한 흑인 권력 운동에 반영되었다. 마틴 루터 킹 주니어는 말콤 X나 카마이클과 함께 일하고 그들을 존경했지만, (흑인의 인권 및 정치력 신장을 위한) 블랙 파워(Black Power) 운동이 평등과 비폭력의 진정한 가치를 왜곡한다고 주장했

"굴욕과 학대를 당한 사람들과 거리낌 없이 동일시되지 않는 기독교 신학은 있을 수 없다. 억압받는 사람들의 공동체 가운데서 신학이 나오지 못할 때 신학은 복음의 신학이 되는 것을 멈추게 된다."

_ 제임스 콘, *A Black Theology of Liberation*

다. 그는 이 운동이 인종 간의 분열을 악화시킬 위험이 있다고 믿었다. 그 운동은 또한 우리가 지난 장에서 살펴본 것처럼 예수의 가르침 이후 기독교를 관통하는 핵심 주제인 권력의 포기에도 반하는 것이었다. 킹은 다른 쪽 뺨을 돌려대는 것이 장기적으로 볼 때 말콤 X가 옹호하는 적극적인 자기 방어보다 훨씬 더 강력하고 효과적이라고 믿었다. 그렇게 함으로써 흑인들을 불평등한 사회적 지위에서 해방할 수 있을 뿐만 아니라 그들의 존엄성과 가치를 증명함으로써 백인 역시 불공정한 견해와 태도로부터 해방될 수 있다는 것이다.

킹은 이런 방식으로 인종 통합과 화합을 설교했다. 1963년에는 워싱턴에서 비폭력 시위대를 상대로 한 그 유명한 "나에겐 꿈이 있습니다"라는 연설을 통해 과거에 있었던 차별은 제쳐두고 노예와 노예 소유주의 후손이 모두 조화롭게 사는 국가에 대한 자신의 꿈을 이야기했다. 그는 그해 「타임」(*Time*)이 신징한 올해의 인물이 되었으며, 1964년에는 노벨 평화상을 수상하고 그 상금을 시민 평등권 운동에 기부했다.

1968년, 마틴 루터 킹 주니어는 멤피스의 호텔 발코니에 서 있다가 총에 맞았다. 미국 전역에서 폭동이 일어났고 2만 명이 체포되었다. 앨라배마 주지사는 킹이 미국의 적이라고 주장하며 장례식에 참석하지 않았지만, 리처드 닉슨을 비롯한 그해의 대통령 후보 4명을 포함하여 5만 명이 장례 행렬에 동참했다. 그러나 킹의 시신은 농장 수레에 실려 운구되었는데, 이는 가난한 사람들에 대한 그의 관심과 마음을 반영하는 것이었다. 오늘날 미국은 매년 1월에 마틴 루터 킹 주니어의 날을 기념한다. 그는 크리스토퍼 콜럼버스를 제외하고 개인의 이름을 딴 미국 국경일을 가진 유일한 사람이다.

흑인의 인권을 위한 마틴 루터 킹 주니어의 투쟁은 남아메리카 대륙의 가난한 사람들과 토착민들을 위해 헌신한 많은 가톨릭 신자들의 투쟁과 유사하다. 그리고 남아메리카의 해방 신학은 미국의 가장 영향력 있는 흑인 기독교 작가인 제임스 콘(James Cone)의 작품에 반영되어 있다. 킹과 비슷하게 콘 역시 미국 남부 아칸소주의 흑인 기독교 공동체에서 자랐지만, 대학에 진학하면서 유럽식 자유주의 신학을 접하게 된다. 그는 이런 교육을 통해 얻은 비판적 도구를 활용하여 자신의 배경에서 경험한 자유의 이상을 보다 명확하게 표현하려고 노력했으며, 그 결과로 1969년에 『예수와 흑인 혁명』(*Black Theology and Black Power*)을 출판한다. 콘은 이 책과 그후

요하네스버그의 비트바테르스란트 대학교 학생들이 1989년에 개최한 아파르트헤이트 반대 집회. 이 집회는 최루탄으로 대응한 경찰에 의해 강제 해산되었다.

출간한 저서에서 흑인과 아프리카의 뿌리 간의 연관성을 재확립함으로써 흑인 전통 문화에서 영감을 얻고 현대 흑인 기독교를 이해하는 기틀을 마련하고자 했다. 이런 관점에서 흑인의 목소리를 억압하는 "백인 기독교"는 사실상 이단이며 권력의 문화에 매몰되어 신념을 저버린 기독교에 불과하다. 대신 콘은 우리가 하나님의 "흑인성"(blackness)에 대해 말할 수 있을 정도로 하나님은 억압받는 자의 편에 서서 그들을 자신과 동일시한다고 주장했다. 흑인 기독교 노예들이 히브리인을 해방시킨 하나님을 바라보았고 그리스도가 십자가에 못 박혀 고통받는 것을 하나님이 고통받는 백성과 자신을 동일시한 것이라고 생각했다는 점에서, 콘은 그리스도가 백인이 아니었으며 이렇게 고통을 당한 소수 민족의 일원인 그리스도가 부활한 사건은 도처에 있는 흑인들에게 구원의 희망을 가져다준다는 사실을 깨달으라고 촉구한다. 콘에게 "흑인성"은 흑인이라는 물리적 사실을 초월하여 고통받는 집단 또는 그런 집단과 자신을 동일시하는 사람들을 상징한다. 물론 하나님은 문자 그대로 흑인이 아니지만, 우리가 그분을 "흑인"이라고 말할 때 우리는 그분이 억압받는 사람들의 편에 서서 약자들의 자유를 위해 일한다는 사실을 표현한다. 마찬가지로 어떤 인종이든 이와 같은 행동을 한다면 이 "흑인성"을 공유할 수 있다.

현대의 인종 관계에서 완벽하지 못한 기록을 가진 또 다른 나라는 남아프리카공화국이다. 이곳에서도 기독교인들은 인종 차별에 맞서 싸우는데 중요한 역할을 했다. 아파르트헤이트 제도는 1940-50년대에 발전했는데, 남아공 정부는 모든 사람을 흑인, 백인, "유색인"(나머지 사람들)으로 분류하는 일련의 법을 제정하고 가능한 한 모든 사람을 분리하려고 했다. 흑인들은 "홈랜드"(homelands)라는 대규모 보호 구역에 배정되었는데, 이 홈랜드 안에서는 투표권 같은 권리를 가질 수 있었지만 이 구역을 벗어난 나머지 지역에서는 그 권리를 상실했다. 이 제도에 반대하는 시위와 저항 운동은 "비상 사태" 선언으로 처리되었다. 이 선언을 근거로 비폭력 시위자조차 무기한 감금되고 종종 고문을 당했다. 이런 인권 침해로 인해 유엔은 1970-80년대에 걸쳐 남아공에 점점 더 심한 제재를 가했다. 이런 제재로 인한 경제적 압박은 아파르트헤이트 체제의 해체를 불렀고, 1994년에는 모든 사람이 평등하게 투표할 수 있는 최초의 선거가 실시되어 흑인 인권 운동가인 넬슨 만델라(Nelson Mandela)가 대통령에 당선되었다.

일찍이 1955년 영국 성공회 신부 트레버 허들스턴(Trevor Huddleston)이 『안위 따위는 쓸모없다』(*Naught for Your Comfort*)를 출간하면서 신랄하게 이 제도를 공격했을 때부터 기독교인들은 아파르트헤이트에 대해 반발하고 있었다. 백인들이 자행하는 인종 차별에 반대하는 백인으로서 허들스턴은 남아프리카와 전 세계에 큰 영향을 미쳤지만, 결국 남아공에서 추방되었다. 그는 소외된 사람들을 위해 계속 일했고 런던의 스테프니 주교로서 아시아 이민자들의 권리를 위해 싸우면서도 아파르트헤이트에 저항하는 것을 멈추지 않았으며, 끝내 아파르트헤이트 반대 운동의 회장이 되어 1991년에 요하네스버그로 돌아와 열광적인 환영을 받았다.

안타깝게도 모든 기독교인이 아파르트헤이트를 잘못된 것이라고 생각한 건 아니고, 실제로 네덜란드 개혁 교회(Dutch Reformed Church)는 인종 간의 분리가 인류를 위한 하나님의 계획의 일부라고 가르쳤다. 그럼에도 불구하고 교회 내에서 목소리를 낸 사람들이 있었는데, 그중 가장 유명한 인물은 또 다른 백인 성직자인 크리스티안 프레더릭 베이어스 나우데(Christiaan Frederick Beyers Naudé)였다. 그는 아파르트헤이트가 잘못되었고 성경이 허용하지 않은 것이라고 믿었으며, 세계 교회 협의회(World Council of Churches)도 이런 신념을 공유했다. 네덜란드 개혁 교회는 협의회에서 탈

퇴하고 인종 간의 기독교적 통합을 촉진하기 위해 크리스천 인스티튜트(Christian Institute)를 설립한 베이어스 나우데를 제명했다. 이 단체는 점점 더 전투적으로 변했고, 그로 인해 회원들이 조사를 받거나 여권을 압수당했지만, 궁극적으로는 전 세계 남아프리카 흑인들이 처한 곤경에 대한 인식을 제고하려는 목표를 달성했다.

그러나 아파르트헤이트 기간 동안 평등한 권리를 위한 투쟁으로 가장 유명한 기독교인은 아마도 세계에서 가장 잘 알려져 있고 존경받는 비 가톨릭 기독교 성직자인 데스몬드 투투(Desmond Tutu)일 것이다. 그는 트레버 허들스턴으로부터 부분적으로 영감을 받았다. 투투는 어릴 적 만난 트레버 허들스턴을 통해 백인이 모두 나쁜 사람이 아님을 알 수 있었다고 말했다. 그는 1970-80년대에 남아프리카 흑인 기독교의 떠오르는 스타로 이름을 날렸고, 1978년에는 남아프리카 교회 협의회 최초의 흑인 총서기(베이어스 나우데가 그의 후임이 됨)가 되었으며, 1986년에는 케이프타운의 최초의 흑인 대주교가 되었다. 그는 마틴 루터 킹 주니어처럼 평등권 운동의 구심점이 되었고 비폭력 시위를 정책의 핵심으로 삼았다(넬슨 만델라는 이렇게 하지 않았다). 투투의 기독교 신앙은 마틴 루터 킹만큼이나 그의 세계관의 중심이 되었다. 우리는 5장에서 백인이 흑인을 억압한다고 해서 모든 백인이 적이 되는 것은 아니라는 통찰에 기초한 포용성과 사람들 사이의 장벽을 극복하는 것을 중심으로 그의 "우분투 신학"이 전개되었음을 살펴보았다. 투투의 신학은 상대가 누군지에 상관없이 장벽을 허물고 모든 사람을 포용하는 것이었으며, 이는 아파르트헤이트가 주창하는 장벽 건설과는 완전히 상반된 견해였다. 그는 어떤 상황에서든 증오는 항상 잘못된 것임을 반복해서 국민들에게 상기시켰다. 1984년에 데스몬드 투투는 아파르트헤이트 반대 투쟁의 중심인물로 활약한 공로를 인정받아 노벨 평화상을 수상했다.

기독교와 노예 제도

과거에도 기독교인들은 부당한 노예 제도를 근절시키기 위해 목소리를 높였다. 초기 교회는 이 문제에 대해 상반된 입장을 보였는데, 이는 고대 세계가 노예 제도에 기초하여 운영되었기 때문에 그 관행을 근절하면 일상이 돌아갈 수 없었다는 점에서 별로 놀랄 일은 아니었다. 신약성경의 빌레몬서에서 바울은 기독교인 노예에게 자비를 베풀라고 권고하는데, 이는 암묵적으로 노예 제도를 용인하는 것처럼 보인다. 그런가 하면 베드로전서 2장에서는 주인에게 순종하라고 노예들에게 명령한다. 근본적으로 신약성경 저자들은 노예 제도에 대체로 반대하지 않았던 것 같다. 그들은 그리스도에 대한 사랑이 주인과 노예 사이에 있는 모든 사회적 차별을 초월하기 때문에 노예든 아니든 모든 사람을 선하게 대우해야 한다고 주장했다. 따라서 바울은 갈라디아 사람들에게 보낸 편지에서 이렇게 선언했다. "누구든지 그리스도와 합하기 위하여 세례를 받은 자는 그리스도로 옷 입었느니라. 너희는 유대인이나 헬라인이나 종이나 자유인이나 남자나 여자나 다 그리스도 예수 안에서 하나이니라." 사실 기독교는 노예와 다른 하층민 사이에서 인기가 있었다. 예를 들어 바울이 로마서에서 안부를 전하는 거의 모든 사람은 노예로 추정된다. 철학자나 귀족과 달리 기독교인들은 손을 사용하여 일하는 사람들을 경멸하지 않았다. 바울은 텐트 만드는 것을 직업으로 삼았고, 예수 역시 목수이자 장인(artisan)이었을 것이다. 세월이 흐르면서 더 많은 기독교인들이 많은 노예들을 걱정하게 되었다. 자신이 소유한 모든 노예를 해방시키는 행위가 점점 더 보편화되었다. 멜라니아라는 부유한 기독교 여성은 5세기 초에 수를 다 셀 수 없을 정도로 많은 노예의 자유를 위해 비용을 지불했다. 그리고 아일랜드인에게 노예로 팔

> **"이것은 갈리아 지역에 사는 로마 기독교인들의 관습이다. 그들은 세례를 받은 포로들의 몸값을 지불하기 위해 수천 개의 금화와 함께 거룩하고 유능한 사람들을 프랑크족과 다른 이교도들에게 보낸다."**
>
> _ 성 피트리치오 "코로티쿠스에게 보내는 편지"

려가 기독교를 전파한 로마계 영국인 성 피트리치오는 이 관행에 거세게 반대했다.

서구에서 로마 제국이 멸망한 후 현대 유럽의 조상격이었던 새로운 이교도 왕국에서는 노예 제도가 지속되었다. 그러나 유럽 대륙이 점점 기독교화되면서 노예 제도는 서서히 사라졌다. 노예 제도의 점진적인 근절을 이끈 한 인물은 앵글로 색슨족 노예인 바틸드였는데, 그녀는 덴마크 침입자들에게 붙잡혀 프랑크 왕의 궁전으로 끌려갔다. 그녀는 19살 때 클로비스 왕과 결혼했고, 왕이 죽은 후 어린 아들을 대신하여 프랑크 왕국을 섭정했다. 바틸드는 갑자기 막대한 부와 행운을 거머쥐었음에도 불구하고 노예의 삶을 잊지 않았고 자신의 영토 내에서 그 관행을 근절하기 위해 할 수 있는 모든 것을 했다. 사회를 매우 불안정하게 만들 수 있었기 때문에 기존의 노예를 전부 해방시키진 못했지만, 노예를 사들이는 행위는 불법이 되었고 왕국에 들어오는 노예들은 즉시 해방되었다. 동시에 그녀는 가능한 한 많은 노예를 사서 해방시켰다.

중세 유럽에서 노예 제도는 사실상 완전히 소멸되었다. 왜냐하면 이제 거의 모든 사람이 기독교인이 되었고 그 무렵에는 기독교인 노예를 소유하는 것이 불가능하다고 느꼈기 때문이었다. 유일한 예외는 십자군 전쟁 중 포로로 잡힌 일부 이슬람 노예였지만, 이슬람 영토에도 많은 기독교인 노예가 있었기 때문에 불의는 양쪽 모두에 존재했다. 그러나 토마스 아퀴나스는 노예 제도가 자연적 정의(natural justice, 영국의 법 원리)에 반하는 죄라고 주장했다. 대속의 성모 수도회, 메르체다리오 수도회 등 무슬림에 의해 노예가 된 사람을 돕기 위해 여러 단체가 설립되었으며, 이들 중 상당수는 자발적으로 노예가 되어 무슬림 땅에서 다른 노예들을 돌보는 사역을 수행했다. 자유의 몸으로 남아 있을 수 있던 메르체다리오 수도사들은 수년에 걸쳐 수십만 명이 넘는 노예의 자유를 위해 헌신했다.

근대 초기에 노예들을 위해 큰일을 한 인물은 17세기 초 무시무시한 열정으로 불우한 사람들을 도운 빈첸시오 드 폴(Vincent de Paul)이었다. 프랑스의 가난한 가정에서 태어난 빈첸시오는 좋은 교육을 받았지만, 젊은 시절에 그가 여행하던 배가 이슬람 해적들에게 나포되면서 알제리의 수도인 알제에서 노예로 몇 년간 지냈다. 다행히도 그는 주인을 기독교로 개종시켰고 함께 탈출할 수 있었다. 빈첸시오는 영적 지도자이자 가정교사가 되었지만 가난한 사람들에게도 깊은 관심을 갖고 그들을 돕기 위한 단체를 설립했다. 특히 배 안에 갇혀 끔찍한 환경에서 노를 저어야 하는 죄수들을 걱정했고, 당시 그들을 담당하는 목사에게 고용되어 있었기 때문에 적지 않은 시간을 그들과 함께 보낼 수 있었다. 한편 그는 시골의 가난한 사람들을 위해 자선 활동을 조직한 여성 단체인 도터스 오브 채리티(Daughters of Charity)와 시골에 복음을 전파하는 데 헌신하는 프리스트 오브 더 미션(Priests of the Mission)를 설립했다. 또한 파리의 가난하고 궁핍한 사람들에게 도움을 주기 위한 단체와 죽어가는 사람들을 위한 호스피스를 세웠다. 빈첸시오는 루이 13세의 대리인으로 파리를 통치한 리슐리외 추기경의 신뢰를 받을 정도로 유명해졌고 점점 인기를 얻게 되었다. 그러나 자신이 경험한 노예 생활에 대한 기억 때문인지 그는 북아프리카의 기독

> **"그들은 원주민의 재산을 빼앗거나 자신들의 소유로 돌려놓았고, 섬 주민 중 일부를 영구적인 노예로 전락시켰다. 우리는…예수 그리스도의 피를 뿌림으로써 이 세상의 군주, 제후, 선장, 무장한 사람, 남작, 군인, 귀족, 공동체 그리고 모든 기독교 신자들이 어떤 형편, 지위, 환경에 처해있든 간에 그들이 앞서 말한 행위에서 벗어날 것과, 그들에게 주어진 사람들을 그 행위에서 벗어나게 하고 그들을 엄격하게 제지할 것을 촉구한다."**
>
> _ 교황 에우제니오 4세, *Sicut Dudum*, 1435년

교인 노예들을 가장 걱정했다. 그래서 많은 사제들을 그곳으로 보내 설교를 하고 열악한 상황을 개선하게 했으며, 천 명이 넘는 노예를 구출하는 데 성공했다.

하지만 앞서 살펴본 바와 같이 노예 제도는 근대 초기에 아메리카 및 아프리카 탐험과 함께 다시 생겨났다. 아메리카 대륙에는 경작이 필요한 광대한 지역이 있었고, 아프리카는 이를 경작하기 위한 많은 인력을 제공했다. 그 제도는 스페인이 1430년대에 카나리아 제도를 점령하고 그곳의 주민들을 노예로 삼으면서 시작되었다. 교황 에우제니오 4세는 파문을 감수하면서까지 그들의 행위를 규탄하고 모든 것을 철회하라는 명령을 담은 교서를 즉시 발표했지만, 그의 명령은 무시되었다. 그의 후계자인 비오 2세와 식스토 4세 역시 이 명령을 반복했으나 별 효과를 내지 못했다. 교황의 힘은 예전만큼 강력하지 않았고, 새로 개척된 신대륙에서 막대한 이윤을 얻을 수 있다는 유혹도 이에 별 도움이 되지 않았다. 정착민들은 아메리카 원주민을 노예로 삼기 시작했고, 이 다른 인종들은 진짜 인간이 아닌 어떤 열등한 종류의 생명체라고 주장하는 많은 사람들이 그것을 정당화했다. 하지만 이는 분명히 로마의 공식적인 입장은 아니었다. 교황 바오로

버지니아 리치먼드의 노예 시장(에드몽 모랭의 그림을 목판화로 제작한 것, 1861년)

3세는 아메리카 원주민은 분명히 인간이며 그 누구도 다른 누구의 노예가 될 수 없다고 선언했지만, 이런 호소는 재차 묵살되었다. 1639년, 흑인 노예무역이 가속화되자 교황 우르바노 8세는 이 원칙이 아프리카인에게도 적용되니 모든 아프리카 노예를 석방하고 노예 생활에 대한 보상을 해야 한다고 선언했다. 예수회는 브라질 내에서 이 교황령을 집행하려다가 상파울루에서 추방당하고 폭도들의 공격을 받았다.

그럼에도 불구하고 몇 가지 성과가 있었다. 가톨릭교회는 노예를 해방시킬 순 없었지만 아메리카 대륙 노예들의 삶을 규제하고 돕기 위한 규정인 코드 누아르(*Code Noir*)와 코디고 네그로 에스파뇰(*Código Negro Español*)을 만들었다. 물론 예수회가 감독했던 이상주의 세계인 파라과이에는 노예 제도가 없었다. 반면 노예 제도는 특히 북미 남부의 경제의 중심이 되었고, 신대륙에 식민지를 가진 모든 유럽 국가들이 노예 제도에 의존하게 되었다. 그러나 노예 제도가 고착화되면서 그에 대한 반대가 커지기 시작했다. 많은 아프리카인들이 브리스톨 같은 항구를 통과함에 따라 영국이 대서양을 횡단하는 노예무역에서 중심적인 역할을 하게 되자, 영국인들 사이에서 노예 제도에 대한 반대가 두드러지게 나타났다. 유명한 청교도 신학자인 리처드 백스터(Richard Baxter)는 일찍이 1660년대 초부터 노예무역에 반대했지만, 주교를 믿지 않는다고 공언하면서도 모든 기독교 교회의 재결합을 원했기 때문에 그의 주장은 좋은 성과를 내기 어려웠다. 한편 미국에서는 여러 기독교 단체가 노예 제도에 강력하게 반대했다. 가장 먼저 평화주의, 종교의 자유, 관용, 소박한 삶을 추구하는 재세례파의 메노나이드 집단이 그 제도를 반대했다. 펜실베이니아주 독일인 거주지에 정착한 그들은 누군가의 피부색이 자유를 누릴 권리에 영향을 주어선 안 된다고 주장하는 책자를 출간했다. 그 지역의 노예주들은 그들의 순진함을 비웃었다. 한편 퀘이커 교도들은 메노나이트 교도들의 의견에 동의하여, 1696년에 노예를 거래하는 퀘이커 교도는 추방될 것이라고 선언했다. 세월이 흐르면서 퀘이커 교도들은 노예 제도에 점점 더 반대하게 되었고, 노예 제도가 확고히 자리 잡은 남부의 주를 떠나 정착지를 이전하려고까지 했다.

이들은 여러 면에서 기독교 극단주의자들이었고, 그들의 견해는 주류의 견해가 아니었다. 그러나 18세기에 들어서면서 상황이 바뀌기 시작했다. 필라델피아에 사는 안소니 베네제(Anthony Benezet)라는 퀘이커 교도는 노예 제도를 반대하는 데 헌신했고, 1772년에 『기니의 역사 이야기』(*Some*

Historical Account of Guinea)라는 책을 통해 노예들이 처한 끔찍한 상황을 생생하게 묘사했다. 이 책은 널리 읽혔고 노예 제도 폐지 운동이 입지를 확보했다. 특히 영국 국교회 내에서 성장하고 있던 "감리교" 운동의 지도자이자 뛰어난 설교자 중 한 명인 존 웨슬리(John Wesley)가 이 책을 읽었다. 웨슬리는 젊은 시절 조지아주에 가서 노예 제도를 직접 목격하고 이에 대해 이미 크게 반대하고 있었는데, 이 책은 노예 제도에 반대하는 목소리를 내도록 그에게 동기를 부여했다. 1774년에 그는 『노예 제도에 관한 고찰』(*Thoughts upon Slavery*)을 출판했는데, 그 책에서 분명한 어조로 노예 소유주들을 훈계했다.

> 당신은 **사람**입니까? 그렇다면 **인간**의 심장을 가져야 합니다. 하지만 정말 인간의 심장을 갖고 있는 게 맞습니까? 당신의 심장은 무엇으로 만들어졌습니까? 그 심장에는 연민과 같은 개념은 없습니까? 당신은 다른 사람의 고통을 전혀 **느끼지** 못합니까? 동정심이 없습니까? 인간의 비애를 알고 있습니까? 비참한 상황에 처한 사람들이 불쌍하게 여겨지지 않습니까?…당신은 **이제** 동정하는 마음이 생기지 않습니까? 만일 그렇지 않다면 당신의 죄악이 가득 찰 때까지 계속 그렇게 사십시오. 당신이 **그들**을 다룬 것처럼 위대하신 하나님이 **당신**을 다루시고 그들이 흘린 모든 피를 당신의 손에서 요구하실 것입니다.

세월이 흐르면서 노예 제도 폐지 운동은 퀘이커, 감리교 및 기타 소수파와의 다소 모호한 연관성을 점차 잃게 되었고, 영국 국교회와 다른 주류 교파 내의 기독교인들이 이것을 점점 더 수용하게 되었다. 성공회 신부 제임스 램지(James Ramsay)는 카리브해의 세인트키츠에서 사역하는 동안 이 관습에 반대하게 되었다. 그는 흑인들이 교회에 오는 것을 환영했고 그들의 처지를 개선하기 위해 최선을 다했지만, 백인 토지 소유주들의 반대에 부딪혀 결국 영국으로 돌아가야만 했다. 이곳에서 그는 1784년에 출판된 영향력 있는 에세이인 "영국 사탕수수 식민지의 아프리카 노예의 처우와 개종에 관하여"를 썼다. 왕의 궁중 설교자이자 체스터의 주교가 된 베일비 포르테우스(Beilby Porteus)라는 화려한 이름을 가진 친구를 비롯해 많은 사람들이 램지의 말에 귀를 기울였다. 포르테우스는 식민지의 노예 학대에 반대하는 설교를 했고, 상원의원으로서 그들에게 유리한 입법을 위해 최선을 다했다.

그러나 노예 제도 폐지론자 중 가장 유명한 사람은 윌리엄 윌버포스(William Wilberforce)였다. 그는 조숙하고 재능있는 국회의원으로서, 1780년대에 노예 제도 문제를 조사하면서 수집된 증거를 보고 경악을 금치 못했다. 그는 1789년에 하원에서 노예 제도 폐지 법안을 제출하면서 역사상 가장 훌륭한 의회 연설을 한 것으로 알려져 있다. 방청하러 온 상인과 무역상들은 자신들의 잔인함을 맹렬히 질책하는 윌버포스의 비난에 부끄러워 고개를 숙였다고 한다. 그러나 반대자들은 연기와 수정이라는 전통적인 의회 전술을 사용했고, 1792년 마침내 법안이 통과되었을 때는 노예 무역의 "점진적인" 폐지만 허용되었다. 노예 제도 폐지 과정이 실제로 매우 점진적일 것이라는 예측이 금세 자명해졌고, 그때까지 윌버포스는 대중의 큰 지지를 받았지만 대중들은 그 대의명분에 지쳐갔다. 그는 캠페인을 지속하는 한편 대중을 위한 신학 책을 집필하면서 시간을 보냈다. 그런데 이상하게도 나폴레옹과의 전쟁 덕분에 윌버포스는 마침내 원하는 것을 얻게 된다. 나폴레옹은 노예 제도 폐지에 반대했고, 그 어느 때보다 애국심이 강했던 영국 대중은 갑자기 노예 제도 폐지에 찬성했다. 1807년에 의회는 압도적인 표결로 노예무역 폐지를 결정했다. 그러나 식민지에는 여전히 노예가 존재했기 때문에 윌버포스는 그들을 위해 계속 캠페인을 벌였다. 1833년이 되어서야 의회는 노예무역을 완전히 폐지한다. 이 사실에 만족한 윌버포스는 3일 후에 세상을 떠났다.

8장
기독교는 우리에게 무엇을 할 것인가?

기독교는 지금까지 세계에 상당한 영향력을 끼쳐온 것으로 보인다. 하지만 오늘날은 어떠한가? 적어도 서구에서는 기독교가 다시 지식과 교육의 원동력이 될 것 같지는 않다. 철학이 신학의 시녀 역할을 하고 기독교 세계관이 현대 과학의 출현을 위한 인큐베이터가 되었던 시대는 분명 오래전에 끝났다. 그러나 기독교는 여전히 전 세계에서 강력한 힘을 발휘하고 있다. 전 세계 인구의 약 3분의 1이 기독교인으로 추정되는 상황에서, 기독교는 앞으로 세상을 위해 어떤 일을 할 수 있을까?

마법사의 지도와 중심축의 이동

긴 회색 수염에 뾰족한 모자를 쓴 한 노인이 마을 광장의 사다리 위에 서서 군중에게 열변을 토하고 있다. 그는 미치광이인가? 아니다. 아닐 가능성이 크다. 그는 비평가들로부터 살아 있는 예술 작품으로 평가받고 있으며, 뉴질랜드의 수상이 공식적으로 인정한 "국민 마법사"다. 영국에서 태어나 자랐음에도 불구하고 이 마법사는 뉴질랜드에서 가장 인정받고 사랑받는 인물이 되었으며, 크라이스트처치의 성당 밖에서 진행되는 그의 강연은 항상 인기 있는 볼거리다.

그는 특유의 정치관을 설교하거나 (의심할 여지 없이 리옹의 아고바르드를 격분시킬 만한 행동이지만) 비를 기원하는 마법을 걸지 않을 때는 "물리적으로나 형이상학적으로 뉴질랜드를 세계 정상에 올려놓을 새롭게 향상된 우주"를 고안하는 데 몰두한다. 실제로 이것은 뉴질랜드 정부가 그에게 맡긴 일이다. 그가 만든 세계 지도는 남쪽을 맨 위에 두고 거꾸로 인쇄하는 간단한 방법을 통해 전통적인 상징과 기대를 전복시켰다. 이 지도에서는 쉽게 알아볼 수 있는 모든 광활한 대륙이 사라지고 바다가 훨씬 더 많아 보이는 낯선 세계로 대체되며 남아메리카나 필리핀 같은 지역이 중심이 된다. 뉴질랜드는 당연히 맨 위에 위치한다.

남아프리카공화국 더반에서 열린 세례식. 매주 일요일 새벽에 카이엘리차 흑인 거주 구역의 시온 교회 성직자들이 바닷가에 모여 새로 개종한 사람들에게 세례를 베풀고 있다. 카리스마적이고 오순절주의적인 예배 스타일의 이 흑인 대형 교회는 아프리카에서 시작하여 전 세계로 뻗어 나가고 있는 독특한 "아프리카" 기독교의 전형을 보여준다.

오늘날 기독교에도 이와 비슷한 일이 일어나고 있다. 지난 세기에 남반구가 북반구를 추월할 때까지 기독교의 중심축은 천천히 그러나 부인할 수 없을 정도로 이동해왔다. 기독교는 중동에서 시작되어서 유럽과 북아메리카에서 번성했다. 그러나 이제 그 지역에서는 영향력이 약해지고 있다. 이슬람교는 오랫동안 중동에서 지배적인 종교였고, 유럽은 급속도로 세속화되고 있다. 북아메리카에서는 기독교가 여전히 강세를 보이고 있지만 남반구 특히 아프리카에서는 기독교의 세력이 점점 커지고 있다. 한 세기 전에는 아프리카 대륙 인구의 9%가 기독교인이었지만 오늘날에는 46%에 달한다. 종교가 성장하고 확산됨에 따라 그 종교의 성격도 변한다. 우리는 이 책에서 기독교인들이 상황과 문화적 배경에 맞춰 신앙을 변화시킨 사례를 살펴보았고, 그런 측면에서 아프리카만큼 놀라운 곳은 없었다. 여러 면에서 아프리카 교회는 다른 대륙에 비해 초기 교회를 훨씬 더 많이 닮았다. 다른 곳의 기독교인들은 보수와 진보로 나뉘는 반면, 대부분의 아프리카 교회는 현대 세계관에 맞게 교리를 재해석하거나 폐기하기보다는 전통적인 교리를 고수하는 등 신학적으로 보수적인 경향을 보인다. 동시에 그들은 초자연적인 것이 중요한 역할을 하는 아프리카의 전통적인 세계관에 기독교를 통합시켰다.

때때로 아프리카의 기독교는 단순히 제국주의 유럽 국가에서 수입되어 토착 문화에 접목된 제국주의 시대의 잔재로 간주되기도 한다. 하지만 우리는 상황이 그리 단순하지 않다는 것을 이미 확인했다. 예를 들어 1,500년 전 에티오피아에 기독교가 있었고, 콩고에서는 아폰소왕 같은 원주민들이 스스로 기독교에 열광하고 그것을 전파하려고 노력했다. 또한 오늘날 아프리카 기독교의 특성을 보면 그곳의 기독교가 아프리카의 기독교가 아니고 단순히 유럽에서 수입된 것이라는 주장이 잘못되었다는 걸 알 수 있다. 아프리카의 기독교는 전통적인 아프리카 종교의 세계관과 문화를 새로운 기독교 신앙과 결합시킨 진정한 아프리카의 기독교다. 아프리카의 일부 지역에서는 인구의 10% 이상이 여전히 오래된 토착 종교를 신봉하고 있으며, 이는 이슬람이나 기독교 같은 새로운 종교가 인식되고 발현되는 방식에 막대한 영향을 미친다. 이 현상은 아프리카에서 다른 종류의 기독교가 발전하고 지배적인 종교가 되고 있음을 의미한다. 서구의 많은 기독교 신학자들은 더 이상 오래된 방식이 적합하지 않다고 믿고 기독교에 대한 새로운 사고방식, 즉 초자연적이지 않은 방식을 찾으려고 노력했다. 하지만 아프리카에서 기독교는 살아남았을 뿐만 아니라 번성하고 있다. 가톨릭교회의 오래된 지배력이 더 이상 예전만큼 보장되지 않는 남아메리카에서도 비슷한 변화가 일어나고 있다. 아프리카에서와 마찬가지로 개신교, 특히 오순절교회의 활기찬 스타일이 점점 더 인기를 끌고 있다.

개발도상국의 교회들이 점점 더 활기를 띠고 유럽의 교회들이 쇠퇴함에 따라, 전자의 교회들이 기독교의 미래를 좌우하고 있다. 예를 들어 세계에서 가장 큰 성공회 교회는 나이지리아에 있다. 이는 아프리카의 성공회 신자들이 성공회 교회 전체에 점점 더 많은 영향력을 행사할 수 있음을 의미한다. 특히 최근 동성애에 대한 교회의 태도를 둘러싼 논쟁에서 이 현상

"아프리카에서는 항상 새로운 것이 나온다."

_ 대 플리니우스, 『박물지』 8, 877년경

이 두드러지게 나타났으며, 많은 유럽과 미국 기독교인들의 자유주의적인 접근법이 때때로 많은 아프리카인들의 훨씬 더 강경하고 보수적인 태도에 의해 저지되었다.

그리고 아프리카의 교회를 가득 채우고 있는 사람들은 오래된 세계의 신자들과는 다르다. 특히 그들은 훨씬 더 가난한 경향이 있다. 이는 아프리카 기독교가 교리적으로 보수적이고 초자연적인 관념에 열려 있을 뿐만 아니라 특히 빈곤과 정의 같은 현실 문제에 관심이 많다는 것을 의미한다. 우리는 남아프리카공화국의 아파르트헤이트를 반대하는 과정에서 아프리카 기독교가 어떤 역할을 했는지 이미 살펴보았다. 아프리카의 기독교 지도자들은 권력 남용이나 불의에 반대하는 데 지속적으로 중요한 역할을 맡아왔다. 예를 들어 피우스 은쿠베(Pius Ncube)는 짐바브웨에서 두 번째로 큰 도시인 불라와요의 로마 가톨릭 대주교다. 그는 논란이 많은 짐바브웨의 대통령 로버트 무가베의 정책에 반대하는 입장을 일관되게 표명하고 있는 몇 안 되는 공인 중 한 명이다. 1980-90년대에 걸쳐 무가베는 명백하게 인권 침해를 자행했다. 그는 정적들의 입을 다물게 하거나 심지어 그들을 살해함으로써 사실상 일당 독재 국가를 만들었다. 특히 동성애를 뜻하는 "비정상적 성행위"로 문제 삼아 전임자를 기소한 것과 더불어 백인 농부들로부터 토지를 몰수하여 흑인 농부들에게 주려고 시도한 사건으로 국제적인 비난을 받았다. 그러나 무가베는 자신의 정책으로 인해 짐바브웨에 식량이 부족해지고 기아가 발생했다는 사실을 인정하지 않고 있으며, 도리어 자신의 정권에 제재를 가하는 서방 정부를 맹렬히 공격하고 있다.

무가베는 또한 남아프리카공화국의 데스몬드 투투("잔뜩 성이 난, 격분한 작은 주교")와 짐바브웨의 피우스 은쿠베(자신을 거룩하다고 생각하지만 매일 거짓말을 일삼고 있는 또 다른 투투 같은 인간)를 포함한 교회 지도자들의 비난을

2003년 2월, 불라와요에서 열린 폭력 및 고문 피해자들을 위한 예배에서 연설하는 피우스 은쿠베

일축하고 있다. 은쿠베는 짐바브웨의 예수회에서 교육을 받았는데, 당시 짐바브웨는 영국 식민주의자인 세실 로즈의 이름을 따서 로디지아라고 불릴 때였다. 그는 1970년대에 귀국해서 로버트 무가베가 나라의 경제를 망쳐놓고 국민의 생사를 나몰라라 하고 있다고 비난하며 무가베의 퇴진을 거듭 촉구해왔다. 그 결과 은쿠베는 위험한 삶을 살고 있다. 정부 요원들이 교회에 와서 그의 설교 내용을 메모하고 때로는 "종교적인" 주제에나 충실하라고 경고하기도 했다. 짐바브웨의 가톨릭교회 대부분은 정부에 반대하는 목소리를 내지 못했고, 은쿠베는 소외된 인물이 되었다. 하지만 그의 대교구에 속한 성직자들은 충성스럽게 그의 곁을 지켜왔다.

1960년, 해럴드 맥밀런(Harold Macmillan) 영국 총리는 케이프타운에서 "아프리카 대륙에 변화의 바람이 불고 있다"고 말했다. 그는 과거 식민지였던 아프리카가 독립을 되찾고 새로운 상황을 맞이하고 있음을 언급한 것이다. 오늘날에도 짐바브웨와 마찬가지로 많은 아프리카 국가들이 제국주의 시대의 유산으로 인해 어려움을 겪고 있지만 변화의 바람이 계속 불고 있다. 동시에 에이즈, 고질적인 빈곤, 국가 부채같이 해결해야 할 과제들도 많이 남아 있다. 이런 불확실한 시대에 아프리카 전역의 기독교 교회가 보여준 괄목할 만한 성장과 넘치는 생명력은 앞으로도 교회가 중요한 역할을 성공적으로 수행하는 데 큰 도움이 될 것이다. 데스몬드 투투, 피우스 은쿠베, 자나니 루웜(우간다 대주교로 독재자 이디 아민에 맞서다가 1977년에 체포되어 살해당한 인물) 같은 인물들은 앞으로 아프리카 사회와 정치에서 분명히 그리고 지속적으로 커지게 될 기독교의 목소리를 대표한다.

가톨릭교회와 함께 미래로

전 세계에는 이슬람교도보다 로마 가톨릭교도들이 더 많다. 이슬람의 지속적인 성장에도 불구하고 가톨릭교회는 남미와 아프리카 전역에서 여전히 강세를 유지하고 있으며, 유럽과 북미에서도 여전히 중요한 종교이기 때문에 상황은 바뀔 것 같지 않다. 가톨릭교회는 21세기에 어떤 기여를 할 수 있을까?

최근 가장 중요한 종교 행사 중 하나로서 지난 세기에 열린 제2차 바티칸 공의회에서 그 질문에 대한 답이 주어졌을지도 모른다. 1959년에 교황 요한 13세가 취임한 지 3개월 만에 소집한 이 공의회는 1870년에 열렸던 제1차 바티칸 공의회의 논의 사항을 연장 또는 수정하기 위한 자리였다. 제1차 공의회에서 교황 비오 9세는 자유주의와 현대 과학 같은 새로운 사상 경향에 반대하면서 가능한 한 진심으로 이를 규탄하는 한편, 자신의 선언에는 오류가 없다고 선언했다. 제1차 바티칸 공의회는 엄밀히 말하자면 끝난 것이 아니었기 때문에 제2차 바티칸 공의회는 이론적으로는 같은

> **"하나님께서 모든 인류를 온 땅 위에 살게 하셨으니 하나의 공동체를 이루는 모든 민족의 기원은 하나이고, 그 궁극적인 목적도 단 하나 곧 하나님이시다. 좋으신 하나님의 섭리와 구원 계획이 모든 사람에게 미치고, 마침내 하나님의 영광이 빛나는 거룩한 도성에 선택된 이들이 모일 것이며, 거기서 모든 민족이 하나님의 빛 속에서 거닐 것이다."**
>
> _ 제2차 바티칸 공의회, *Nostra Aetate*, 1965년 10월 28일

공의회의 새로운 회기인 셈이지만, 실제로는 전혀 달랐다. 제1차 바티칸 공의회가 현대 세계에 대항하여 전통적인 가톨릭을 확고히 한 것에 비해, 제2차 바티칸 공의회는 현대 세계를 수용하고 받아들이고자 했다. 특히 전례를 성직자들만 수행하고 대중이 지켜보는 형식에 변화를 주어 좀 더 열린 방식으로 바꿨다. 그리고 가톨릭교회 밖에 있는 사람들에 대한 새로운 관용의 시대가 열렸다. 제2차 공의회는 동방 정교회에 대해 찬사를 아끼지 않았으며, 개신교 신자들과의 대화를 증진시키기 위한 길을 열었다. 이것은 전 세계 크리스텐덤의 국경을 넘어선 것이었다. 그 공의회는 기독교와 유대교의 관계를 확인하고, 기독교의 이름으로 자행되었을 수도 있는 유대인에 대한 모든 종류의 박해를 비난했다. 또한 이슬람교의 긍정적인 측면도 인정했으며, 무슬림과 기독교인이 공유하는 교리와 윤리의 유사성에 대해 말했다. 이어서 이 두 종교가 하나님에 대한 공통된 헌신으로 인해 자연스러운 동맹이 되었으며, 그들이 누구이든 모든 사람을 사랑하고 존중하는 것이 기독교인을 비롯한 모든 종교인의 의무임을 확인했다.

이는 감동적인 선언이며, 지금도 여전히 가톨릭교회의 논의 대상이다. 제2차 바티칸 공의회가 제시한 개방적이고 에큐메니컬한 방향은 교회 내에서 전적으로 수용되지는 않았다. 교황 요한 바오로 2세는 최근에 개최된 에큐메니컬 공의회에 반대하지 않고 그 가르침을 자주 인용하곤 하지만, 일반적으로는 생각보다 더 보수적인 접근 방식을 취해왔다. 아마도 그

> **"자신이 곤경에 처할 때 이웃이 자신을 도와주기를 바라는 만큼, 곤경에 처한 자신의 이웃을 돕는 사람은 복되다."**
>
> _ 아시시의 프란치스코, *The Admonitions* 18

는 북반구의 오래된 심장부보다는 남반구의 성장하는 가톨릭교회의 영향을 더 많이 받았을 것이다. 그러나 이는 제2차 바티칸 공의회를 통해 얻은 교훈 중 완전히 적용될 여지가 있는 것이 많다는 뜻이다.

제2차 바티칸 공의회가 열린 후 수십 년 동안 기독교와 다른 종교 특히 이슬람교 사이에 확실하고 분명한 화해가 이루어지지 않았음이 인정되어야 한다. 나이지리아와 필리핀처럼 기독교인과 이슬람교인이 다수 존재하는 나라에서는 긴장과 폭력이 증가했다. 아마도 앞으로 몇 년 안에 제2차 바티칸 공의회가 강조하는 통합의 정신이 이 지역에서 더욱 강력해질 것이다. 이 공의회는 단순히 유럽뿐만 아니라 전 세계에서 온 대표자들을 환영한 최초의 가톨릭 공의회였다. 아프리카 기독교가 초자연적인 힘, 기적적인 치유, 가난한 사람들에 대한 관심과 같은 초기 기독교적 관점으로 돌아옴으로써 활력을 되찾은 것처럼, 유럽 가톨릭도 20세기 주요 공의회의 가르침에서 새로운 포인트를 발견할 수 있을 것이다. 만약 그렇게 된다면 그것은 주로 유럽과 북미가 새롭게 변화하고 회복되는 데 도움을 줄 것이다. 아프리카 가톨릭은 성격상 제2차 바티칸 공의회보다 제1차 바티칸 공의회와 더 조화를 이룬다.

턱수염, 농구, 인권

런던 같은 국제 도시에는 온갖 종류의 사람들이 모여든다. 런던에는 오클랜드를 제외한 뉴질랜드의 어느 도시보다 뉴질랜드 사람들이 많다는 말이 있을 정도다. 그러나 더 예상 밖의 집단이 있다. 뉴욕에서 온 프란치스코회 수사 6명은 런던 캐닝 타운에 거처를 마련했다. 긴 갈색 망토에 샌들을 신고 덥수룩한 수염을 기르고 다니는 이 미국인 무리가 이스트 런던 사회에 적응하는 데는 약간의 시간이 걸렸다. 그러나 그들은 지역 사회를 섬기도록 부름을 받았다고 믿으며, 효과가 있다고 생각되면 어떤 방식을 통해서든 그 일을 한다. 수사 중 한 명인 니콜라스 형제는 농구를 좋아하기 때문에 지역 아이들과 함께 하는 농구 수업을 개설해서 아이들이 긍정적인 활동을 할 수 있게 했다. 수사들은 그 농구 수업을 통해 아이들이 협동심과 타인을 존중하는 태도를 기르고 그 과정에서 공동체가 더 튼튼해지기를 소망하고 있다. 이런 수업에서 노골적으로 기독교를 가르치는 일은 없지만, 수사들은 주변 사람들에게 기독교적 가치를 전파하고 있다.

현지 언론들이 "슬램 덩크 수도승"(물론 이들은 수사이지 수도승은 아니다)에 대해 언급하고 있지만, 보이지 않는 곳에서 이런 일들이 많이 일어나고

농구에 가장 실용적인 복장은 아닐지도 모르지만, 이스트 런던의 니콜라스 형제와 미국의 프란치스코회 수사들은 이런 옷을 입고 스포츠를 활용하여 해당 지역의 불우한 청소년들에게 손을 내밀고자 한다.

있다. 런던의 다른 지역에는 몰타인 공동체를 목회하는 몰타 출신의 프란치스코회 수사 그룹이 있다. 여기에는 미사 집전 같은 "종교적인" 사역도 포함되지만, 특히 병원에 있는 사람들을 대상으로 하는 사목 활동도 수반된다. 수사들은 종종 그들이 방문하는 장기 입원 환자들과 가까워져서 밀착된 돌봄 지원을 제공하기도 하는데, 때때로 단순히 기댈 수 있는 어깨가 되어 주는 것만으로도 충분하기 때문이다.

프란치스코회 수사들은 중세풍의 복장을 하고 있어서 일반인의 눈에 다소 이상하게 보일 수 있지만, 그들은 여전히 보이지 않는 곳에서 엄청나게 많은 일을 하고 있다. 물론 프란치스코회만 그런 것은 아니다. 전 세계의 기독교인들은 정의를 실현하고 가난한 사람과 고통받는 사람들을 구제하기 위해 열심히 일하고 있다. 예를 들어 1945년에 영국과 아일랜드의 교회들이 설립한 자선 단체인 크리스천 에이드(Christian Aid)는 빈곤을 근본적으로 해결하고자 노력한다. 크리스천 에이드는 영국에서 가장 유명한 자선 단체 중 하나로, 거액의 돈을 모금하여 해외로 보내면 현지 운동가들이 그 재정을 가장 잘 활용할 방법을 결정한다. 이 단체는 정치적인 의도는 없지만 빈곤과 불공평의 근본적 원인이라고 간주되는 것에 반대하는 운동을 진행하며, 그러다 보면 종종 정치적인 입장을 취하기도 한다. 따라서 이 단체는 미얀마 정부부터 담배 회사인 브리티쉬 아메리칸 토바코(British American Tobacco)에 이르기까지 모든 악폐에 반대하고 있다.

기독교가 미래에 선한 영향력을 미칠 수 있는 또 다른 분야는 특히 여성 인권이다. 최근 몇 년간 기독교계에서는 여성 안수 문제를 둘러싼 논란이 있었다. 1994년에 영국 국교회의 첫 여성 성직자가 안수를 받으면서, 이를 반대하는 로마 가톨릭교회 및 동방 정교회와의 관계가 냉각되었다. 하지만 역사적으로 기독교는 여성의 권리와 존엄성을 강조하기 위해 많은 노력을 기울여왔다. 바울은 갈라디아서 3:28에서 그리스도 안에서는 남자나 여자가 없다고 말하고, 고린도전서 7장에서는 남편과 아내가 서로를 돌보라고 가르친다. 남편이 아내에 대한 권위를 가져야 한다는 바울의 신념과 더불어 남성 중심적인 그의 관점이 분명히 드러나지만, 바울은 지배적인 권위가 아니라 양측의 필요를 돌보고 존중하는 권위를 옹호했다. 이는 고대 세계에서 이혼은 본질적으로 남성의 특권이었기 때문에 여성이 가정에서 쫓겨나지 않도록 보호하는 초기 기독교의 이혼 금지 규정에도 반영되어 있다.

남편이 아내를 제대로 돌보게 함으로써 여성을 가장 잘 보호할 수 있다는 생각은 현대 사회에선 잘 맞지 않을 수도 있지만, 여성의 권리를 보호하려는 이상만큼은 이 시대에 부합한다. 앞서 살펴본 바와 같이 오늘날 서구 사회에서 두드러지게 나타나는 인권에 대한 관심의 대부분은 기독교가 남긴 유산 및 개인이 중요하다는 사상에서 비롯된 것이다. 여성의 권리나 동물의 권리를 강조하는 운동은 확실히 기독교적 유산을 넘어선 것이긴 하지만, 기독교적 유산이 없었다면 적어도 현재와 같은 형태로는 존재하지 않았을 것이다. 4장에서 살펴본 것처럼 개인의 도덕과 공적 도덕을 구분하는 기원은 17세기 말 할레 대학을 이끌었던 루터교 철학자 크리스티안 토마시우스로 거슬러 올라간다. 개인은 다른 사람의 권리를 침해하지 않는 한 자신의 사생활, 자신만의 공간, 자유, 자신이 좋아하는 것을 추구할 권리가 있다는 생각은 개인과 하나님의 눈에 비친 자신의 가치를 중시하는 개신교 신앙에 뿌리를 두고 있다. 이는 개인의 권리에 대한 강조 없이 종교적·도덕적 가치가 사회 전체에 스며든 것처럼 보이는 이슬람 같은 일부 다른 문화와는 근본적으로 다른 접근 방식이다. 마찬가지로 이슬람은 종종 희화화되는 것처럼 여성의 자유를 제한하지는 않지만, 일부 이슬람 국가에서는 실제로 다소 이상한 법(사우디아라비아의 여성 운전 금지법)을 여성에게 부과하고 있으며, 혐오스러울 정도로 지나치게 이런 규정을 적용하고 있기도 하다. 구체적으로 아프가니스탄의 탈레반 정권이 그렇다. 미래에는 특히 아프리카와 동남아시아에서 이슬람과 기독교가 계속 대립할 것으로 보이는데, 그러다 보면 개인과 사회의 역할에 대한 서로 다른 접근 방식이 더욱 부각될 가능성이 크다. 그 만남이 제2차 바티칸 공의회의 길을 택하든 아니면 좀 더 적대적인 성격을 택하든, 이 지역은 기독교의 유산이 매우 큰 역할을 하고 기독교의 가치가 계속해서 극도로 영향력을 발휘할 수 있는 곳이다.

이 모든 현상은 이 책을 통해 우리가 살펴본 기독교의 역설적인 힘과 다시 연결된다. 역사적으로 지배적인 문화에 반할 때 기독교는 역설적인 힘을 발휘했다. 2장에서 우리는 일본의 기독교 작가 엔도 슈사쿠가 『침묵』이라는 작품을 통해 기독교에서는 성공이 실패의 뒷면이 된다는 생각을 어떻게 탐구했는지 알아보았다. 마찬가지로 6장에서는 사회가 일반적으로 행복에 필수적인 것이나 심지어 행복의 본질로 간주하는 것들을 거부함으로써 진정한 행복을 발견할 수 있다는, 예수와 아시시의 프란치스코의 심오한 가르침을 살펴보았다. 또한 기독교는 반체제적인 성격을 분명히 드러낼 때 가장 영향력 있고 선한 일을 할 수 있다. 이 책에서 살펴본 것처럼 기독교는 현대 세계에 수많은 방식으로 영향력을 발휘했고, 때로 지배적인 이데올로기로서 그런 역할을 하기도 했다. 예를 들어 서구의 반문맹 교육은 유스티니아누스와 샤를마뉴 같은 인물들의 기독교적 통치에 큰 빚을 지고 있다. 그러나 때때로 에우데르 카마라 혹은 자나니 루워과 같은 사람들의 정치적인 활약처럼 상대적으로 약자의 입장에서 이루어지기도 했다. 어떤 사람들은 기독교가 후자의 역할을 하는 편이 더 낫다고 주장하며, 4세기에 있었던 콘스탄티누스 대제의 개종은 기독교를 권좌에 올려놓고 결국 변절하게 만든 교회 역사상 최악의 일이라고 비난하기도 한다. 물론 이는 사실을 비판적으로 표현한 것이다. 그러나 교회의 관점에서 볼 때 실제로 권력은 결코 좋은 것이 아니었다. 교회가 권위를 가지면 선을 위해 행동할 수 있는 수단이 되지만, 종종 그런 지위에서 벗어날 때 오히려 더 많은 동기를 부여받는다. 아마도 21세기가 진행됨에 따라 교회는 5세기에 아우구스티누스가 전한 가르침을 다시 상기하게 될 것이다. 세상에는 지상의 도성과 천상의 도성이라는 두 도시가 있다. 두 도시는 같은 공간을 공유할 수 있지만, 때로는 구별이 되지 않을 수도 있다. 그러나 천상의 도성은 이 땅 너머에 있는 것에 초점을 둔 채 더 오래 지속된다. 세상의 이야기는 하나님의 도성에 관한 이야기이며, 세상의 일들이 어떻게 전개될지를 결정하는 것은 바로 다양한 방식으로 역사하는 하나님의 섭리다.

❖

이미지 출처

Picture research by Zooid Pictures Limited.

4-5 Yann Arthus-Bertrand/Corbis UK Ltd.

8 AKG - Images

17 AKG - Images

20 Erich Lessing /AKG . Images

23 AKG - Images

25 O. Alamany & E. Vicens/Corbis UK Ltd.

29 Bo Zaunders/Corbis UK Ltd.

31 Charles & Josette Lenars/Corbis UK Ltd.

32 AKG - Images

40 Viennaphoto/Alamy

46 AKG - Images

52 Tony Kyriacou/Rex Features

54 AKG - Images

58 AKG - Images

61 Joseph Martin /AKG - Images

64 Erich Lessing /AKG - Images

65 Erich Lessing/AKG - Images

72 New Line/Everett/Rex Features

78 AKG - Images

83 Robert Johnson, photo booth self-portrait, early 1930s/(c) 1986 Delta Haze Corporation. All Rights Reserved. Used By Permission

92 Bettmann/Corbis UK Ltd.

99 Lion Hudson/David Townsend

103 Rex Features

106 Bridgeman Art Library

111 Corbis UK Ltd.

121 AKG - London

124 Mary Evans Picture Library

129 Vanni Archive/Corbis UK Ltd.

130 Adam Woolfitt/Corbis UK Ltd.

132 Dean Conger/Corbis UK Ltd.

135 Robert Holmes/Corbis UK Ltd.

136 Christie's Images/Corbis UK Ltd.

137 Peter Harholdt/Corbis UK Ltd.

140 Paul A. Souders/Corbis UK Ltd.

143 Peter Guttman/Corbis UK Ltd.

146 Roger Wood/Corbis UK Ltd.

149 AKG - Images

150 British Library/AKG - Images

160 Germanisches Nationalmuseum, Nuremberg, Germany/Bridgeman Art Library

165 AKG - Images

167 Gianni Dagli Orti/Corbis UK Ltd.

170 AKG – Images

174 Gilles Mermet /AKG – Images

175 AKG - Images

183 Musee d'Art Thomas Henry, Cherbourg, France/Bridgeman Art Library

185 Erich Lessing /AKG - Images

191 Lisa Trocchi; Gallo Images/Corbis UK Ltd.

198 AKG - Images

199 Images.com/Corbis UK Ltd.

202 AKG - Images

206 Erich Lessing /AKG - Images

212 British Library/AKG - Images

215 Erich Lessing/AKG - Images

220 Mary Evans Picture Library

228 Werner Forman/Corbis UK Ltd.

230 Stefan Diller/AKG - Images

232 Mary Evans Picture Library

233 Gianni Dagli Orti/Corbis UK Ltd.

237 Corbis UK Ltd.

242 Mary Evans Picture Library

248 University College London

250 Corbis UK Ltd.

262 Archivo Iconografico, S.A./Corbis UK Ltd.

267 Bettmann/Corbis UK Ltd.

269 WEIMAR ARCHIVE/Mary Evans Picture Library

272 National Gallery Collection. By kind permission of the Trustees of the National Gallery, London/Corbis UK Ltd.

282 AKG - Images

284 AKG - Images

286 Janet Jarman/Corbis/Corbis UK Ltd.

289 PELLETIER MICHELINE SYGMA/Corbis UK Ltd.

291 Leif Skoogfors/Corbis UK Ltd.

295 Frank Driggs Collection//Redferns Music Picture Library

297 Bettmann/Corbis UK Ltd.

302 Reuters/Corbis UK Ltd.

310 AKG - Images

316 Alex Webb/Magnum Photos

320 Reuters/Corbis UK Ltd.

324 Simon Roberts/NB Pictures

인류 문명과 기독교의 공헌

기독교가 인류 역사에 남긴 선한 발자취들

1쇄 발행 2025년 12월 17일

지은이 조서넌 힐
옮긴이 홍수연
펴낸이 김요한
펴낸곳 새물결플러스

편 집 왕희광 노재현 이형일 나유영
디자인 황진주 김은경
마케팅 박성민
총 무 김명화 이성순
영 상 최정호
아카데미 차상희

홈페이지 www.holywaveplus.com
이메일 hwpbooks@hwpbooks.com
출판등록 2008년 8월 21일 제2008-24호
주 소 (우) 04114 서울시 마포구 신촌로28가길 29
전 화 02) 2652-3161
팩 스 02) 2652-3191

ISBN 979-11-6129-310-3 03230

책값은 뒤표지에 있습니다.